JN033097

図説

フランスの歴史

L'histoire de France, édition illustrée

佐々木真

Makoto SASAKI

河出書房新社

図説 フランスの歴史

目次

地図製作＝平凡社地図出版
神保由香

はじめに

「フランス史」と聞いて何を思い浮かべるだろうか。ジャンヌ・ダルク、ルイ一四世、フランス革命、ナポレオン、レジスタンス、ドゴール……。エッフェル塔や凱旋門、ルーヴル美術館、ヴェルサイユ宮殿など、フランスで連想するものにも歴史と関係が深いものがあるので、フランス史に対して、漠然とイメージを抱いている人も多いかもしれない。

また、フランスという領域は古くから一体性を持っており、隣国のドイツやイタリアに比して、フランスは早くから国家のまとまりがあったとの認識があるかもしれない。ドイツとイタリアは中世以来小国家の分立状態が続いており、それが解消されて一応の統一が実現されたのは、一九世紀後半のことであった。だが、「フランス」や「フランス人」も、程度の差こそはあれ、中世から揺るぎないものとして存在していたわけではなく、革命前の前近代には、フランスもまた複合的な存在であった。

フランスには、有史以前からケルト人（ガリア人）が存在しており、その地をローマ人やゲルマン人（フランク人）が征服した。そのため、フランスではケルトとローマ、ゲルマンの文化が融合しており、地域によりそれぞれの文化の強さも異なっていたために、前近代フランスの文化は非常に複合的で、重層的だった。また、聖職者や貴族の身分特権や、都市の自治特権、地域の特権など、前近代には特権がとても大きな意味を持っていた。ある人物の社会的な地位を決定したのが特権の多寡だったからである。身分間はもちろん、同じ身分内でも保持する特権の違いにより、社会的な権能が異なっており、国王による国家の統一が早かったにもかかわらず、人々の存在形態や、各社会集団の習俗や文化も複合的であった。こうした前近代の複合性、それが本書の注目する点のひとつである。

このような状況を前提として、一七八九年にフランス革命が勃発した。革命家たちは、過去との完全な決別を求め、「単一で不可分の共和国」を作ろうとした。前近代の複合性を否定し、平等な国民によって作られる均質な空間を作り出そうとしたのである。こうして革命期に、あるべき社会や国家のモデルが描かれ、一九世紀にはそのモデルとの関係をめぐって政治が揺れ動き、最終的には革命モデルが受容された。その点で、イギリスやドイツ、さらには日本のように、漸次的な改革によりゆっくりと近代社会を成立させていった国々とフランスでは、一九世紀の歴史の展開に大きな差があった。革命後のフランスは、「近代社会」の原理に忠実であろうとしたのだが、そのことがかえって、現実には「単一ではなく不可分でもない」フランス社会への対応を難しくしてきた側面もある。革命によって提出された原理の内容と、それが後の歴史の展開とどう関連しているかが、第二の注目点である。

遠く離れたヨーロッパに位置するフランスと我々の住む社会との直接的な関連を考える人は少ないだろう。しかし、フランスが経験し、現在直面している問題は、近代以降の社会が抱えてきた問題を象徴的に示しているのである。その意味で、フランス史を知ることにより、現在を生きる私たちのあり方を見つめなおすことができるかもしれない。

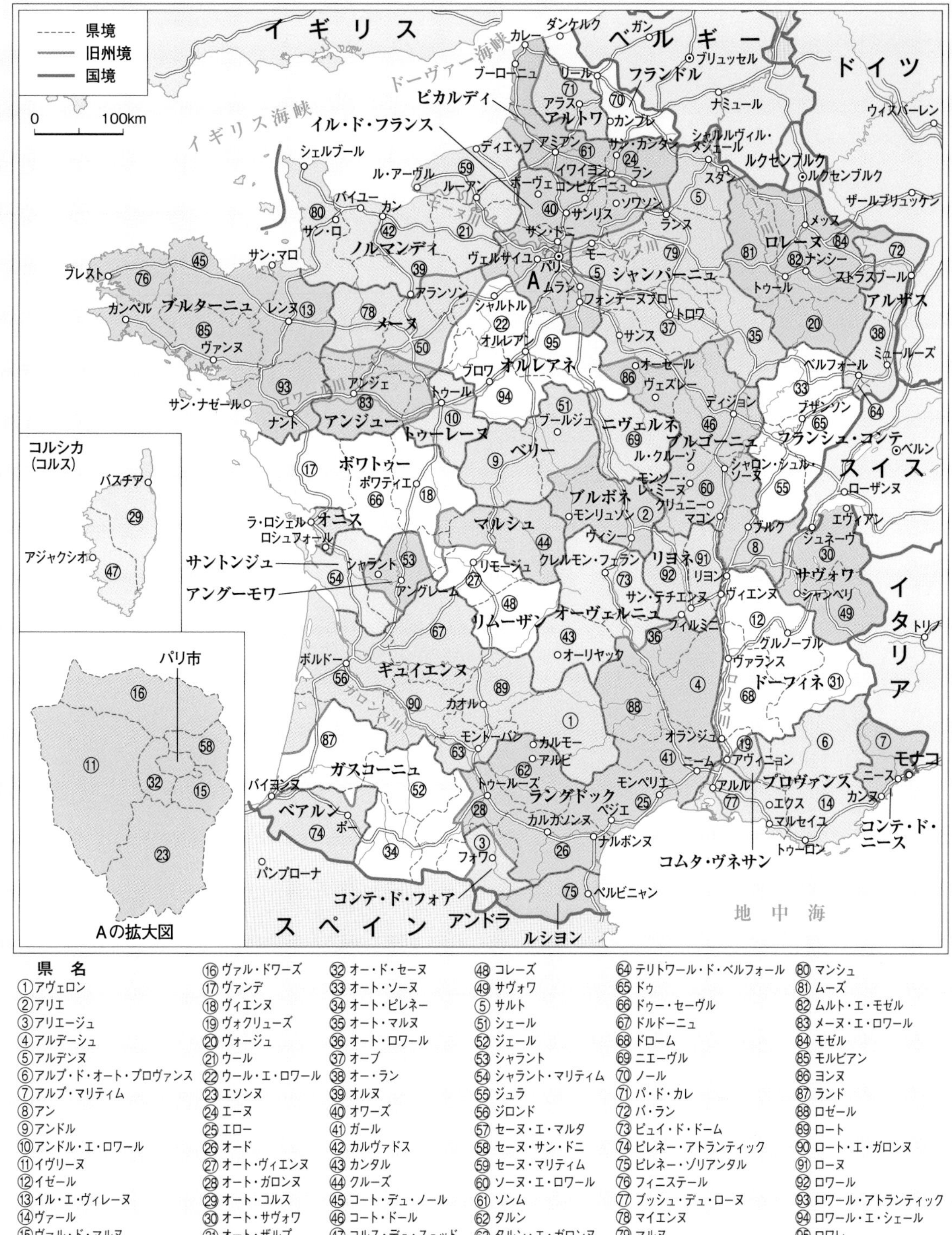

県　名

①アヴェロン
②アリエ
③アリエージュ
④アルデーシュ
⑤アルデンヌ
⑥アルプ・ド・オート・プロヴァンス
⑦アルプ・マリティム
⑧アン
⑨アンドル
⑩アンドル・エ・ロワール
⑪イヴリーヌ
⑫イゼール
⑬イル・エ・ヴィレーヌ
⑭ヴァール
⑮ヴァル・ド・マルヌ
⑯ヴァル・ドワーズ
⑰ヴァンデ
⑱ヴィエンヌ
⑲ヴォクリューズ
⑳ヴォージュ
㉑ウール
㉒ウール・エ・ロワール
㉓エソンヌ
㉔エーヌ
㉕エロー
㉖オード
㉗オート・ヴィエンヌ
㉘オート・ガロンヌ
㉙オート・コルス
㉚オート・サヴォワ
㉛オート・ザルプ
㉜オー・ド・セーヌ
㉝オート・ソーヌ
㉞オート・ピレネー
㉟オート・マルヌ
㊱オート・ロワール
㊲オーブ
㊳オー・ラン
㊴オルヌ
㊵オワーズ
㊶ガール
㊷カルヴァドス
㊸カンタル
㊹クルーズ
㊺コート・デュ・ノール
㊻コート・ドール
㊼コルス・デュ・スュッド
㊽コレーズ
㊾サヴォワ
㊿サルト
51シェール
52ジェール
53シャラント
54シャラント・マリティム
55ジュラ
56ジロンド
57セーヌ・エ・マルタ
58セーヌ・サン・ドニ
59セーヌ・マリティム
60ソーヌ・エ・ロワール
61ソンム
62タルン
63タルン・エ・ガロンヌ
64テリトワール・ド・ベルフォール
65ドゥ
66ドゥー・セーヴル
67ドルドーニュ
68ドローム
69ニエーヴル
70ノール
71パ・ド・カレ
72バ・ラン
73ピュイ・ド・ドーム
74ピレネー・アトランティック
75ピレネー・ゾリアンタル
76フィニステール
77ブッシュ・デュ・ローヌ
78マイエンヌ
79マルヌ
80マンシュ
81ムーズ
82ムルト・エ・モゼル
83メーヌ・エ・ロワール
84モゼル
85モルビアン
86ヨンヌ
87ランド
88ロゼール
89ロート
90ロート・エ・ガロンヌ
91ローヌ
92ロワール
93ロワール・アトランティック
94ロワール・エ・シェール
95ロワレ

第1章
CHAPTER

ローマとフランク王国

1 ローマン・ガリア

古代ローマの半円形劇場跡（オータン）

フランスの地が歴史に登場した時、そこにはケルト人が生活していた。紀元前二千年紀半ばにヨーロッパに定着したインド・ヨーロッパ語族に属すケルト人は、紀元前九世紀頃に移動を開始して現在のフランスに相当するガリア地方やイベリア半島、ブリテン島などに定着した。彼らは鉄器時代後期のラ・テーヌ文化時代には、交通の要衝にオッピドゥムと呼ばれる高城集落を丘の上などに建設した。彼らは農業を主とし、その生活は農耕と密接に関係していた。一年は三つの季節に分かれ、春の訪れを告げるベルテネ祭（五月一日）、収穫を祝うルーニャサッド祭（八月中旬）、祖先の精霊を迎え冬を迎えるサムハイン祭（一一月一日）が、それぞれの季節の区切りとなっていた。

彼らは動物の姿をとる神々をあがめ、樫の木を聖樹としてあおいだ。崇拝の対象は他の自然物にも及び、泉や森、岩山が聖地となった。彼らの宗教を司るのがドルイド司祭で、聖なるものに対して供犠奉献を行った。ケルト人の信仰世界は彼らの装飾芸術にも及び、渦巻き模様や鳥や獣をちりばめた生命の樹、植物文様などがケルト芸術としてよく知られている。

ケルト人の社会は部族社会で、ドルイド司祭、戦士、勤労民（農民や職人）による階層社会でもあった。一般には、紀元前四世紀頃にケルト人はさらなる膨張をし、イタリアやアイルランドに勢力を拡大したと考えられているが、今日の研究ではアイルランドでの植民を疑問視する見解もあり、ケルト人を一様に定義するのは難しい。部族社会を形成したケルト人自身も、部族連合といった統一的な政治体の意識はなく、ケルト人が王国や帝国を形成することもなかった。

ケルト文化が栄えていた頃、紀元前八〇〇年頃よりギリシア人が地中海各地で植民活動を開始し、現在の南フランスにもいくつかの都市を築いた。マッサリア（マルセイユ）、アンティポリス（アンティーブ）、ニカイア（ニース）などがそれである。ギリシア人の活動は交易拠点の建設が主だったため、ケルト人の世界にはさほどの影響を与えなかった。その後、ローマが勢力を拡大すると、ローマ人とケルト人とのあいだに争いがおきた。紀元前二世紀末には、ローマはガリア南部に属州（ガリア・ナルボネンシス）を設けた後、カエサルがガリア遠征を行い、紀元前五二年のアレシアの戦いでガリア軍を屈服させて、ライン川左岸までのガリア地方を征服した。

アウグストゥス帝は新たに征服した地域

軍神マルスの門（ランス）　凱旋門は本来、凱旋将軍を迎えるためにローマ市に建設されたものであったが、紀元１世紀以降には地方都市にも建設された。ルネサンス以降、国王の入市式の際に建設された凱旋門は、ローマ時代のものの影響を強く受けている。

（ガリア・コマタ）を三つの属州に分割し、ローマの統治機構のなかに組み入れた。ローマは属州民に地租と人頭税を課すに際して、課税のための戸口調査を行ったが、それを可能としたのが、ローマ支配への協力によりローマ市民権を獲得した、在地の豪族層の存在であった。彼らは、徴税や治安維持に協力することで、属州の下部単位であるキウィタス（中心集落と周辺地域）における自治をかなりの範囲で認められていた。

商業国家ローマは、拠点と道路網を整備した。そのため、退役兵の入植やオッピドゥムへのラテン権（公職へのローマ市民権）の付与により、都市が発展していった。都市建設に際し、ローマ人は自身のプランを導入し、碁盤目状の街路、中心部のフォルム（公共広場）、神殿、凱旋門、公共浴場、円形闘技場、半円形劇場などが整備された。これとともに、ローマ文化がガリアに流入してくる。葡萄酒の生産は紀元前二世紀頃に地中海沿岸で始まっていたが、紀元一世紀以降、ローヌ川沿いに北上していった。大理石や化粧漆喰を使ったローマの石造建築物もガリアにもたらされ、石工や漆喰職人が登場した。このほかにも金属加工や製陶、毛織物などの産業が発達し、地中海世界との交易が活発となっていった。ローマ期のイタリアにおける農業は、大都市の周辺にヴィラ（農場邸宅）が点在し、大規模な農場で奴隷労働により、葡萄やオリーブ、穀物の生産が行われていた。この生産形式もガリアへと浸透していったが、南部のナルボネンシスと北部のガリア・コマタでは差があり、北部ではヴィラはむしろ従来の村落と結合し、労働力も奴隷ではなかったようである。

ローマ時代のモザイク　右下に見えるのがネプチューンの鉾（トライデント）で、動物は海の牛である。ローマ人の多神教世界を示している（オータン、ロラン美術館）。

言語については、当初はケルト語が一般的であり、ローマ人の使用するラテン語の浸透は緩慢であった。しかし、ローマ軍に従軍した兵士やローマ行政の進展により、徐々に日常生活でもラテン語が使用されるようになっていった。多神教だったローマ宗教は、ガリアのそれと併存した。ガリアの神々は古来の名称で呼ばれ続け、泉や岩山などへの信仰も変わらずに続いた。

ローマのガリア支配に陰りが見え出すのが、三世紀である。ガリアの東側のライン川流域でゲルマン人のフランク族やアラマンニ族が勢力を拡大し、ローマ軍を圧迫していった。とくに三世紀後半に、ササン朝ペルシアに対抗するために東方に軍勢が引き抜かれると、防備が手薄になったガリア地方は、ゲルマン人の襲撃に悩まされることとなった。ゲルマン人の侵入により、ガリア北部ではヴィラが放棄され、荒廃が進んだ。二八三年のアルモリカ（ブルターニュ半島）地方での農民たちの反乱をきっかけに、ローマ支配に対する抵抗活動も活発化した。

古代ローマの円形競技場（アルル） 剣闘士の戦いなどが繰り広げられた。中世には、まわりの壁を利用してなかに住宅が建設されていたが、近代にこの形に復元された。

ローマ神話の英雄ベレロポン ポセイドンから贈られたペガサス（天馬）に乗り、怪物のキメラを退治している（オータン、ロラン美術館蔵）。

二八四年に帝国の政治的混乱を鎮めて、ディオクレティアヌス帝が即位すると、彼は帝国の再編に乗り出し、ガリアを南北二つの管区に分割し、そのなかの州を細分化した。こうした混乱のなか、防御を固めるために都市は城壁を巡らすようになり、農民たちのなかには、近隣の豪族に保護を求め、自由を奪われて土地に緊縛（きんばく）されたコロヌスとなるものが続出した。これらコロヌスを支配下に収めた豪族のなかには、帝国官職に就任する者もあらわれた。彼らは「セナトール貴族」と呼ばれ、新興貴族層を形成していった。

こうした混乱にもかかわらず、ローマ文化はガリア地方で影響力を増していった。ラテン語は人々の日常生活のなかに入り込み、フランス語方言へと変化していった。この方言は、南部のオック語と現在のフランス語につながる北部のオイル語に大別される。また、三一三年のキリスト教の公認以降、ガリア地方にもキリスト教が布教されていき、都市部のセナトール貴族層を中心に信者が増加していった。

四世紀後半以降、ゲルマン人の侵入はますます激しくなった。ヴァンダル族や、アラン族、西ゴート族、フランク族、ブルグント族などが次々とガリアに侵入してきた。なかでも四一二年に移動してきた西ゴート族は、ガリア西南部に定住してトゥルーズを首都とする西ゴート王国を建設した。四七五年にローマ政府は西ゴート族にオーヴェルニュ地方を割譲したが、その翌年、西ローマ帝国はゲルマン人の傭兵隊長オドアケルにより打ち倒された。

2 フランク王国

西ローマ帝国が滅亡した時、西南部には西ゴート王国、その東、現在のサヴォワ地方にはブルグント王国が存在していた。これらの王国の北側、ガリア北部にはフランク族がいた。フランク族は三世紀頃にライン川下流にいた部族の連合体であったが、五世紀末のクローヴィス王の時にガリア北部に進出してこれを平定、さらに南に進撃し、西ゴート族をイベリア半島に追いやり、ピレネー山脈までを支配下に収めた。五一一年にクローヴィスが死亡した時には、彼の王国には現在のフランスのほぼ全領域が含まれていた。四九六年、クローヴィスは従者三〇〇〇人とともに、ランス司教のレミギウス（聖レミ）によりカトリックの洗礼を受けた。フランク族のキリスト教への改宗は遅かったが、ゲルマン人国家では唯一、直接に正統のアタナシウス派、つまりローマ・カトリックに改宗したわけで、このことはフランク族にはかりしれない政治的な利益をもたらした。フランク族はガリア住民の五パーセント程度であり、統治が有効に機能するためには、在地の有力者の協力が不可欠であった。その協力者がセナトール貴族であったが、彼らはキリスト教の拡大につれ、争って主要都市の司教職に進出しており、カトリックとの提携は彼らとの提携をも意味していた。クローヴィスが建てた王朝は、彼の祖父メロヴィクスの名をとって「メロヴィング朝」という。

フランク族は男子均分の相続慣行を有していたため、クローヴィスが獲得した王国も四人の息子で分割されることとなり、分王国が成立した。その後、分割やブルグンドやプロヴァンスの征服を経て、アウストラシア（東分王国）、ネウストリア（西分王国）、ブルグントという地域的枠組みが形成されていった。メロヴィング朝の地域統治は、国王が任命した都市伯が行ったが、実態としては地方を支配する有力者を国王が役人に任命することで追認した傾向が強い。彼ら有力者は司教であることが多く、司教裁判権による紛争の解決や弱者救済などを教会組織を通じて行っていた。

分割相続などによりメロヴィング家が弱体化していくなか、アウストラシアの宮宰職であったカロリング家が台頭してくる。七一〇年代にカロリング家の当主となったカール・マルテルは、メロヴィング家の諸王の弱体化に乗じて、三地域すべての宮宰職を掌握し、事実上王国を支配した。七三二年に彼はイベリア半島から北上してきたイスラム軍をトゥールとポワティエのあいだで撃破し、アキテーヌやプロヴァンスに遠征した。その子ピピン三世（小ピピン）は、七五一年にメロヴィング朝の王キルデリク三世をアミアン近郊のサン・ベルタン修道院に幽閉し、みずから国王として即位し、カロリング朝を開いた。

ピピンは前王を廃して国王となった「簒奪者」であり、何らかのかたちでみずからの正

クローヴィスの生涯　14世紀に描かれた『フランス大年代記』。左下では、天使が青地に金色の百合の花をあしらった楯を、最初のキリスト教徒の王にもたらしている。これがフランスの紋章となった。また、洗礼を示す右下の図では、鳩（精霊）が聖油の入った小瓶を司教レミに渡している。

当性を示す必要があった。そのため、彼はカトリックの高位聖職者による塗油儀礼を行った。塗油儀礼とは、『旧約聖書』にみられるイスラエル王の即位儀礼で、即位の時に聖職者に「聖油」を塗られることで、国王に神の加護があることを示し、王権が地上における神意の実現手段であることを示した。ピピンは七五一年一一月にソワソンで「フランク人たち」により王に推挙された際に、列席した司教たちより塗油儀礼を受けた。さらにその三年後、ピピンは教皇ステファヌス三世をパリのサン・ドニ修道院に迎え、教皇による塗油儀礼を行った。これに応えるように、ピピンは都市ローマの宗主権とランゴバルト族から取り上げたラヴェンナ地方の支配権を七五六年にローマ教皇に与えている。「ピピンの寄進」と呼ばれる出来事であり、ローマ教皇領の起源であった。

サント・ジュヌヴィエーヴ修道院の建設　フン族の攻撃からパリを守った聖女ジュヌヴィエーヴに捧げる修道院をクローヴィスが建設したことは、彼と教会とパリとの提携を示している。

その子、シャルルマーニュ（カール大帝）は、その生涯のほとんどを戦いに費やした。遠征の範囲は、南はイベリア半島から北はデンマークまで、東はハンガリーに及び、広大な版図を形成した。カロリング朝の伸張にもっとも期待したのはローマ教皇だった。ローマでの政治闘争や東ローマのギリシア正教との対抗関係などにより、ローマ教皇は強力な後ろ楯を必要としており、シャルルマーニュに白羽の矢を立てたのだった。八〇〇年のクリスマスの日、ローマを訪れたシャルルマーニュに、教皇レオ三世が「西ローマ皇帝」の冠を授けた。このことはビザンツ帝国やイスラム勢力と並び、西ヨーロッパが政治・宗教的統一体となったことを意味した。しかし、西ヨーロッパ世界は、教会の宗教的権威と王の世俗権力がそれぞれ自立しつつ共生関係にあるという、他の二地域にはない特色を持っていた。教権と帝権の二重関係が、以降の西ヨーロッパの歴史を彩っていくのである。

シャルルマーニュは七七五年の勅令で、王国内の全司教座に司教を配備し、司教は大司教に服属することを命じている。このようなピラミッド型の教会組織を介して、命令の通達が行われたのである。さらにその下のレベルでは、全国を約五〇〇の伯管区に分け、王権に忠実な家臣を派遣し、統治にあたらせ、地方の掌握に努めた。

ローマ文化が浸透していたガリアの地に入

トルビアックの戦い　クローヴィスは496年にケルン近郊のトルビアックでアラマン人を破り、ライン川以西の安全を確保した。19世紀の画家アリ・シェフェールは、トゥールのグレゴリウスの『フランク人の歴史』を参考にこの絵を描いた（ヴェルサイユ宮殿「戦史の回廊」）。

ったフランク族は、ローマ文化を徐々に吸収していった。都市社会は徐々に解体していったとはいえ、ラテン語教育を行う学校は存続しており、司教制の整備につれて、教育は聖職者の手に受け継がれていった。とりわけ、シャルルマーニュは学芸に熱心で、イングランド出身の学者アルクインを招き、古典ラテン語を復興させようとした。彼のローマ文化の吸収は、宮廷の建築様式、ウェゲティウスの戦術論の翻訳等のローマ戦史の研究など、さまざまな分野に及んだ。また、貨幣や印章にもローマ時代の意匠を取り入れ、ローマ帝権の継承者としてみずからを表象したのだった。

3 ガリア地方とキリスト教

キリスト教が、いつどのようにしてガリアの地に到来したのかはよくわかっていない。

シャルルマーニュ（742-814） 自身の法を息子のピピン（右）に伝えている。シャルルマーニュは第２子のピピンにイタリア王国を相続させる約束をしていたが、父親に先立ち810年にピピンは死去した。

ピピン３世と教皇ステファヌス３世 754年に教皇がピピンに塗油儀礼を行ったことにより、ローマ教会は新たに、カロリング家を正統な王家であると認めることとなった。

だが、ガリアではまず都市で布教がなされ、有徳の聖職者や殉教者が聖人となり、その墓所に修道院が建設されていったようである。教会組織が整備される過程で、司教座もローマの都市に置かれていく。三一四年のアルルの公会議には、一六人のガリア代表が出席したとの記録があり、四世紀初頭には二五程度の司教座があったようだ。ガリア布教に貢献したのは、三七二年にトゥール司教となり、その名声によりフランク王国の守護聖人となったマルティヌスが設立したマルムティエ修道院と、ホノラトゥスがカンヌ沖のレラン島に設立した修道院だった。キリスト教は四世紀後半にはガリア全域に広がり、徐々に教会組織が整備された。こうした教会がセナトール貴族と結合し、メロヴィング朝の行政の一端を担ったのはすでに述べたとおりである。

その後、メロヴィング朝の衰退とともに、聖職者もガロ・ローマ人からしだいにフランク人となり、彼らは世俗意識を残していたため、教会自体も退廃し、領主が私的に建立した私有教会も増えていった。この一方で、六世紀末にアイルランドからコロンバヌスがガリアに渡り、修道院を次々と設立し、厳格な戒律の遵守を主張した。その後、イタリアのモンテ・カシノに本拠があるベネディクト会の修道院も各地に建設された。この時の修道院は、俗世間や司教権力からの隔離の意味もあって、多くが農村部に建てられた。建設地は古代末期にヴィラのあった場所が選ばれることが多く、荒廃した農場跡に荘園を形成し、中世経済や農村社会に大きな影響を与えた。

カロリング時代には、王権と教会が一体化したため、教会制度が復興、再整備された。王により任命された司教は、王国の統治に参加した。私有教会の司教も、徐々に王が任

シャルルマーニュ（742-814） 右手には剣を、左手には十字架の付けられた球を持っている。剣はコンスタンティヌス大帝（王）の、球はダヴィデ王（預言者）の末裔であることをそれぞれ示している。これにより、王の機能と祭祀職の機能が皇帝の中に統合されていることが強調されている。

聖マルティヌス（316頃-397） ローマ軍の兵士だったマルティヌスは、15歳の冬にアミアンの城門で裸の乞食に出会い、剣を抜いて自分の外套を切り取り、乞食に与えた。するとその夜、彼の枕元にキリストがその外套を着てあらわれた。マルティヌスはその後、修道生活に入り、トゥール司教となった。

命するようになった。また、王は行政組織としてのみならず、ピピンの塗油儀礼の例が示すように、みずからの正当性を保証するものとしての教会も必要とした。たとえば、八一四年にイベリア半島でキリストの十二使徒のひとりの聖ヤコブの墓が発見された。この時期、イベリア半島ではイスラム教徒との戦いが繰り広げられており、伝承では八三四年のクラビボの戦いの時に、「キリストの騎士」となった聖ヤコブは天から舞い降り、キリスト教徒を勝利に導いたとされる。シャルルマーニュがイベリア半島に遠征を行った時には、聖ヤコブがシャルルマーニュの夢枕にあらわれ、ガリシア地方をイスラム教徒から解放するように命じたとの伝説が後世に付け加えられた。戦争の正当化や戦場での兵士たちの鼓舞において、キリスト教は重要な役割を果たしたのである。

　教会制度が発達するなかで、四世紀半ば以降にキリスト教は農村部へと拡大したとされる。だが、一〇世紀頃までは中心はあくまでも都市であり、農村への浸透は緩慢であった。さらに、民衆への布教は民衆の多神教的宗教世界に合致するようなかたちで行われた。そもそもキリスト教は、イエスが終末が近いことを預言し、来世で救われるためにあらゆるものを捨てて祈ることを説いたものであった。そのため終末が到来しないと、社会の現実に教義を合致させる必要がでてきた。さらに、死後の救いを説くキリスト教は、現世利益をもとめる民衆の宗教観とは合致しなかった。キリスト教は多神教的な要素を取り入れるために聖人を使用した。殉教やその常人離れした行為が民間信仰と結びつき、聖人には奇跡をおこす霊力があると理解されていった。聖人の骨や遺留品である聖遺物（せいいぶつ）には彼の特別な力が宿り、それに祈ることで、病気治癒などの願いを聖人が神にとりなしてくれるというものである。人々はより力の強い聖人の聖遺物を拝むために、サンティアゴ・デ・コンポステーラ（聖ヤコブの墓所）やローマ（聖ペテロの墓所）、ヴェズレー（マグダラのマリアの骨）などに巡礼に赴くようになる。

　ガリア人の宗教を取り込むかたちで、キリスト教のさまざまなものができあがっていった。教会は聖人の墓所に建立されるとともに、シャルトルの大聖堂の地下に現在も泉があるように、ケルト人たちの聖地を引き継ぐ場合も多かった。また、キリスト教の暦もケルト人の農事暦に組み入れられた。たとえば、一一月一日の、祖先の霊を迎え冬の到来を告げるサムハイン祭は、すべての聖人と殉教者を祝う「諸聖人の日（万聖節）」となった。このようなケルト人やローマ人の多神教とキリスト教との混じり合いをシンクレティズムというが、この状況は中世のあいだ続いた。

聖ドニの生涯の一場面（サン・ドニ大聖堂）　最初のパリ司教とされる聖ドニは、272 年頃にローマ軍に捕らえられモンマルトルの丘で斬首された。図にあるように、彼は自分の首を持って北の方に歩き始め、5 キロほどのところで倒れた。それがこの教会のある現在のサン・ドニ市である。

シャルルマーニュのスペイン遠征の図（14 世紀）　右側のムスリムを化け物のように描き、イスラム世界に対するキリスト教の優越性を示している。シャルルマーニュは「フランス」の百合が付された鎧と楯を身につけている。

第2章
CHAPTER

カペー朝の成立

1 「暗黒の世紀」

八一四年にシャルルマーニュが死去すると、息子のルイ敬虔帝が即位した。信仰心の篤いルイは、宮廷の刷新を行うとともに、八一七年に早々と三人の息子への帝国の相続を定めた帝国分割令を布告した。貴族層の宮廷改革への不満や、その後に四人目の男子シャルル二世（のちの禿頭王）が誕生したことによる相続争いのため、帝国は混乱に陥った。長子のロタールがいくたびか父親に反乱をおこすなか、八四〇年にルイが没した。その後、相続者四人は二陣営に分かれて戦った。八四一年のフォントノワの戦いの後、和平の気運が高まり、八四三年にはヴェルダン条約が結ばれた。条約では、三男のルードヴィヒが東部、末子のシャルルが西部、長子ロタールがその中間部分を獲得した。分割は最終的には八七〇年のメルセン条約で確定するが、末子のシャルル二世禿頭王が支配した西フランク王国を基盤として、のちのフランスが形成されていく。

フランク王国内部の混乱に加え、この時期の王国は外部からの圧力を受けていた。カール・マルテルにより一時撃破されたイスラム勢力は、地中海沿岸部で勢力を拡大していた。イスラムの海賊はローヌ川をさかのぼり、略奪行為を頻繁に行い、九四〇年にはジュラ地方にまで進出した。さらに脅威であったのが、北方より襲来したノルマン人（ヴァイキング）で、九世紀半ば頃より大西洋や北海にそそぐ主要な河川では、ノルマン人が遡上し、パリやアンジェ、トゥールなどの主要都市や修道院が掠奪にあった。シャルル二世は八六四年に勅令を出し、各地の要衝に城を築き、伯にその監督を命じたが、ノルマン人の勢いを止めることはできなかった。

トゥール司教グレゴリウスが六世紀後半に執筆した『フランク人の歴史』では、クローヴィスのことを「新しいコンスタンティヌス」

ルイ敬虔帝（778-840） シャルルマーニュの三男であったルイは、兄ふたりの相次ぐ死により皇帝となった。その名のとおり、信仰心の篤かったルイは、817年のけがをきっかけとして早々に息子たち３人への帝国の分割を決定した。だが、それがかえって兄弟間の争いを引き起こし、帝国解体のきっかけとなった。

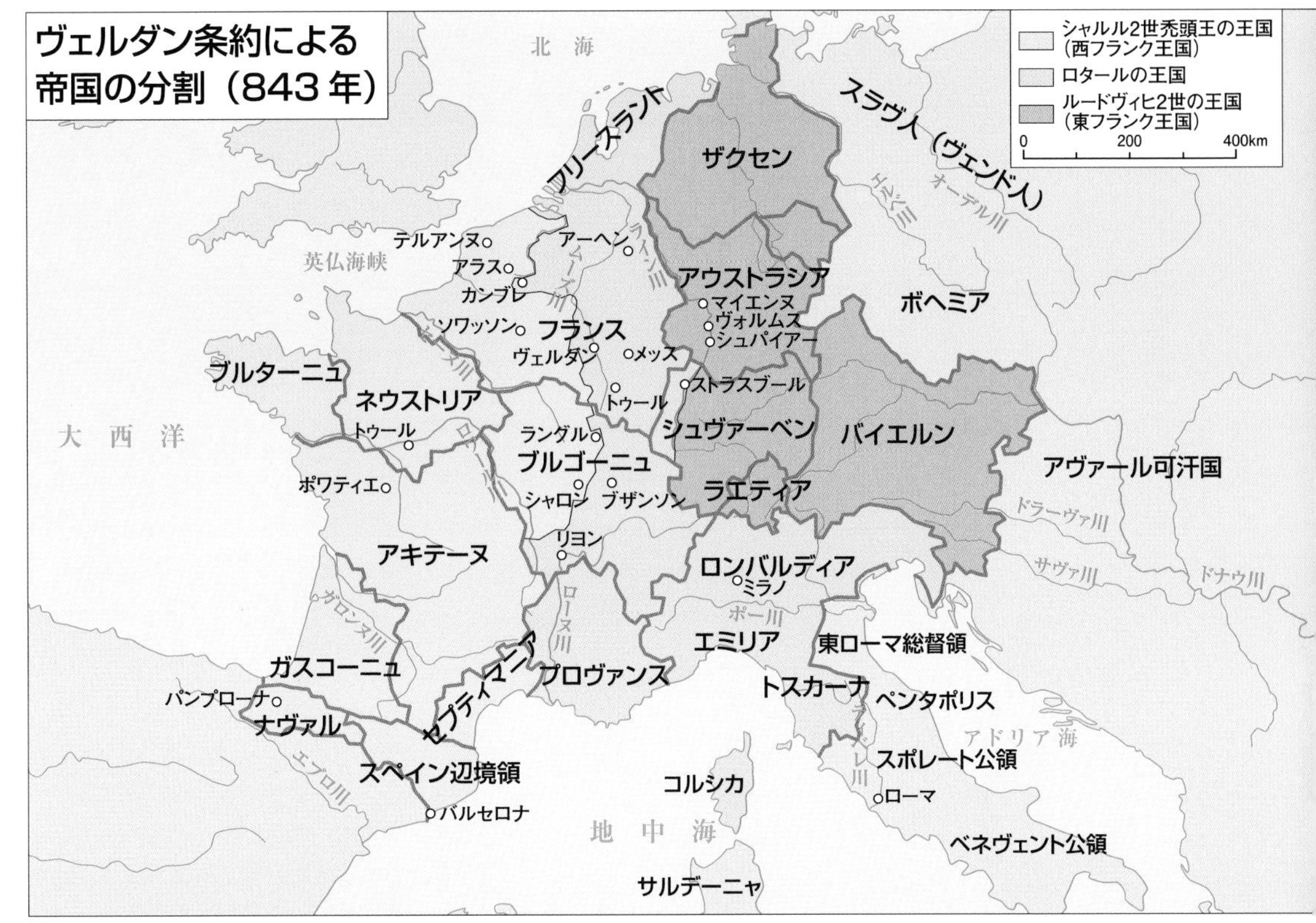

シャルル禿頭王が継承した西フランク王国と現在のフランスを比べると東側部分が大きく欠けている。中世においては、西フランクからフランスへという王国の形成は、領域的な問題というよりはむしろ、王統の問題であった。

と評しており、セナトール貴族たちは、すでにこの時期よりフランク国家の正当性をローマの後継者であることに求めていた。しかし、フランク王国が分裂すると、ローマの帝権は東フランクへと継承される（のちの神聖ローマ帝国）。そのため、西フランクでは新たな正当性原理の構築が必要となり、ルイ敬虔帝の子のシャルル二世禿頭王の時期に、これがなされた。シャルル二世の顧問を務めたランス大司教ヒンクマールは、著書『聖レミ伝』のなかで、聖レミがクローヴィスの洗礼を実施した時、一羽の白い鳩が聖油の入った瓶をくわえて舞い降り、レミはその一部を洗礼盤に入れてクローヴィスに洗礼をほどこし、そのあと聖油で彼に十字の印を付けたとの記述を付け加えた。鳩は精霊の化身であり、クローヴィスは神により「新しいキリスト」とされたのである。洗礼は同時に王としての聖別を意味し、ピピンの即位儀礼の起源をクローヴィスまでさかのぼらせることになった。

教会による王の「聖別」は、西欧キリスト教世界の精神的中心は、鳩がくわえてきた聖瓶が存在するランスを領する西フランクにあることを明らかにした。そして、のちにランスで国王の即位儀礼（成聖式）が行われるようになると、王は「キリスト教の王」となり、聖職者・聖者としての霊的な能力を有するとされていった。こうして、フランス王権は神意に立脚し、特別な使命を有するものと主張されるのである。

八七七年にシャルル二世が死去した後、西フランクでは後継者が相次いで死亡し、短命な治世が続いた。その後、一時東フランク王に王権が譲られたり、ノルマン人の撃退に功績のあったパリ伯ウードが八八八年に王位に就くなど、政局は混乱した。ウードのあとは王権はカロリング家のもとに戻ったが、凡庸な王が続き、求心力の低下を止めることはできなかった。

この状況を背景として、各地に自律的な権力が生じてくる。地域によって形成過程はさまざまであったが、混乱により王権が弱まるなか、各地で有力者が勢力を蓄え、「小国家」を建設していった。これらの小国家は、フランドル伯領、ノルマンディ公領、ギュイエンヌ公領、アンジュー伯領などを形成し、その長はみずからを「君主（プリンケプス）」と名乗った。このような君主が支配する領域を「領邦」と称し、西フランクでは九世紀末から一〇世紀初頭にかけて領邦が形成されていった。領邦君主は、世襲制を確立するとともに、自領内の王領地を吸収し、裁判権や貨幣鋳造権などの国王大権を簒奪した。西フランクの王権が弱体化するなか、一〇世紀には王国は独立した支配を達成した領邦君主の群雄割拠状態となったのである。

2 カペー朝の成立

こうして台頭してきた領邦君主のなかで、最有力であったのがのちにカペー朝を開くロベール家であった。ロベール家はライン川とムーズ川に挟まれた地域を故地とする貴族であったが、西フランクのシャルル二世禿頭王との結びつきを強めるなかで九世紀中頃にロベール・ル・フォールがロワール川下流のアンジェに拠点を移し、この地ネウストリア地方で権力を拡大した。ロベールは侵攻してくるノルマン人を迎え撃つ戦いで、八六六年に戦死した。彼の長男のウードも戦いを続け、八八二年にはパリ伯に任じられ、パリを包囲したヴァイキングを撃破した（八八六年）。その後、八八八年に、ウードは西フランク王に推挙された。王冠はその後、カロリング家のもとに戻るが、ロベール家は西フランク内で着々と権力を拡大し、ウードの甥のユーグ・ル・グランは、「フランク人の大公」という

ロレーヌ公シャルルの逮捕　ユーグ・カペーは国王選挙の対立候補だったルイ五世の伯父ロレーヌ公シャルル（右側）を逮捕した。991年3月30日早朝に兵士がシャルルとその妻アルノールの部屋を襲った。

ユーグ・カペー（938頃-996）　即位6か月後に息子のロベールを共同王にしたことを示している。この図は、ローマ皇帝ヴェスパシアヌスとその息子ティトゥスの話をモデルとしている。

称号をおび、セーヌ川とロワール川のあいだの地域の二〇の伯領と主要な修道院長と司教座をその手中に収めていた。

九五六年にユーグ・ル・グランが死去した時、息子のユーグ・カペーはまだ幼年であったために、ロベール家の影響力は減少し、ネウストリア西部の有力封臣がロベール家から離れた。そのため、支配領域は縮小するとともに東へと移動し、ロベール家の根拠地はオルレアンへと移った。

九八七年五月、西フランク王ルイ五世が狩猟中に落馬し急死した。この知らせはサンリスで開かれていた大諸侯会議にもたらされ、ルイには後継者がいなかったため、翌月の大諸侯会議で新王を選出することが決定された。そして、この会議で、諸侯と有力聖職者の支持により、国王に推挙されたのがユーグ・カペーであった。七月三日にはランス大司教アダルベロンにより、ノワイヨンで塗油と戴冠の儀式が執り行われ、新たな王朝が誕生した。カペー朝の開始である。

成立したロベール家の王権は、数多くの課題に直面していた。まずは王位継承問題である。初代のユーグ・カペーが選挙により指名されたことは、王朝の永続性にとっての障害であった。そのため、ユーグは即位早々、しぶるアダルベロンを説き伏せて一二月にオルレアンで息子のロベールを共同王に「聖別」させた。国王の存命中に息子を後継王として選出することは、その後、六代目のルイ七世の時まで続いたのである。

このような綱渡り的な王位継承を余儀なくされたのは、ひとえにロベール家の王権が非常に脆弱なためであった。初期カペー朝のもとでは、カロリング朝末期から続いていた王権の権威凋落が加速し、南フランスを中心として、大諸侯が離脱していった。王権の実態はパリとオルレアンを軸としたイル・ド・フランス地方の城主や騎士層を従えた一領邦君主の域を出るものではなく、ユーグの三代後のフィリップ一世の時、カペー朝の支配領域は最小となった。

しかし、約二〇の司教管区と五〇の修道院が国王の支配下にとどまったことは僥倖（ぎょうこう）であった。ここからの収益は王朝の存続に大きな

カペー朝成立時のフランス（11世紀初頭）

カペー朝が成立した時、王家が直接支配する王領地は非常に小さかった。

役割を果たし、ランス大司教との結びつきを失わなかったことは、王権の正当化にとっては非常に重要だった。王朝成立から一〇〇年余、状況は徐々に好転していく。フィリップ一世の息子、ルイ六世は、サン・ドニ修道院長シュジェの助力をうけて、その権力基盤の拡大をめざし、王領地内の独立勢力を屈服させる一方で、他の領邦君主との封建的主従関係締結に努めた。その息子のルイ七世は、王領地内の独立勢力を平定するとともに、イングランド王ヘンリ二世を一一五一年にパリに呼び寄せ、ノルマンディ公として封主のフランス王に臣下の礼をとらせることに成功した。こうして、徐々にではあるがカペー朝の王たちはその権威を増大させていったのである。

この過程で、国王たちはみずからの権力を正当化する必要に迫られた。選挙により王位を獲得したことは、王位の簒奪であるとの批判を受ける可能性があり、王朝の継続のためには生前に次王を指名する以外に、より論理的なレベルで王権の正当性を担保する必要があった。

そのために行われたことが、前王朝との血統のつながりの主張であった。たとえば、ロベール二世の妻コンスタンスの母アデライードがカロリング朝の最後の王ルイ五世と結婚していたことが利用された。また、フィリップ二世の母方がカロリング家の血筋を引いて

フィリップ１世（1052-1108） 成聖式で保護を約束した聖職者たちに囲まれている。フィリップ１世の時にカペー朝の支配領域は最小となったが、1080 年以降には、宮廷内の諸機構を整備し、王領地を徐々に回復していった。

いることにより、彼は「カロリード」と呼ばれ両王家の合体が主張された。こうして、フランク王国より続く王統という主張が徐々に強化されていくのである。さらにこの他にも他の有力な家系との婚姻を通じ王家の血筋をより高貴なものとする努力もなされ、東ローマ由来のフィリップという洗礼名が導入された。

血統の主張とともに重視されたのが、王の「聖別」であった。西フランク王国での国王戴冠時の塗油儀礼を、カペー朝も踏襲した。とくにカペー朝は、その成立の経緯よりランス大司教との関係が深く、一〇三一年のアンリ一世の即位より、ランスで国王の成聖式（戴冠式）が行われるようになった。成聖式の時にのみサン・レミ修道院に安置されていた聖瓶（クローヴィスの洗礼の時に鳩がくわえてきたとされる瓶）がランス大聖堂に運ばれ、そのなかの聖油により塗油儀礼が実施された。さらに、一三世紀以降、聖瓶のなかの油は、成聖式で使用されても中味が減らないとか、式が終わると空になるが次の成聖式の直前にいっぱいになるとの逸話が流布するようになった。

この「聖別」により、クローヴィスからカペー朝までの継続性が強調されるとともに、聖油をうけた王に霊的・宗教的な力が授けられるとの主張がなされ、フランス国王は神の代理人となり、常人にあらざる力を持つとされた。国王の神秘的な力は何よりも病気を治す能力としてあらわれるとされ、フィリップ一世が初めて病人（瘰癧病患者）に触れて十字の印を付けるという儀式を行って以来、歴代のフランス王たちは「病気を治す王」として、しばしばこの治癒儀礼を実施し、王権の神秘性を喧伝したのだった。

ヨーロッパ中世の国家や社会の性格を述べるうえで、封建制という用語がしばしば使用されてきた。封建制は大きく分けて二つの事象をあらわすものとして理解されてきた。ひとつは、レーン制とも呼ばれる権力秩序の編成を対象とした法制史的理解で、主君と家臣との関係が対象となる。もうひとつは社会経済史における考えで、生産のあり方の基本となる領主農民関係に着目し、領主制として封建制を理解する。領主制については、後述するので、ここでは前者について考えてみよう。

中世の君臣関係を考える場合、前提となるのが公権力の弱さである。領邦君主による支配が進行しているとはいえ、彼らは領地を一元的に支配できるほどの官僚や軍事力を持っていなかった。この当時に実体的な軍事力を有していたのは、城主や領主といったより下層のレベルであり、これらの者をより上位の権力と結びつけたのが封建制（レーン制）であった。

封建的主従関係には人的と物的な両側面が存在している。人的側面である主従制は、ケルト以来の扈従制やゲルマン人従士制を起源とし、主君のもとに形成された戦士集団を指す。物的側面である恩貸地制はローマに起源を有し、皇帝が臣下に「恩恵」として土地やその他の財物を下賜する制度であった。この両制度が融合するのがメロヴィング朝の時代で、カール・マルテルの時代に、イスラム勢力と対抗するために機動性の高い軍隊を編成する必要が生じ、騎馬兵の大量編成が実施された。騎馬兵は歩兵に比べ、装備と訓練に多額の費用がかかるために、教会や修道院の土地が没収され、家臣に分配された。こうして、「封臣」と呼ばれる戦士層が形成されていったのである。

レーン制においては、主君から家臣へ「法（土地や爵位など）」の授受がなされ、その代償として家臣が主君に対して忠誠を誓い、軍役奉仕を行ったりした。この場合、「封」が新たに与えられて主従関係が形成されるとともに、現実に地域を支配している者の支配地が「封」として認められ、君臣関係が形成されることもあった。家臣にとっては自身の領地が安堵され、主君によってその保護（防衛）が約束されるという利点があり、主君はその地域に対して自身の権力を伸張することができたのである。このような封建的な関係は日本とは異なり、ヨーロッパでは契約にもとづくものであり、両者の関係は双務的なものであった。そのため、いずれかの義務が果たされない場合には、契約が解消される例も存在している。

中世における王権は、このような封建的主従関係の網の目の上に形成されたものであっ

ヘースティングスの戦い（1066） バイユーのタピスリー。右はノルマンディー公ウィリアムの軍にハロルド王が殺害された場面。ノルンマンディー公がイングランド王となったことが、以降の複雑な英仏関係の発端となった。

ランス大聖堂 現在の建物は 1211 年に建設が開始され、1241 年に内陣と交差廊が完成した。盛期ゴシック建築の傑作であり、繊細さと軽さが感じられる。

成聖式の聖杯（13 世紀末） 歴代国王の成聖式に使用されたもので、ランス大聖堂に保存されていた。「聖レミの聖杯」とも呼ばれる。

た。つまり、国王自身は、本来は王の私領である王領地に対してはある程度直接的な支配を行いえたが、その他の地域に関しては、領邦君主とのレーン制による人的紐帯により間接的に支配しているだけであった。このため、「臣下の臣下は臣下ではない」という法諺が示すように、国王の支配が末端まで貫徹していたわけではなかった。さらにイングランド国王がノルマンディ公としてはフランス国王の封臣であったように、封建的主従関係の網の目は複雑さを極めていた。以上より、封建制のもとでは、権力がさまざまな社会的な諸勢力により分有されることになり、権力秩序は非中央集権的で不安定であった。

封建制の実態は地域により異なり、中世の権力構造を理解することは容易ではない。だが、封を媒介とした双務的な人的関係が支配の根底にあったことは、前近代の権力秩序を理解するうえで重要なことであろう。

フィリップ２世の誕生　1137年に即位したルイ７世には、なかなか世継ぎが誕生せず、1160年に結婚した３番目の妻、アデール・ド・シャンパーニュとのあいだにフィリップが誕生したのは1165年のことだった。図では天から夫妻に、奇跡の子フィリップが授けられている様子が描かれている。

クリュニー修道院　1088年に院長フーゴーのもとで大規模な聖堂の建設が開始された。これは長さ約182メートルで15の礼拝堂をあわせもつ、当時のヨーロッパで最大規模の聖堂であった。このロマネスク様式の美しい聖堂は、フランス革命の時に売却され、解体された。

フランス王国の発展

1 フィリップ二世

ルイ七世の子フィリップ二世の登場により、カペー朝は新たな局面を迎えた。国内政治においては、フィリップは、結婚や戦争により王領地を拡大していった。たとえば、フランドル伯の姪との婚姻により持参金としてアルトワを獲得し、さらに同家の内紛に乗じてヴァロワなどの地方を獲得した。また、東のシャンパーニュ伯領に対しては、一二〇一年のティボー三世の急死と幼王の即位につけ込み、支配を強化していった。

このような、支配の拡大に大きな役割を果たしたのが、コミューンと呼ばれる都市の自治運動であった。一一世紀頃より商業の再活性化がすすむと、都市住民は力を獲得し、自立をめざして領邦君主などの都市領主と対立した。この時、王権は国王が保証すべき一般利益をコミューンが代弁しているとして、その運動を支持した。王権は、領邦君主の支配地内にみずからの権力の楔（くさび）を打ち込み、王権拡大の機会を獲得しただけではなく、コミューン支持への対価として、都市より金銭がもたらされたのであった。ここにおいても、都市特権（自治権）の保証と国王への忠誠（財政援助）という前近代の互酬的な支配メカニズムが認められるのである。

ブーヴィーヌの戦い（1214） 左側のフィリップ２世（百合模様の楯と鎧）が、右側の神聖ローマ皇帝オットー２世（鷲をあしらった盾）に対峙している。

王領地の拡大に並行して、そこでの行政組織の整備も行われた。フィリップ一世の時代に、王領地支配機構としてプレヴォ（代官）が設置されたが、特定家系による世襲化などにより、十全に機能しなくなっていた。そのためフィリップ二世は当時もっとも先進的とされたノルマンディの行政組織を導入し、北部にバイイ、南部にセネシャルという、国王が自由に任免できる役人を配備した。これらの職はしだいに世襲の司法官職へと変貌していくが、基本的にはフランス革命まで存続した。

中央では以前から存在していた国王会議（クリア・レギス）から財務部門と司法部門を切り離し、機能的に案件の処理が行われるようにした。フィリップ二世は王室の財務運営をテンプル騎士団に一任したが、会計簿を検査する組織として会計検査院が設立され（正式な設立は一三二〇年）、司法に関しても独立した部門はのちにパルルマン（高等法院）となった。

対外的にもフィリップ二世はめざましい成果を残した。この時代、フランスの脅威として立ちはだかるようになったのが、アンジュー伯アンリが一一五四年に国王となったイングランドだった。フランス北部のアンジュー地方を根拠地とするプランタジネット家のアンジュー伯は、イングランド国王との婚姻関係を通じ、ジョフロワの時代にノルマンディ公国を領有した（一一四四年）。その息子アンリは、一一五二年にルイ七世と離婚したばかりのアキテーヌ公女アリエノールと結婚し、ロワール川以南の広大な領域をその領土に加え、フランスの半分以上を所有することとなった。そして、アンリがイングランド国王ヘンリ二世として即位してプランタジネット朝を開いたために、それらの領域がすべてイングランド国王の支配下にはいる（アンジュー帝国の成立）という危機が生じたのである。

このような状況下で即位したフィリップ二世は、状況の打開に努めた。ヘンリ二世が死去（一一八九年）した後、その息子リチャード一世（獅子心王）と一進一退の戦いを繰り広げたが、リチャードの死後はプランタジネット家の内紛につけ込み、弟のジョン王が大陸に有していたほとんどの財産を合法的に没収することを宣言した（一二〇二年）。このイングランド領没収の決着を含め、ヨーロッパでのフィリップ二世の地位を決定づけたのが、一二一四年のブーヴィーヌの戦いであった。彼はイングランド王ジョン、ドイツ王オットー四世、およびフランドル伯の連合軍に勝利し、皇帝の封臣要求を退けるとともに、フラ

教会を献堂するイングランド王ヘンリ２世とその妻アリエノール　アリエノールは文芸の保護者としても有名であり、南仏アキテーヌの文学的伝統でもある貴婦人崇拝の観念をフランスやイングランドの宮廷に導入した。

リチャード獅子心王（1157-99）　ヘンリ２世の三男であったリチャードは、南フランスのアキテーヌを相続する予定であったが、兄のヘンリが早世したため、1189年にアンジュー帝国の全領土を相続した。

ンドル伯の忠誠も得た。ここにおいて、フランスは有力な勢力として、国際政治の表舞台に躍り出たのであった。

王権の強化にあわせ、その中心はオルレアンからパリへと移っていった。ルイ六世の頃から、国王は恒常的にパリに居住することとなり、税務や司法上の組織もパリに置かれるようになった。さらに、フィリップ二世はパリの整備を推進した。一一八六年には道路の改善が命じられて石畳の道が整備され、彼により商人たちに与えられた屋根付きの市場は、のちに規模を拡大し、レ・アール（市場）へと発展していった。今日も痕跡をとどめている事業が、市壁の建設である。フィリップ二世は一一九〇年に第三回十字軍へと出発したが、出発に際して、戦争状態にあったイングランド軍の侵攻にそなえ、パリに城壁を築くことを命じた。これは、当時の市域の外周に高さ約七メートルの城壁を張り巡らすもので、総延長が五キロメートルを超え、城壁に囲まれた部分の面積は約二七〇ヘクタールであった。さらに、セーヌ川右岸の西端部分にはルーヴル砦が建設された。また、フィリップ二世は当時左岸に発展し始めていた各種の学校に大きな特権（自治権）を与え、それがパリ大学へと発展していった。このため、左岸は宗教と教育の中心地となり、パリへとやってくる学生や教師の居住地として、カルティエ・ラタン（ラテン語街）が形成されていった。

パリに現存するフィリップ２世の城壁　壁の厚さは下部が３メートル、上部が 1.9 メートルで、60 から 80 メートルの間隔で見張り用の塔が設置されていた。

神学の教授風景　1108 年頃にパリに出て、弟子を集めて神学と哲学を教えたアベラールのように、カルティエ・ラタンでは私塾を営む者が多くおり、彼らの塾が連合するかたちでパリ大学が形成された。

このように、フィリップ二世はフランスの発展に大きく貢献し、それゆえ尊厳王（オーギュスト）の名称が付けられた。彼は在位中に次王を指名することなく、これ以降世襲王政が確立する。

2　ルイ九世

父フィリップ二世を継いで領土の拡大に努めたルイ八世の治政はたった三年で終わり、ルイ九世が一二歳で即位した。このため、母后のブランシュ・ド・カスティーユが摂政となった。幼王の即位につけ込み、押さえつけられていた諸勢力が反国王大同盟を結成したが、彼女はシャンパーニュ伯やブルターニュ伯などの大諸侯、王の叔父フィリップ・ユルペル、トゥルーズ伯、イングランド王などの挑戦を巧みに退け、幼王が成人するまでの苦しい状況を乗り切った。

成人後もルイをとりまく状況は安定せず、シャンパーニュ伯やブルターニュ伯、イングランド王などとの対立は続いた。そうしたなか、ルイ九世は一二四四年に十字軍への参加を表明し、その四年後に地中海を臨む港、エグ・モルトを出発し、エジプトに上陸した。だが、一二五〇年にマンスーラの戦いでイス

病人への触手儀礼を行うルイ９世 「王が触れ、神が治す」と称されるこの儀礼は、ルイ９世以降に頻繁に行われるようになった。1297年のルイ９世の列聖は、「奇跡をおこす王」の信頼性を高めた。

ルイ９世の死 王の下では、彼の軍がテュニスへの攻撃を続行している。ルイ９世の軀は刻まれたあとに水を混ぜたワインでゆでられ、フランスへと運ばれた心臓と遺骨は、サン・ドニ修道院に納められた。

サント・シャペル 他のゴシック聖堂にくらべて小規模だが、ステンドグラスを多用した礼拝堂はこのうえもなく美しい。だが、この教会の建設費よりも聖遺物の購入代金のほうが高価であった。

ラム勢力に大敗北を喫し、みずからも捕虜となり、高額の身代金を支払って解放された。その後、アッコンにとどまったが、最終的には確たる成果も残さずに帰国を余儀なくされた。

この十字軍以降、ルイの態度が変化し、敬虔さを増していった。私生活では質素を旨とするようになり、国内においては教会を保護し、数多くの修道院や施療院を寄進した。このような態度は対外関係にもあらわれ、彼は現状維持を優先させ、対立する諸勢力との和解に努めるとともに、ドイツやイタリアにおける教皇派と皇帝派の対立に際して中立を保つなど、ヨーロッパの調停者としての役割を果たしていった。晩年、彼は再度の十字軍遠征を計画し、一二七〇年にエグ・モルトを出港して七月一八日にアフリカのチュニスに上陸した。だが、そこで一行はペストに襲われ、ルイも罹患し、八月二五日にそのまま死亡してしまった。五六年の生涯であった。

ルイ九世は内政の充実にも尽力した。祖父王が創設したバイイとセネシャルをより広い地域に派遣するとともに、中央においては恒常的な司法機関である高等法院や会計検査院を独立させた。さらに、国王金貨の基準を設けて経済の安定を図った。パリでは、コンスタンティノープルの王から購入した聖遺物（キリストの茨の冠）を納めるために、一二四一年にシテ島の王宮内に礼拝堂の建設を開始した。これが、ステンドグラスを多用したゴシック建築の至宝、サント・シャペルである。

ルイ九世の治世を彩るもうひとつの出来事がアルビジョワ十字軍と呼ばれる南仏のカタリ派討伐であった。カタリ派とは、世界は善神と悪神によって作られているという二元論的世界観を持ち、目に見える物質的なものは悪神に由来するので、それらは悪であると説き、教会制度はもちろん、肉食や結婚を拒否する現世否定の思想を展開した。この派の源流は東欧のボゴミール派であったが、南フランスでは「アルビの異端」と呼ばれ、一一八四年のヴェローナ公会議で異端と宣言された。

ローマ教皇はシトー会やドミニコ会の修道

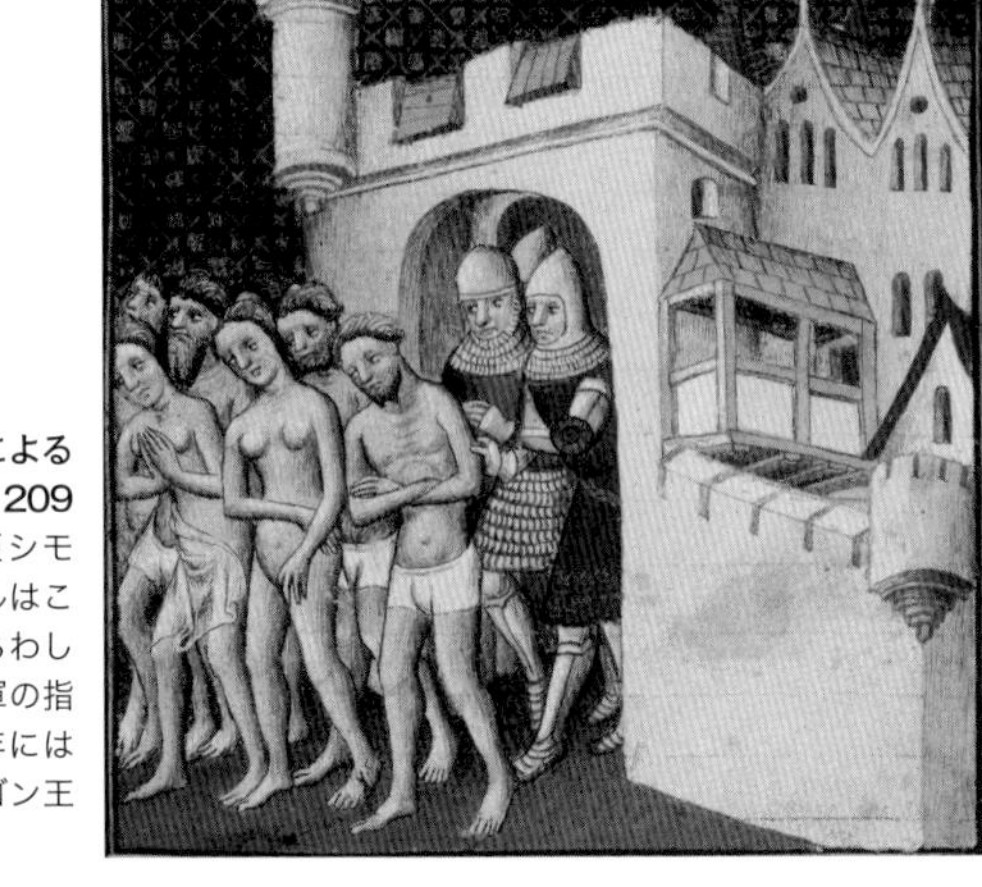

アルビジョワ十字軍によるカルカソンヌの攻略（1209年） ルイ８世の直臣シモン・ド・モンフォールはこの攻略戦で頭角をあらわしてアルビジョワ十字軍の指揮官になり、1213年にはトゥルーズ伯とアラゴン王の連合軍に勝利した。

アルビのサント・セシル教会 13世紀に建設が開始されたこの要塞のような教会は、アルビジョワ派の根拠地にローマ教会が打ち立てた橋頭堡であった。教会内には異端への威嚇ともとれる巨大な最後の審判の絵が15世紀に描かれている。

諮問会議を開くフィリップ４世 全国三部会の開催に見られるように、臣下からの意見を聞き、コンセンサスを形成することにより王国を治めようとした、彼の統治スタイルがこの光景からみてとれる。

士を派遣して改宗に努めたが、南フランスではトゥルーズ伯を筆頭に大小貴族が公然とカタリ派を支持したため、効果があがらなかった。当時は政治と宗教が密接に関係していたために、彼ら貴族にとっては、カタリ派を支持することは、ローマ教会と歩調を合わせるフランス国王に対抗する一助となった。フランス国王にとってもこの図式は同じで、カタリ派の討伐は反抗する南仏の貴族勢力を平定することと同義であった。このため、教皇とフランス国王の思惑が一致し、フィリップ二世の治世、一二〇九年に教皇庁とフランス王の連合軍である「アルビジョワ十字軍」が組織され、遠征が行われた。ルイ九世の即位後の一二二九年、トゥルーズ伯レモン七世とのあいだにパリ条約が結ばれ、レモン七世がローヌ川以西の領地をフランス王に譲渡し、この十字軍は終了した。しかし、一二四二年にレモン七世がイングランド王を支持して反王権同盟を組織したため、ルイ九世は遠征を行い、タイユブールの戦いでイングランド王を破った後、翌四三年にロリスの和約でレモン七世を屈服させた。この時、ルイ九世はカタリ派への攻撃を続行し、翌一二四四年にモンセギュールの山城に立てこもった数百人の信徒を包囲し、生き残ったものをすべて処刑した。これにより、南フランスでのカタリ派の組織的活動がたたれることとなった。

カタリ派への攻撃や十字軍の組織を含め、ルイ九世は篤信のキリスト教徒であるとの評価が高まり、孫のフィリップ四世の運動により、死後の一二九七年にローマで聖人に列せられた。

3 フィリップ四世とローマ教皇との戦い

ルイ九世の孫のフィリップ四世の時代にも、大きな発展がみられた。国内ではまず、専門知識を有したテクノクラートの登場があげられる。王朝の成立以降、国王の側近として政治を支えていたのは、王族や名門貴族、高位聖職者たちであった。しかし、フィリップ四世の治世の頃より、レジスト（法律顧問）と称される者たちが、国政全般についての議論を行う国王顧問会議のメンバーに登場してくる。

彼らは、大学での法学教育や法律実務を通じて、法律の専門知識を身につけた者たちであった。国王は彼らの助言を受けることにより、王国基本法の形成や国王顧問会議の設立など、法律にのっとった客観的な支配を推進した。これは対抗する勢力への政策にも利用され、封建法を盾にすることで、婚姻や相続、領地の交換などをフランス国王に有利なかたちで推進していった。また、彼らの活動は国王権力を論理的に強化することにも貢献した。彼らの唱える「王の意志が法なり」などというスローガンがそのことをよくあらわしていよう。財務分野においても、パリのブルジョワやイタリア出身の銀行家など、専門家の登用がなされた。ピエール・ド・シャロンは全国の関税網の整備を行い、ピエール・ド・ラチーは租税制度の整備に貢献した。

フィリップ四世は、シャンパーニュ、アキテーヌ、フランドルなどで王権の強化に努めたが、そのためには莫大な軍事費が必要となった。王は貨幣の改鋳などを行うが焼け石に水で、一二九四年にイギリスとの戦費調達のため、聖職者身分への課税を決断した。この決定はフランス国内の高位聖職者会議の同意を得ていたが、ローマ教皇ボニファティウス八世が反対し、対立が先鋭化していった。一三〇一年に教皇派のパミエ司教ベルナール・セセが逮捕されると、教皇は聖権の優位を主張して国内の教皇派を糾合（きゅうごう）、公会議の決定に従わない場合には国王を退位させる意向を示した。これに対してフィリップ四世は一三〇二年六月に身分制議会である全国三部会を開いて聖職者を含めた国内の意見を統一、ローマ教皇の身柄を拘束することを決定した。これを受けて、レジストのひとりであるギヨーム・ド・ノガレが九月七日に、避暑のためにローマ近郊のアナーニを訪れていた教皇を急襲し、彼を逮捕した。すぐに解放された教皇であったが、一か月後には憤死（ふんし）をとげた。新たに教皇に就任したベネディクトゥス一一世は、前教皇の非難宣言をすべて取り消し、関係者に赦免（しゃめん）を与えることとなった。フランス王の完全な勝利である。

さらにこの問題は、「教皇のバビロニア捕囚」と呼ばれる事態へと進展した。ベネディクトゥス一一世の死後、後任の選出が遅れたが、フィリップ四世の後押しもあり、一三〇五年にフランス出身のボルドー大司教ボルトダン・ド・ゴがクレメンス五世として即位した。イタリアでは当時、ゲルフ（教皇派）とギベリン（皇帝派）の対立が深刻化していたため、クレメンス五世は政情不安なイタリアから逃れ、一三〇九年に南仏のアヴィニョンにわたり教皇庁を移した。それ以降、約七〇年にわたり教皇庁がここにとどまることになり、七人の教皇と枢機卿（すうききょう）の多くが南フランス出身者で占められることとなった。

これらの事件は、普遍的権威としてのローマ教皇の力が衰え、それにかわって国王が国内の宗教問題の主導権を得るようになっていたことを象徴している。「教皇のバビロニア捕囚」後のシスマ（教会大分裂）を経て、ローマ教皇の権威はますます低下していくこととなる。また、この事件は、フランスにとっては、教皇の影響力を排除し、王のもとにフランス教会を独立させようとする、ガリカニスム（フランス国民教会主義）の出発点となった。

王権の伸張を示すもうひとつの事件がテンプル騎士団事件であった。テンプル騎士団は、エルサレムにいた十字軍の騎士たちが、キリスト教巡礼者の保護を目的として、一一一八年に結成したもので、エルサレムのソロモンが建てた神殿のそばが宿舎となっていたために神殿（テンプル）騎士団と呼ばれるようになった。騎士団は一一四〇年にパリに本拠を移し、キリスト教諸侯の援助や一般信

アヴィニョンのローマ教皇庁　わずか20年ほどで巨大な教皇宮殿の主要部分が建設された。撮影地点の橋は、歌謡「アヴィニヨン橋の上で」で歌われるサン・ベネゼ橋。

テンプル騎士団団長ジャック・ド・モレー　1314年にパリのシテ島で火刑に処せられた。左で見下ろしているのが、国王フィリップ４世。

重量有輪犂による耕作の光景　車輪の後に見えるのが犂刀で、その後ろには畦を作り出す犂刃と撥土版が取り付けられている。このような大きな器具は折り返す時に耕作できない部分が多く出るので、次ページの図のように、耕地は細長いものとなっていった。

徒の喜捨、巡礼者保護に付随する国際金融活動などにより莫大な富を築いていった。この富を背景として、フランス王室の財務運営がこの騎士団に一任されていたのだが、フィリップ四世は一三〇七年に突然、ギヨーム・ド・ノガレに命じ、異端と瀆神のかどでフランス全土のテンプル騎士修道会士を逮捕し、翌年、トゥールの三部会で有罪を決定し、一三一〇年には五四人が火刑に処せられた。

テンプル騎士団は、ローマ教皇に直属していたので、その廃絶には教皇の許可が必要であったが、教皇クレメンス五世は一三一二年に廃絶処理に同意し、一三一四年に団長のジャック・ド・モレーらが処刑されて、テンプル騎士団は消滅した。この弾圧の理由については、諸説があるが、結果として国王は会計検査院を通じて、王国の会計業務を完全掌握することになった。

4　社会の変化

ヨーロッパ中世における農業生産や農民支配のありかを示す言葉が領主制である。北部ガリア地方では五世紀にはローマ期にみられたヴィラが消滅し、農民の小経営が主体となっていったとされる。この期の農業生産のあり方やその後の変化のプロセスや原因についてはさまざまな見解があるが、七世紀以降、領主が出現し、大所領が形成されていくこと

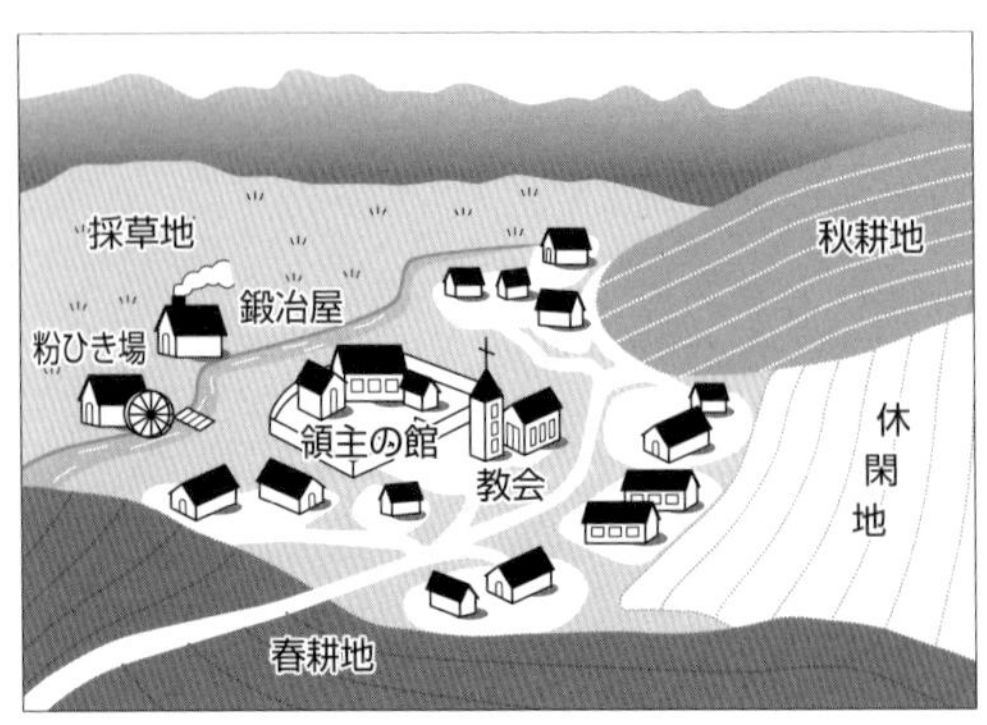

ヨーロッパ中世の農村　これは模式図であり、実際には耕作単位である耕区がいくつも存在している。それゆえ各農民の保有地は村落内に分散していたが、これは害獣や天候によるリスクから自身の耕作地を守る意味もあった。　トレース＝小野寺美恵

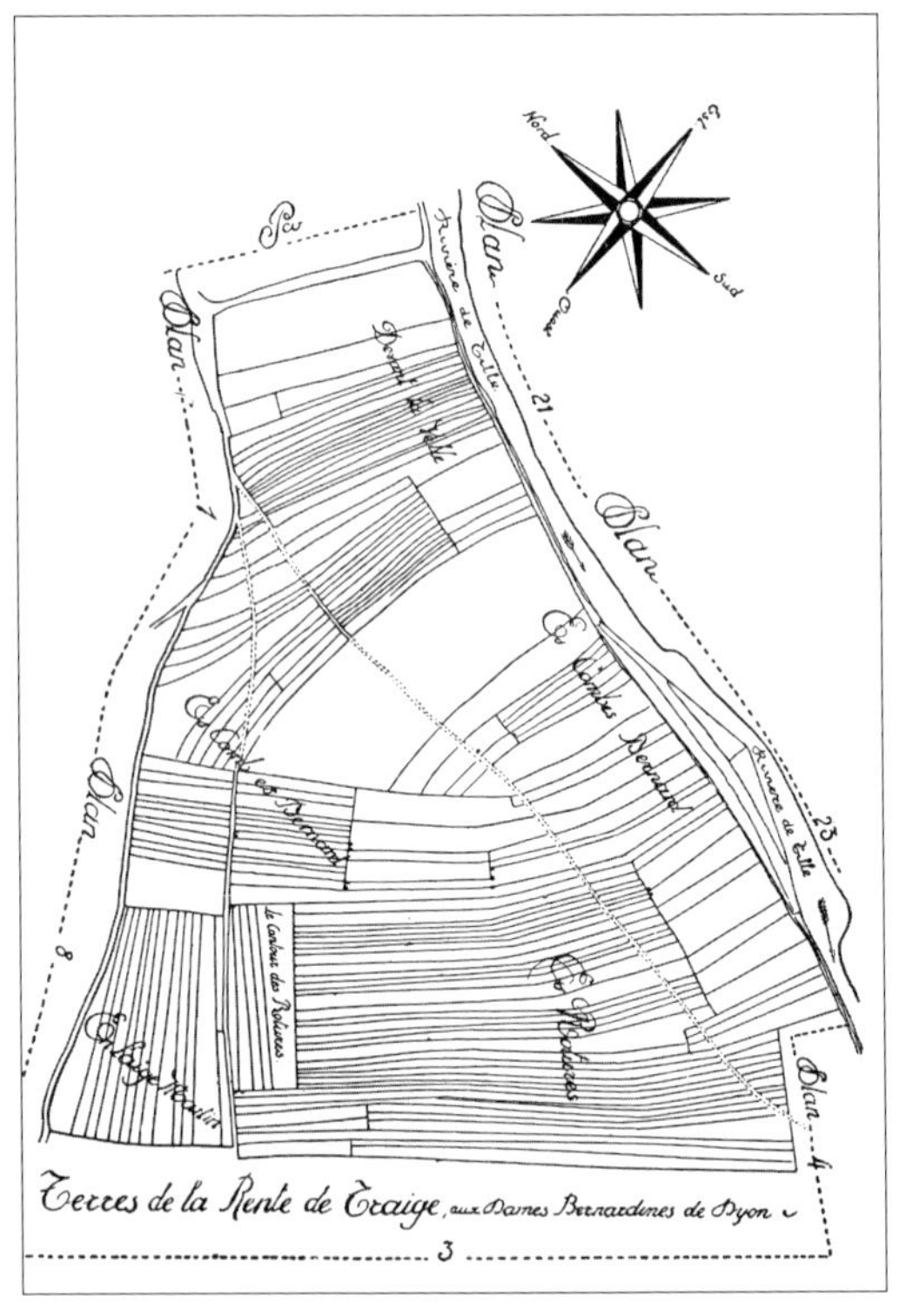

開放・長形耕地　各地片が個々人の保有地をあらわしており、それが集まって耕区を形成している。「開放」とは、放牧のために土地が囲い込まれていないことである。

となる。領主層の形成は貴族勢力の台頭と並行しており、この時期に地域権力を掌握していた者たちは、一方では領主として地域住民を支配・保護し、他方では貴族としてより上位の権力と結びつき、フランク国家内での役割を担ったのだった。

カロリング期に形成された所領は、一般に古典荘園と呼ばれている。古典荘園には領主直営地と農民保有地が存在し、前者は奴隷により耕作され、後者は近隣の自営農民が地代を払って耕作を行っていた。この農民は、小経営的保有農民（マンス保有農民）と呼ばれ、世帯ごとに家の敷地、菜園地、耕地（農民保有地）を保有し、独立して経営を行った。しかし、古典荘園成立後、これらの農民は領主の支配（保護）の進展により、隷属の度合を強め、やがて農奴と呼ばれる身分となっていた。古典荘園下での領主への貢租の中心は週三日にも及ぶ領主直営地での重い賦役労働であった。これは「不定量、不定期」な性格を持ち、農民の自己経営にとっては大きな障害であった。

一〇世紀以降に生じた中央の統率力の弱体化の結果、公権力の担い手たる領主層は、中央から与えられた支配権（罰令権）を自身の私的な支配に利用するようになり、領主の館を中心とした直径二〇キロ程度の広がりを持つ罰令領主支配権（城主支配）が形成されていった。

一一世紀後半よりフランスでは人口の増加が顕著で、一三世紀の一〇〇年間で人口はそれ以前の二・五倍となり、約二〇〇〇万人に達したとされる。この成長を支えたのが、中世農業革命と呼ばれる現象で、その内容は開墾と農業技術の進歩であった。

開墾運動はまず、一一世紀半ばより森林の開墾により進み、一二世紀にそのピークを迎え、その後は湿地や沼沢地の干拓に比重が移りつつ、一三世紀末まで続いた。

農業技術の革新は一一世紀頃から本格化し、風水車の利用、鉄生産の拡大を背景とした鉄製農具の普及などがまず進展した。農具で重要なものは牛や馬によって牽かれる重量

豚の屠殺（12月）

ブドウの剪定（3月）

有輪犂である。前輪部に取り付けられた犂刀で土を深く掘り起こし、その後ろにある犂刃と撥土板により畦を作り出すことにより、植物の根の張りをよくし、収量を増加させることができた。これとともに一二世紀より三圃制が導入されていく。三圃制とは、麦栽培と休耕を一年ごとに繰り返す二圃制にかわり、新たに夏麦（燕麦や大麦）の耕作を加え、冬麦（小麦やライ麦）と休耕（放牧）の三種を三年のローテーションで実施するものである。これにより、夏麦による家畜の飼育量の拡大と休耕地での放牧による地味の回復が期待され、収量が上昇した。具体的な収量の増加については諸説があるが、北フランスでは、小麦一粒あたりの収穫が六から七世紀には三粒程度だったものが、一四世紀に向けて一〇粒という水準に向かっていった。

開墾地における入植民の誘致や農業生産性の上昇は小経営的保有農民層の増大をもたらし、農民の領主への隷属の度合が減少していった。このことは、賦役労働の大幅な減少と、それの貢租への変化という現象に認められる。賦役については、中北部フランスで一一世紀後半に年間三〇日程度、一二世紀に年間七日となり、南部ではいっそう軽くなった。農民は賦役労働のかわりに保有地での生産物の一部を貢租として支払うことになった。貢租は当初、定率であったが、のちに定額となり、一四世紀には金納化されるようになった。こうして、貨幣経済の進展とともに、保有農民層は経営の自立化を高めていった。

しかし、このことは農民たちが領主の支配から自由になったことを意味してはいない。確かに、賦役の減少は農民を奴隷的な隷属から解放する契機となったが、領主の支配は土地を媒介とした人的支配に変化したのであり（支配の物化）、領民は農奴という身分であり続けた。農民たちは人頭税や領外婚姻税、死亡税といった不自由貢租を課せられ、移動や土地の譲渡が厳しく制限されており、領主に人格的に支配されていたのである。その後、農奴身分から解放される農民も出るが、農奴制の完全廃止は、フランス革命を待たねばならなかった。

農業生産や領主制の変化と密接に関係して、村落共同体が形成された。これにはいくつかの要因があるが、第一は農業生産との関

葡萄酒作り（9月）

小麦の収穫（7月）

連である。三圃制農業は集団での農作業を前提としたものであった。休耕地への放牧や大型の機械を使用した農業のためには、ある程度の広さの土地が必要であるため、村内の各所に点在する個々人の保有地は集積されて耕区にまとめられ、それを単位として耕作が行われた。そのため、栽培する作物を個人では決定することができず、放牧の必要性から自身の耕地を囲い込むことも禁止された。また、共同放牧にかかわる入会（いりあい）地の利用規制など、輪作と放牧を組み合わせた三圃式農業の実践のためには、さまざまな規制が必要であり、これらを管理するものとして村落共同体が形成されていった。

　また、グレゴリウス改革の結果、一〇世紀以降、農村でのキリスト教組織が整備されていった。これがカトリックの末端の管区である「小教区（パロワス）」で、形成された教区領域と「村落」が同義となっていく。一二世紀に村民集団を示す用語が出現し、この時期整備されていった聖堂（教会）を中心として集村化が進み、村落共同体が形成されていったのである。

　こうして形成された村落共同体は、村民により「自由と自治」が確保されていくが、これは領主支配からの自立を意味したのではなく、領主との一定の関係を取り結んだ結果であった。たとえば、領主は自身の罰令権を体現するものとして、領主裁判権を有してい

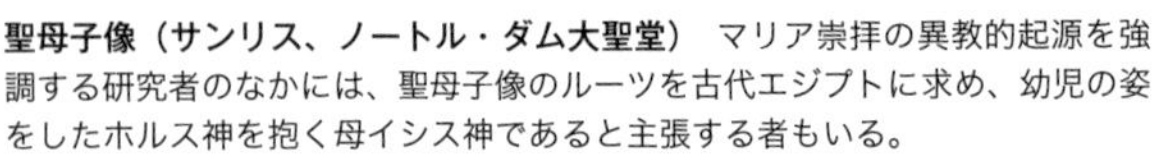

聖母子像（サンリス、ノートル・ダム大聖堂） マリア崇拝の異教的起源を強調する研究者のなかには、聖母子像のルーツを古代エジプトに求め、幼児の姿をしたホルス神を抱く母イシス神であると主張する者もいる。

サン・セルナン教会（トゥルーズ） 1080年に工事が始まったこの教会は、フランスで現存する最大級のロマネスク教会である。壁で荷重を支えているために、窓が小さいことがよくわかる。

たが、一二世紀初頭より古老や有力者が村落共同体の代表として裁判に参加するようになった。これは共同体にとってはその意向を主張する機会となり、領主にとっては、彼らの意見を反映させることで、裁判の正当性を得ることができたのである。さらに、村の名士たちに権限が委譲され、裁判に至らないような、軽罪や低次の民事的係争が処理されるようになった。また、村落管理業もエシュヴァンやジュレと呼ばれる農民的参審人と領主代官が共同で行うようになった。実際、領主課税においては、共同体による割当と徴収の実施が不可欠であった。このように共同体の「自治」があって初めて領主支配が実現したのであり、これも権力が末端まで貫徹しない状況下での双務的な支配・被支配関係の例である。

5 キリスト教とゴシック美術

一一世紀以降、農村レベルにキリスト教が浸透していったが、その時に大きな役割を果たしたのがマリア信仰であった。すでに述べたように、キリスト教はその布教に際して、聖人崇拝などを導入し、ローマ人やガリア人の多神教的な世界観にみずからを合致させていった。マリア崇拝もこの延長線に存在している。

そもそもキリストの母マリアに関する福音書の記述は処女懐胎と受胎告知程度で、当初は注目度はそれほど高くなかった。しかし、徐々にマリアは「神の母」として重要さを増していった。四三一年のエフェソスの公会議ではマリアをテオトコス（神の母）と称し、まず東方世界でマリア信仰が広がっていった。西ヨーロッパではマリア信仰は、一一世紀以降にマリアの「神格化」をともなって、本格的に普及した。すなわち、マリア自身が無原罪（処女懐胎）で誕生したとする考えや、マリアの死後、その体は墓のなかで腐ることなく、天使たちによって天にあげられたとする考えが主張されていった。前者については、「聖母の無原罪の御宿りの祝日」（一二月八日）が一一世紀に、後者については「聖マリア被昇天の祝日」（八月一五日）が一二世紀に祝われるようになり、一二世紀以降には聖母子像も大量に制作されるようになった。

一神教のキリスト教においてマリアは神ではなかったが、神を生んだ者としてある種の「神性」を帯びている者とされ、願いを神にとりなしてくれる者としては、他の聖人をしのぎ、最上位に位置したのであった。また、農村へのキリスト教の普及においてマリアが大きな役割を果たしたことは、民衆の地母神信仰とマリアが結びついた結果でもあった。キリストを生んだマリアは母親の、すなわち豊穣の象徴であり、フランスではマリアは「我らの貴婦人（ノートル・ダム）」と呼ばれたことも、母性信仰とのかかわりをあらわしていよう。

マリア崇拝とともに、この時期に拡大した現象に聖地巡礼がある。巡礼者たちは、故郷を出立した後、ヴェズレーのマグダラのマリアの遺骨やトゥールの聖マルティヌスの墓所など、途上で数々の聖遺物を拝みつつ、ローマやスペインのサンティアゴ・デ・コンポステーラをめざした。巡礼は一面ではその過程において人と神のつながりを再認識して信仰を強化する行為であったが、民衆にとっては現実的な願いを成就させようとする行為でもあった。

このように、宗教改革前のキリスト教は、多神教的世界に普及するにつれて、来世における救済よりも病気平癒などの現世利益とかかわるようになっており、宗教的シンクレティズム（折衷主義）の色彩が強かったのである。

この時期、フランスでは壮大なゴシック教会が建設されていった。農村での礼拝堂の建設に対して、都市では商業活動の発展の影響を受け、従来の教会をより大規模なものに改築することが始まった。この時に採用されたのがゴシック様式である。ゴシックとはそもそも「ゴート風」という意味で、蛮族のゴート族を連想させる、ルネサンス期の人による蔑称であったが、現在ではむしろ中世の精神世界を示す芸術として評価されている。

ゴシック芸術の神髄は教会建築であるが、これは以前のロマネスク様式とは大きく異なっていた。ゴシック建築の特色として、その高さの追求が指摘されるが、それはフライング・バットレスという構造の発明により実現した。従来のロマネスクの聖堂はアーチ天井を何重にもすることで外側に向けての力を抑えていたが、ゴシック建築では外壁の上部から斜めに下降するアーチをいくつも配して外への力を制御した。これがフライング・バットレスであり、これにより壁面にかかる力を減少させ、より高い建物を可能とするとともに、開口部を大きく取ることができた。そして、その開口部に取り付けられたのが聖書の場面を描写したステンドグラスであった。

　フランスにおける最初のゴシック聖堂は、一一三〇年に改築が始まったサン・ドニ修道院であり、その後一三世紀にかけて多くのゴシック教会が建築された。北部フランスのゴシック教会の特徴は、西側に大きなファサード（正面）をとり、中央にはバラ窓と呼ばれる円形の窓が配される。ファサードに連なるかたちで、南北に鐘塔が建てられた。正面の入り口は通常三か所にあり、その上のタンパンや飾りアーチ（アーキヴォルト）には聖書を題材とした文様などが配された。また、内側は聖職者が儀式を行う内陣（ないじん）と一般信徒を収容する身廊を中心とし、周囲には小礼拝堂が配されていた。

　聖堂の外側には旧約聖書の王や天使、聖人、排水設備を兼ねるガーゴイルなど数々の彫刻

ランス大聖堂の微笑みの天使像　この像に代表されるように、「蛮族ゴート風」という蔑称にもかかわらず、ゴシック期の美術は人間味にあふれている。

サン・ドニ大聖堂　最初期のゴシック聖堂のため、ファサード中央のバラ窓がまだ小さい。左側の鐘楼は、19世紀に火災で焼失した。聖堂の地下には、歴代フランス国王の墓所がある。

が置かれていた。このような彫刻やステンドグラス、聖堂の高さなど、ゴシック建築は見られることを重視しており、それらを通じて、キリスト教の教義という見えないものを人々に伝える役割を果たしていた。さらに、マリア像の重視や彫像の写実性など、ロマネスク期に比してゴシック芸術は、より人間らしさを前面に出しており、これもキリスト教の浸透と大きな関係があろう。

また、多くのゴシック聖堂がノートル・ダムと呼ばれ、聖母マリアに献堂されたことも重要である。たとえばパリの場合、元来の聖堂は四世紀に聖エチエンヌ（最初の殉教者であるステファヌス）に献堂されたものであったが、パリ司教モーリス・ド・シュリーがこれを聖母マリアに献ずる聖堂に建て替えることを命じ、一一六三年より建設が始まったのである。このように、パリをはじめとして、ノワイヨン、サンリス、ラン、シャルトル、ランス、アミアン、ディジョン、ストラスブールなど多くの都市の聖堂がノートル・ダムの名称を持つものへと改築されたのであった。ここにも、フランスにおけるマリア信仰の影響の大きさが見て取れよう。

東側から見たパリのノートル・ダム大聖堂　1163年に着工され、14世紀には現在に近い形となった。フライング・バットレスが壁にかかる荷重を支えており、繊細さと高さを追求できるようになった。

ガーゴイル　雨水から外壁を保護するために、溝に集められた水を建物より離れた位置に落とす装置として作られた。それらに中世の彫刻家たちがほどこした、犬やライオンなど実在の動物や怪物などさまざまな意匠は、現在訪れる者たちの目を楽しませている。

ルイ12世とアンヌ・ド・ブルターニュの墓所　棺を覆う石像物の上に2人の像が置かれている。

第4章 CHAPTER

百年戦争とヴァロワ朝

1 百年戦争

多くの業績を残したフィリップ四世が一三一四年に死去した後に、カペー家に危機が訪れた。息子のルイ一〇世は即位後わずか二年で死去、この時王妃が妊娠しており男子が誕生するが（ジャン一世）、生後五日で死亡した。そのため、ルイ一〇世の弟がフィリップ五世として一三一六年に即位するが在位六年で男児を遺さずに死亡。続いて即位した末弟のシャルル四世も一三二八年に死去した時には男子がおらず、ここに至って、三四一年の長きにわたったカペー王朝は断絶したのだった。

この時、シャルル四世の王妃が妊娠していたので、ヴァロワ伯のフィリップが摂政となり、男児の誕生が待たれたが、生まれたのは女児だった。重臣会議で新たな王を選ぶことになり、ヴァロワ伯フィリップが指名され、フィリップ六世として即位した。フィリップ四世の弟シャルルが、パリ北方のヴァロワ地域を親王領として獲得して、ヴァロワ伯に叙せられたのがヴァロワ家の発端であり、フィリップ六世はシャルルの息子、つまりフィリップ四世の甥に相当する。

だが、この即位をきっかけとして、イングランドとの関係に緊張が高まった。当時のイ

カッセルの戦い（1329年） フィリップ6世がフランドル諸都市の反乱を鎮圧したカッセルの戦いを描いた『フランス大年代記』（15世紀）。ここでは、戦いの勝利によりフィリップ6世の聖性が正統化されたことが主張されている。

クレシーの戦い 百年戦争のあいだ、従来の弩の3倍の速さで射ることができるイングランド軍の長弓に、フランス軍は苦しめられた。

ングランド国王はエドワード三世。父親のエドワード二世は、フィリップ四世の娘イザベルと結婚しており、その意味では、エドワード三世はカペー家の血を引くものであった。エドワード三世は一三二九年にアミアンでフィリップ六世に臣従礼をとったが、彼が征服に苦慮していたスコットランドをフランスが公然と支援したことや、エドワードがギュイエンヌ大公としてフランス国内に有している領土（アキテーヌ地方）を足がかりにフランス西南部に領土的野心を抱いていたことにより、両国の関係は悪化した。一三三七年五月には、フィリップ六世はガスコーニュを没収しようとし、これに反発したエドワードは一〇月にフランスへの臣従礼を撤回し、フランス王の継承者を名乗ってフィリップ六世に宣戦布告した。

　国土の広さでは勝っていたフランスであったが、国内のまとまりは悪かった。エドワード三世はまずフランドル諸都市と結び、ついでブルターニュ公家の継承問題に介入してブルターニュに軍隊を置くことに成功した。一三四六年にエドワード三世はノルマンディに上陸、自領アキテーヌから進撃した息子エドワード黒太子とともにクレシーでフランス軍と衝突。イングランド軍の長弓隊が威力を発揮し、フランス軍を打ち破った。イングランド軍は翌年カレーを占領するなど、進撃を続けるが、なかなか勝敗は決しなかった。

　一三五〇年にはフィリップ六世が死亡してジャン二世が国王となるが、彼は一三五六年のポワティエの戦いに敗北し、ロンドンに幽閉されてしまった。この時国王代理として活躍したのが王太子シャルル（のちのシャルル五世）で、一三五八年のエティエンヌ・マルセルによるパリ革命やジャックリーの乱を乗り切り、一三六〇年にブレティニー・カレー条約でイングランドと講和をした。一三六四年に身代金未払いのために幽閉されていたジャン二世がロンドンで死亡すると、シャルルが即位した。

　シャルル五世は即位前から、戦費や父王の身代金調達のために貨幣改鋳や新たな課税など財政強化策を実行した。とりわけ、税制の改革は重要で、直接税として個々人に課税するタイユ（戸別税）、間接税として、消費税としてのエードと塩の生産と消費に課すガベル（塩税）という、後のフランス王国を支

捕虜となったジャン2世　1356年のポワティエの戦いで、イングランドのエドワード黒太子の捕虜となったジャンは、ブレティニー・カレーの和約で多額の身代金の支払を条件にいったん釈放されるが、フランスが身代金の一部しか支払えなかったために、再びロンドンに連れ戻され、彼の地で没した。

ジャン2世善良王（1319-64）　1358年に描かれたとされる。宮廷において君主の肖像画が描かれることは、イタリアルネサンスの影響と、それにともなう個人の重視をあらわしている。

エティエンヌ・マルセル（1315-58）　パリの名門毛織物商の家に生まれ、1355年に商人頭（市長）となった彼は、1357年に行政改革と議会の強化を求めて国王政府に反抗した。しかし、一族の裏切りのため、翌年暗殺された。パリ市の自由を主張した人物として、市庁舎脇に銅像が置かれている。

ジャン無畏公の塔　ブルゴーニュ公はパリに広大な屋敷を構えていたが、今でもその塔の部分が残っている。「ジャン無畏公の塔」と呼ばれるこの部分は、現在では中世史の博物館となっている。

大陸内にイングランド国王が持っていた封地は広大であり、その影響力の大きさがよくわかる。

えることとなる税制が導入されたのである。このことから、シャルル五世は「税金の父」と呼ばれた。

一三八〇年にシャルル五世が没すると、跡を継いだのは一二歳の息子シャルル六世であった。王は神経疾患を抱えており、一三九二年には精神に異常をきたしてしまった。そのため、国政は四人の伯叔父たちにより壟断されることとなった。一四〇〇年前後に国王がほとんどその責務を果たせなくなるなか、後見役となった従兄のブルゴーニュ大公（ジャン無畏公）と王弟オルレアン公が対立するようになり、一四〇七年にはブルゴーニュ派がオルレアン公を暗殺した。これによりジャン無畏公の勢力が増していった。

この時期のブルゴーニュ家は、シャルル五世の弟フィリップ（剛胆公）が、親王領として一三六三年に公位を与えられたことを起源としている。フィリップ剛胆公は一三八四年にフランドル女伯マルグリットと結婚してフランドルも支配し、その広大な領土を相続した子のジャン無畏公は勢力をより拡大していった。これに対して、南フランスを中心とする貴族勢力がアルマニャック伯（暗殺されたオルレアン公の舅）を中心に結集した。かくして一五世紀初頭には、フランス貴族たちは、アルマニャック派と北東部の貴族を中心とするブルゴーニュ派に分かれ、対立状態となり、国政は混乱を極めた。

シャルルマーニュ像 シャルル5世が成聖式で使用した杖の上部（ルーヴル美術館）。

シャルル6世（1368-1422） 王は1392年8月5日、ブルターニュへ向かう途上、ル・マンの森のなかで精神に異常をきたした。王は突然に剣を抜いて、弟のオルレアン公ルイを突き刺そうとし、4人の従者を殺した。

ジャン無畏公の棺 ブルゴーニュ家の始祖フィリップ剛胆公は1383年にブルゴーニュ公家の墓所として、首都ディジョン近郊にシャンモル修道院を建設し、ジャン無畏公の棺もそこに収められた。革命で棺は破壊されてしまい、現在ディジョン美術館には復元されたものが飾られている。

1364年5月19日にランスで成聖式を行うシャルル5世 王を取り囲む12人の大諸侯は、シャルルマーニュの12人の騎士たちを想起させる。王が右手にシャルルマーニュの杖を持っているように、フランス王はシャルルマーニュの後継者としても表象されている。

この時期、イングランドでは王位がランカスター家に移っていたが、二代目のヘンリ五世が即位すると、彼は一四一四年に、かつてフランス王により征服された土地（アキテーヌ、ノルマンディ、アンジューなど）の返還とフランス王位を要求し、翌年ノルマンディに上陸した。ヘンリ五世は一〇月にアルマニャック派を主体とする軍をアザンクールの戦いで破った。このため、アルマニャック派は勢力を失ってパリを離れ、かわってジャン無畏公のブルゴーニュ派がパリに入って、権力を掌握した。こうしたなか、今度は一四一九年にジャン無畏公が暗殺される。跡を継いだフィリップ善良公は、暗殺の背後に王太子シャルル（のちのシャルル七世）がいることを確信し、一四二〇年にヘンリ五世とトロワの和約を結んでこれと同盟した。同盟により、シャルル六世の王女カトリーヌとヘンリ五世が結婚し、シャルル六世の息子としてヘンリがフランスの相続人となることが定められた。

一四二二年八月にヘンリ五世が、一〇月にはシャルル六世が死去した。劣勢に立っていたアルマニャック派の王太子は、一〇月三〇日にシャルル七世として即位を宣言、同月にはヘンリ六世が「イングランドとフランスの王」として即位した。この時、シャルル七世はフランス中部のブールジュに居を構え、反撃の機会を狙っていたが、数年は膠着状態が続いた。だが、一四二八年にアルマニャック派の守る都市オルレアンが包囲されると、戦況に変化をもたらす事件がおこった。ジャンヌ・ダルクの登場である。

一四二九年三月、シノンに滞在していたシャルルのもとに、神の使いと称する少女が訪れた。シャルルはこの少女と会見し、「自分はオルレアンを解放し、王太子（シャルル）をランスで聖別させるよう神に命じられている」という少女の言葉を信じ、軍勢を与えた。ジャンヌはその足でオルレアンへと赴き、四月二九日にオルレアンに入城して籠城軍と合流、市外へと打って出て五月八日にオルレアンを解放、イングランド軍を撤退させた。追撃するシャルルの軍はその後、六月のパテーの戦いで大勝利し、ジャンヌに促されたシャルルは七月にランスで成聖式を行った。

その後、ジャンヌとシャルルの運命は明暗を分けた。ジャンヌは一四二九年に軍勢を率いてブルゴーニュ派の支配するパリを攻撃するが失敗、翌年のコンピエーニュの戦いで捕虜となり、一四三一年にルーアンでイングランド軍の手により火刑に処せられてしまった。これに対して、シャルル七世には運が向いてきた。この同じ年に両派のあいだで休戦が合意されると、シャルル七世は外交攻勢に出てブルゴーニュ公の自陣営への取り込みを画策し、一四三五年にアラスの和平によりそれが実現した。こうしてシャルル七世はイングランドに対して反撃に転じ、一四三六年にはパリを奪回するなどし、一四五〇年のフォルミニーの戦い、一四五三年のカスティヨンの戦

シノン城のシャルルを訪れるジャンヌ・ダルク　彼女の処刑のすぐあとにスイスのドイツ語圏で制作されたタピスリーで、ジャンヌの逸話が広くヨーロッパに流布していたことを示している。

ランス大聖堂脇のジャンヌ・ダルク像
1889年にポール・デュボワにより制作されたもの。復権裁判の後、ジャンヌは一時忘れ去られ、19世紀に「国民の物語」が形成される過程で、再び脚光を浴びた。

シャルル7世（1403-61）　1422年に即位宣言をしたシャルルであったが、アルマニャック派以外からは王太子、あるいは「ブールジュの王」と呼ばれ続け、正式に即位したとは認められていなかった。

オルレアンの攻防戦（1429年5月8日） シャルル7世の軍が市内に突入する様子が示されている。ジャンヌは肘に負傷しながらも、軍勢を鼓舞し続けた。

いに勝利し、カレーを除き、イングランド勢力を大陸から駆逐することに成功した。

2 近代国家への胎動

百年戦争が終了した一五世紀は、フランスという国家にとって、ひとつの節目であった。第一にはフィリップ二世の頃より始まった王国統治機構の改革が王国全土に普及していく。たとえば、一三世紀のルイ九世治世下に国王会議より高等法院と会計検査院が分化したが、一五世紀以降に、高等法院はトゥルーズ、グルノーブル、ディジョン、ボルドーなど、会計検査院はグルノーブル、ディジョン、アンジェなど、新たに征服された地域にも配置されていった。また、バイイやセネシャルなどの徴税や司法を実施する官僚もその数が増やされ、より多くの地域に配備されていった。シャルル五世の治世下にその後の税制の基礎が形成されたことはすでに述べたが、これは国王が臣下から徴収する金銭が人的なつながりを基礎とした「援助金」という臨時的なものから、税金という恒常的なものへと変化していくことを示していた。

処刑されるジャンヌ・ダルク（15世紀後半の絵画） 異端として処刑されたジャンヌであったが、その後、復権裁判が開かれ、1456年には異端宣告が取り消された。

軍事制度においても、この時期に変化が見られた。中世国家においては、軍隊は恒常的に存在するものではなく、戦争が勃発すると国王は封建制度における軍役奉仕義務にもとづき、みずからの封臣に軍事力の提供を要請し、それにより軍隊を編成した。そのため、中世の軍隊は基本的には貴族を中心として戦争の勃発に際して編成されたのであり、国家の軍隊というよりはむしろ個人の軍隊の集合体であった。百年戦争に典型的なように、貴族間の対立が内戦となったり、婚姻などによる主従関係の変化で軍事力の形勢が変化したりした。王権はそのような影響を排除するために、傭兵（ようへい）隊を使用するようになるが、これも統制や解雇後の盗賊化といった問題が発生した。そのため、シャルル七世は最良の部隊を編成してそれを常備軍化したのであった。一四四五年の王令では、勅令隊と呼ばれる騎兵中隊が一五個創設された（全体で九〇〇〇人規模）。また、一四四八年の王令では、地域防衛や治安維持を目的に弓兵隊の設立が定められた（八〇〇〇人程度）。この後、一四四九年には二〇〇〇人程度の槍兵隊も設立された。この常備軍は、宮内府に属する王家の「私兵」であり、その設立によって貴族の軍事力が解体されたわけではなかったが、軍事制度も中世的な枠組みを脱しつつあった。

また、フィリップ四世がローマ教皇に対抗するために創設した全国三部会も、王権と住民代表とのあいだにコンセンサスを形成する機関として発展し、一四八四年に聖職者、貴族および平民（第三身分）の三身分の代表で構成されることが確立した。以上の統治機構の改革は、王政の「機構化」と称される場合がある。すなわち、従来の直接的、個人的、家父長的な国王と臣下との関係が、この時期を境に物質的、制度的なものになっていくのである。

一五世紀のもうひとつの変化が、領邦君主領の消滅である。一三世紀までにカペー朝の諸王は封建法論理の駆使や婚姻政策により、領邦君主の従臣化や領地の王領地化を達成していった。この新たな領地は、王族に親王領として下賜されたが、今度はそれが王権への脅威となっていった。親王たちは国王に臣従の誓いをする必要がなかったため、独立性を増していき、他国の王と従臣関係になるなどして、しばしばフランス王の利害と対立したのだった。ブルゴーニュ公国がその典型である。

このような新たな領邦君主領も、一五世紀末までには消滅することとなる。シャンパーニュ伯領は一時フィリップ四世により獲得された後、ルイ一〇世の死後に相続問題がしばしばおこった。しかし、ヴァロワ朝のシャルル四世が即位した時に彼の母であった女相続

COLUMN

ブルゴーニュ公国の解体

ヴァロワ系のブルゴーニュ公の始祖フィリップ剛胆公は、フランドル女伯マルグリットと結婚したが、マルグリットが領するエノー伯領が神聖ローマ帝国の封土だったため、公と皇帝との間には封建的な関係が生じた。また、フィリップ剛胆公がブルゴーニュ公となったような、国王の次男以下に親王領が与えられる時には、フランス国王に臣従の誓いをすることがなかったため、かえってフランスとの関係が薄くなるという事態が生じ、それが百年戦争時の混乱をもたらした。その後、シャルル突進公が死亡した時、独身の娘、マリが女公となった。マリはルイ11世の領土要求にさらされることとなったが、1477年8月に神聖ローマ皇帝マクシミリアン1世と結婚。マクシミリアンとルイ11世およびその子シャルル8世とのあいだで相続争いが発生した。最終的に1493年5月のサンリス条約で、ネーデルラント、アルトワおよびフランシュ・コンテをマクシミリアンの子フィリップが領有し、フランスが本来のブルゴーニュのみを有することとなり、ブルゴーニュ公国は解体した。この領地分割により、フランス王と皇帝が封建的な関係を取り結ぶことは避けられた。ハプスブルク家が領有した旧ブルゴーニュ公国領は、カール5世の死後、スペイン王となったフェリペ2世が継承。ここから1581年にオランダが独立、南ネーデルラント（現在のベルギー）を除く地域はルイ14世の治世にフランス領となる。

ブルゴーニュ公系図

（括弧内は生没年）

ジャン２世善良王（フランス国王）（1319-64）
- フィリップ剛胆公（1342-1404） ＝ マルグリット（フランドル女伯）（1350-1405）
  - ジャン無畏公（1371-1419）
    - フィリップ善良公（1396-1467）
      - シャルル突進公（1433-77）
        - マリ・ド・ブルゴーニュ（1457-82） ＝ マクシミリアン１世（神聖ローマ皇帝）（1459-1519）
          - フィリップ１世（スペイン王 1504-06）（1478-1506）
            - カルロス１世（スペイン王、カール５世：神聖ローマ皇帝）（1500-1558）
              - フェリペ２世（スペイン王）（1527-98）
- シャルル５世（フランス国王）（1338-80）

カレー　英仏海峡に面し、交易の拠点であったカレーは、1347年にイングランドに占領され、百年戦争後は大陸における唯一のイングランド領となった。1558年にはギーズ公フランソワに占領され、フランス領となる。

黒死病の流行　フランス北部のトゥルネイでの埋葬風景を描いたもの。棺の数が死者の多さを物語っている。埋葬に奮闘している多くの聖職者や墓掘り人も罹患した。

人ジャンヌがその権利を放棄し、王領地に併合された。最大の脅威であったブルゴーニュ公国に関しては、シャルル七世の息子ルイ一一世が対処した。一四六一年にルイ一一世が即位すると、彼は臣従の強制などを行い、貴族に対する統制を強めた。不満を持った貴族はブルゴーニュ公シャルル突進公を中心として勢力を結集したが、「遍在する蜘蛛」と呼ばれたルイ一一世は権謀術策を張り巡らし、シャルルは一四七七年一月のナンシーの戦いに敗れ、ブルゴーニュ公国は解体へと向かった。この他にも、ルイ一一世は、アンジュー、メーヌおよびプロヴァンスを王領地に加えており、最後に残った領邦君主領がブルターニュ公国であった。シャルル八世は一四九一年に女公アンヌと半ば強引に結婚し、その領有をめざした。しかし、彼が一四九八年に急死したため、跡を継いだオルレアン家のルイ一二世は妻であったルイ一一世の娘ジャンヌと離婚して、アンヌと再婚、ブルターニュ公国の保持をめざした。最終的には、ルイとアンヌの娘クロードがのちのフランソワ一世と結婚し、ブルターニュ公国はフランス王国に回収されることとなった。

百年戦争は対外関係にも大きな影響をもたらした。戦争の終結により、イングランドがカレーを除く大陸領を喪失したことは、イングランド王がフランス王の封臣として大陸に領土を有する、両国の封建的な関係が解消されたことを意味していた。その意味では、百年戦争は単なる王位継承の争いではなく、国家間における封建制（レーン制）という、中世の特色を払拭しようとする戦争であった。イングランドが勝利していたならば、フランス領を併せ、ひとりの王によって支配されるアンジュー帝国が再興していたかもしれない。いずれにせよ、これ以降、英仏は独立した国家としての歩みを進めていくことになる。

戦争への勝利と領邦君主領の消滅は、一定の領域を一元的に支配するという近代国家の論理が優位になりつつあることを示している。この論理の確立には、まだ三〇〇年余を必要とするが、一五世紀が西ヨーロッパの国家の歴史にとって大きな転換点であったことは間違いないだろう。

3 封建制の危機

一四、一五世紀はまた、危機の時代でもあった。百年戦争による経済的打撃はもちろん、一三一〇年代と七〇年代には穀物の不作を原因とする大飢饉が発生した。だが、なかでももっとも有名なものは、一三四七年に始まる黒死病の流行であろう。

黒死病はペストの一種であるが、今日の研究では、シベリアで発生した菌がシルクロードを経由して西方に広がり、黒海沿岸からのジェノヴァ船団が一三四七年初秋に、シチリア島のメッシナに入港した際にヨーロッパに上陸したとされている。フランスではマルセイユからローヌ川に沿って伝播（でんぱ）するとともに、海上交通路を通じてノルマンディにも達し、翌年にはフランス中で大流行した。同時代人フロワサールの年代記では人口の約三分の一が死亡したとされているが、この数値はほぼ正確なものだとされている。

黒死病による人口減には、一四世紀の社会的な背景があった。すなわち一一世紀から始まった開墾運動がこの時期行き詰まりを見せ、人口の増加に耕地の拡大が追いつかなくなったのである。そのために土地は疲弊し、人口過剰は栄養不良をもたらし、それが病気への抵抗力を減少させ、これだけの大流行をもたらしたのである。前近代においては、貴族と農民の平均寿命が大きく異なるように、栄養状態が人口動態に及ぼす影響が非常に大きかったのである。

黒死病の流行以前より、国王裁判権の拡大や国王による有給兵士の雇用など、領主権力への王権の蚕食が進み、領主の経済的基盤は弱体化していた。さらに、黒死病による人口動態上の危機は、労働力不足と生産物価格の下落をもたらし、領主経営に大打撃を与えた。

領主層は領主直営地の効率的な運用など、より経済的側面に重点を置いた経営を実施したが、最終的には領主直営地の経営を放棄し、小作請負制（フェルマージュ）に転換することを余儀なくされた。この傾向は一三世紀後半以降に徐々に進展し、一四世紀半ばには一般化した。小作人は、一三世紀の段階では聖職者や小貴族、都市の事業家が一括して請け負う例が多かったが、一四、一五世紀には上層保有農民層や富農層（ラブルール）が分割貸与を受け、耕作地を拡大していった。また、借地（小作）料は、徐々に定額化し、一五世紀には金納化が一般的となった。さらに一四二〇年代以降には世襲貸与が普及し、請負人の保有地化が進んだ。

このような方策を講じても、領主は農民保有地からの貢租の減少を補うことはできず、危機にともなう社会変動は一般的には農民層に有利に展開した。だが、同時に農民層での格差が拡大したことも見逃してはならない。富裕農民層は上述のように、領主直営地の耕作を請け負うことにより、経営規模を拡大していた。下層農民にとっては、貢租の減少は国王課税の増大により相殺（そうさい）されてしまった。この格差は、時代とともにますます拡大することとなり、農村人口の多くの部分が保有地を手放し、「手間稼ぎ」や「日雇い」と呼ばれる農業労働者へと転落していくのであった。

C O L U M N

7月　小麦の収穫。右下では羊の毛を刈っている。

9月　葡萄の収穫。後景の城はアンジェ近郊のソミュール城。

11月　森で豚にドングリを食べさせている。肥育した豚で、冬に飼育できない分は、ハムやソーセージに加工する。

図版コラム 中世の暮らし

『ベリー公のいとも豪華なる時禱書』 ベリー公ジャン1世の依頼で15世紀に制作が始まったこの時禱書はもっとも豪華な装飾写本とされている。時禱書とはキリスト教徒の聖務日課書で、祈禱文、賛歌、暦などが記載されている。ベリー公の時禱書の暦には、農民の生活が描かれているものがある。ここでは、それらを紹介し、1年の農業活動を見てみよう。

上は10月の光景で、砕土機で土を軟らかくし、小麦の種をまいている。後ろに見えるのは15世紀のルーヴル宮殿である。中央に主塔が残っているが、装飾が施され、フィリップ2世が建設させた要塞から宮殿へと変化しているのがわかる。

2月 雪と寒さのなか、農民達は小屋のなかで火にあたっている。

3月 2頭の牛に牽かれた重量有輪犂により、春耕地が耕されている。

6月 牧草の刈り取り。後景の教会はサント・シャペル。

第5章
CHAPTER

ルネサンス王政

1 イタリア戦争

一四八三年にルイ一一世が死去すると、その子シャルル八世が一三歳で王位に就いた。シャルル八世はシャルルマーニュを崇拝し、騎士道物語に傾倒する夢想家であり、急激に勢力を拡大しつつあったオスマン帝国に征服されたキリスト教世界を取り戻すことを夢想した。一四九二年頃に個人的統治を開始すると、彼は十字軍の前段階として、イタリア遠征に着手した。この遠征の口実は、当時アラゴン家が支配するナポリ王国の王位を主張するアンジュー家のシャルルがルイ一一世に、フランス国内のアンジューとプロヴァンスのみならずナポリ王国への権利も譲渡したというもので、ある種の横車であった。

理由はともかく、一四九四年一〇月にシャルル八世は三万の軍隊を引き連れてアルプスを越え、イタリアに侵入した。傭兵部隊を主力とした強力なフランス軍は、イタリア諸都市を圧倒し、翌年二月にナポリを占領した。だが、占領政策をめぐり、やがて反フランス感情が噴出し、教皇やヴェネツィア、ミラノ大公、神聖ローマ皇帝などによる反フランス同盟が形成されると、シャルル八世は撤退を余儀なくされ、一四九五年にナポリを離れ、敵の反撃のなか、フランスに帰国した。シャルル八世は捲土重来を期していたが、一四九八年に事故がもとで死亡、世継ぎがおらず、シャルル六世の弟のルイを祖とするオルレアン家のルイが即位した（ルイ一二世）。

ルイ一二世の祖母がヴィスコンティ家最後のミラノ公の姉であったため、彼は現在のスフォルツァ家の支配に対して自身の正統性を主張し、イタリアへのさらなる野望を抱いた。前王の寡婦でブルターニュ女公であったアンヌとの結婚を画策した際に、彼はルイ一一世の娘ジャンヌとの結婚の解消許可を教皇から得たが、これにより教皇との関係が好転した。王はさらに、ヴェネツィアと同盟を結んで準備を進め、一四九九年にイタリアに侵入、九月にミラノを占領し、翌年にはナポリを征服

シャルル8世（1470-98） シャルルの婚約者は、ハプスブルク家の神聖ローマ皇帝マクシミリアン1世の娘マルグリットであった。后マリ・ド・ブルゴーニュをすでに亡くしていたマクシミリアンは、アンヌ・ド・ブルターニュと婚約していたが、シャルル8世はマルグリットとの婚約を解消し、アンヌと結婚した。

した。だが、のちに教皇ユリウス二世との関係が悪化すると、教皇は諸列強を糾合し、神聖同盟を結成して対抗。フランスは撤退を余儀なくされ、ナポリの権利を失った。

ルイ一二世は一五一五年に五一歳で死去したが男子がおらず、王位は王の叔父の孫にあたる、アングレーム家のフランソワが継承した。二一歳で即位したフランソワ一世は、その年に早速アルプスを越えてイタリアに侵入。九月のマリニャーノの戦いで勝利をおさめ、ミラノを再占領した。一五一六年にはボローニャで教皇レオ一〇世と会談して「政教協約（コンコルダート）」を成立させ、翌年には皇帝とノワイヨン条約で和解し、平和が成立した。

一五一九年に神聖ローマ皇帝マクシミリアンが死去すると、フランソワ一世は次期皇帝選挙に打って出た。激しい選挙戦が繰り広げられたが、結果は敗退し、本命のハプスブルク家のスペイン国王カルロス一世がカール五世として皇帝に就いた。これ以降、フランスはハプスブルク家をライバル視することとなり、両家の対立が国際関係の基軸のひとつとなっていく。

一五二一年にはヨーロッパの各地で軍事衝突が始まり、フランソワ一世は一五二四年に大軍を率いて再びイタリアに攻め込んだ。だ

ナポリに入城するシャルル8世　傭兵部隊を中心に3万人の軍勢で攻め込んだフランス軍にイタリアの諸都市はなすすべがなく、フィレンツやローマは自由通行を認めざるをえず、侵攻後4か月でナポリが陥落した。

アンヌ・ド・ブルターニュ（1477-1511）　フランス王妃かつブルターニュ女公という特異な立場にあったアンヌは、自身の宮廷とそれを維持するための家臣団（メゾン）を持った初めての王妃となった。1492年には宮廷には244人がおり、そのうちの47人が女性だった。

ジェノヴァに入城するルイ12世（1507年）　国王を覆う天幕が、4人のジェノヴァ貴族により支えられている。ルネサンス期以降、戦争での勝利の場面は、国王の図像において中心的なテーマとなっていく。

が戦況はフランスに不利で、一五二五年のパヴィアの戦いで大敗北を喫し、国王自身が捕虜となり、マドリードでの一年以上の幽閉生活を余儀なくされた。翌年には王はマドリード条約に調印してミラノを放棄し、フランドルやアルトワの宗主権を皇帝に譲渡した。その後、王はふたりの王子の身柄と引き換えに自由の身となったが、条約にあったブルゴーニュの割譲を反故にし、カール五世の強大化を恐れる諸外国もこれを支持したために対立が激化し、一五二七年には再び戦端が開かれた。戦争が継続するなか、一五四七年三月にフランソワ一世は死亡した。

その子アンリ二世は父の遺志を継いで戦争を継続し、一五五二年にはドイツのプロテスタント諸侯と条約を結び、メッス、トゥール、ヴェルダンの三都市を占領した。イタリアでの戦いでは敗退するが、一五五八年にはギーズ公がカレーを占領し、翌年カトー・カンブレジ条約を結んでイタリア戦争を終結させた。この条約ではフランスはコルシカ、サヴォワ、ピエモンテを放棄し、かわって北部国境の諸地域とカレーを手にいれた。また、戦争の終結はヴァロワ朝にとっても大きな転換点となった。条約の祝賀行事で行われた騎乗槍試合に出場したアンリ二世が負傷し、その傷がもとで死亡してしまったのである。

イタリア戦争の終結は、王国のあり方に大きな変化を与えた。中世においては、国王の対外政策のゴールは、ローマ皇帝を継承してキリスト教世界の盟主となり、普遍帝国を打ち立てることであった。だが、フランス王にとっては、この望みはイタリア戦争の終結とともにほぼ断たれることとなった。カトー・

フランソワ1世（1494-1547） おそらく即位前のアングレーム伯であった頃の肖像画。芸術の庇護者としても知られる王は、フランスの文化的発展に貢献した。

金襴陣営の会見 1520年6月7日にフランソワ1世はイングランド王ヘンリ8世とカレー近郊で会見し、和平交渉を行ったが、不調におわった。若い君主たちがお互いに豪奢を競い合ったため、金襴陣営の名がついたとされる。

カンブレジ条約によりフランスは普遍帝国にとって重要な地であるイタリアへの足がかりを失ったのであり、神聖ローマ皇帝選挙での敗北も普遍世界の覇者への夢を打ち砕いた。このため、フランスは国内へ資源を集中して中央集権化を推進し、一定の領域を一元的に支配する主権国家への道を歩み出していった。

国内の一元的支配のためには、超国家的な国外勢力による干渉を排除する必要があるが、これも一六世紀までにほぼ達成された。神聖ローマ皇帝に関しては、すでにフィリップ二世の頃より臣従の要求を拒否しえたのに加え、ブルゴーニュ公国の処理に見られるように、両者に封建的関係が発生する可能性も排除されていった。イタリア戦争後のカレーの回収により、大陸内のイングランド勢力が完全に排除された。最後の超国家的勢力はローマ教皇である。フランスは宗教改革に与しなかったため、イングランドやドイツの諸領邦が実施したように、プロテスタント（新教）を奉じてローマ教皇との関係を断つことはできなかった。そのため、フランスは国内の教会に対する国王の宗主権を主張していくことになる（これは、ガリカニスムと呼ばれる）。この政策はシャルル六世の頃より開始され、王は司教叙任や教会行政に積極的に介入し、教皇を無視して聖職者に対する課税を実施、さらには教会裁判権への介入もなされていった。また、アルマニャック派がガリカニスムを支持していたため、シャルル七世の即位はこの傾向を確実なものとした。シャルル七世は一四三八年に「ブールジュの国事詔勅」を発し、国王が教会の監督権を有することを宣言した。その後、両者のあいだで綱引きが続くが、ガリカニスムはフランソワ一世がマリニャーノの戦いの勝利を背景として、一五一五年にレオ一〇世と結んだ政教協約で決定的となった。

ここでは国王が大司教や司教、修道院長といった高位聖職者の選定権を持つことが確認されたが、それにはたんなる宗教上のもの以上の意味があった。そのひとつは、高位聖職者のポストは有力貴族が次男以下のために望んでいたものであり、これにより国王による貴族への統制がますます進んだことである。もうひとつは、教会組織を王権の統治機構のなかに組み込むことが可能となったことである。この後、国王は教区司祭に住民の洗礼（出生）、婚姻および埋葬（死亡）を記録した「小教区帳簿」の作成を命じ、みずからの統治機構では不可能であった住民管理をある程度実施していくこととなる。

一六世紀の王政のことを、封建王政と絶対王政の中間に位置づけられるものとして「ルネサンス王政」と呼ぶ場合がある。一五世紀

アンリ2世（1519-59） 1536年に兄のフランソワが急死したために王太子となったアンリは、即位後に父の対外積極政策を踏襲したが、イタリアでの覇権を樹立することはできなかった。

以降に国王は支配領域（王領地）を拡大していったが、それを統治する行政機構が未発達な段階であった。そのため、王権は地域の自律性をある程度認めねばならず、その統治においても「諮問（しもん）」に代表される臣下との直接的な対話に頼らざるをえなかった。そのため、この時期には三部会や名士会などの身分代表会議が機能しており、王権はそれの同意を取り付けることにより、自身の政策を推進したのである。また、このような王権の弱さを補完するために、国家儀礼が積極的に行われた。一六世紀の宮廷は領域内を移動するのが常態であり、フランソワ一世やその孫シャルル九世は何度も大巡幸（じゅんこう）を行った。そして、この旅程で国王は諸都市を訪問して入市式を行い、儀礼のなかで王権と都市の関係を確認するとともに、みずからの権威の表象に努めたのであった。

シャンボール城　もともとはフランソワ1世の狩猟のための館だったが、1519年から1547年にかけてルネサンス様式の美しい宮殿に改築された。しかし、ルネサンス様式は気温の低いフランスでは居住性に欠け、近隣に町が存在しなかったため、フランソワ1世はほとんどこの城に滞在しなかった。

2　ルネサンス

一六世紀はフランスにルネサンスが導入された時期であったが、これにもイタリア戦争が密接に関係していた。シャルル八世がイタリアに遠征した時、彼は大量の美術品をナポリから持ち帰った。また、フランソワ一世は侵攻先のイタリアでルネサンス文化に触れ、レオナルド・ダ・ヴィンチを招聘（しょうへい）してアンボワーズ城に居住させるなど、多くの芸術家を招いた。フランスは、ネーデルラントとは異なり、最新のイタリア・ルネサンス文化を抵抗なく受け入れ、この受容は一四八〇年代から始まり、建築などで徐々にゴシック様式を凌駕（りょうが）していった。

ルネサンス様式はパリのサン・トゥスターシュ教会（一五三二年建設開始）やカルナヴァレ館（一六世紀半ば）など、教会や邸宅建築にも導入されたが、中心は宮殿であった。ちょうどこの時期、火力の導入などにより戦術が変化し、王の住居と防衛施設を兼ね、高い塔（ドンジョン）を有する中世に特徴的な城は無用となった。これにかわり建設されたのが、ルネサンス様式を取り入れた居住のみを目的とした宮殿だった。フランソワ一世はアンボワーズやブロワ、シュノンソー、シャンボールなどのロワール渓谷の城を改築・建設した。パリでは、一五二八年にルーヴル宮の主塔の取り壊しを命じ、一五四六年には建築家ピエール・レスコに命じ、従来の建物の基礎の上に新宮殿を建設した。

さらに、彼はパリ郊外のフォンテーヌブロー宮の改築に際して、ロッソ・フィオレンティーノやプリマチオ、ニコロ・デラバーテなど新進気鋭のイタリア人芸術家を招き、宮殿をイタリア様式で満たそうとした。「フラ

サン・トゥスターシュ教会　基本的にはゴシック様式であるが、随所にルネサンス的意匠が取り入れられている。モリエールが埋葬され、モーツァルトがオルガンを演奏した場所としても知られる。

ルーヴル美術館　中央の「時計のパヴィヨン」の右側が中世の要塞の西正面で、ここが最初に取り壊され、フランソワ1世によってレスコ翼が建設された。全体の装飾はナポレオン3世時代のものである。手前のピラミッドは、ミッテラン政権下の大ルーヴル計画により建設され、1989年4月1日に一般公開された。

フォンテーヌブロー宮殿　12世紀後半より王の居城が存在したが、フランソワ1世が現在の建物のほとんどを建築させた。この東側正面の階段の前で、1814年にナポレオンが親衛隊に別れを告げ、エルバ島へ向かった。

ンソワ一世の回廊」では、今日でもロッソ・フィオレンティーノによる王権を寓意化したフレスコ画を見ることができる。また、この作業に参加したイタリア人やフランス人の芸術家たちは、フォンテーヌブロー派と呼ばれ、この派を通じてフランス国内にルネサンス芸術が浸透していった。フランスでは一五四〇年頃にルネサンス様式が優勢となり、その後フランス独自の展開をみせていくことになる。すなわち、本家のイタリアがマニエリスムからバロックへと展開し、古典の追求というルネサンス本来の目的から逸脱していくなか、フランスではむしろこの後に古典主義が成立し、一七世紀に最盛期を迎えるのである。

沐浴するガブリエル・デストレ　フォンテーヌブロー派により16世紀末に描かれたアンリ4世の愛人。アンリは妻マルグリットとの結婚を無効にし、ガブリエルとの再婚を考えていたが、その矢先の1599年に、彼女は急死した。

建築や絵画とともに、ルネサンスのもうひとつの特色である人文主義もこの時期にフランスに導入された。フランソワ一世は芸術家や作家を保護したことでも知られている。彼は一五三〇年に今日のコレージュ・ド・フランスの起源となる「王立教授団」を創設して古典語の研究を推進する一方で、一五三九年にヴィレル・コトレの王令により裁判文書でのフランス語使用を義務づけるなど、フランス語の普及にも尽力し、古典作品の翻訳も奨励した。王の命じたものとしては、アミヨによるプルタルコス『英雄伝』の翻訳（一五四二年）があり、この時期にギリシア・ローマ古典の大部分の翻訳がなされた。人文主義者としては、神学者で聖書の原典批評を志し、『新約聖書』のフランス語訳を行ったルフェーヴル・デタープルや「フランスのエラスムス」と呼ばれ、当世随一のヘレニスト（ギリシア語研究家）であったギヨーム・ビュデが有名であった。これらの人文主義者の活躍の前提としては、印刷術の普及がある。一四五五年にグーテンベルクによって実用化された印刷術は、一六世紀初頭にはフランスの各地方にまで普及し、パリにおいては一五二〇年代末には人文主義関係の書籍の発行点数が宗教書のそれを凌駕した。

一六世紀にはまた、先進的なイタリアの宮廷文化が導入された。一五三三年にフランソワ一世の息子アンリとメディチ家のウルビノ公ロレンツォの娘カトリーヌの婚姻がなされたが、これにより進んだイタリア宮廷の文化がフランスに輸入されることとなった。のちにカトリーヌ自身が息子にその重要性を強調しているように、この時期にさまざまな宮廷儀礼が導入され、アンリ二世のもとで「起床の儀」の導入や「宮廷儀典長」の職が創設された。このような儀礼は、起床の儀の国王に謁見する順序のように、王権を可視化する効果があった。宮廷儀礼はその後さらに精緻なものとなっていき、ルイ一四世の時代に最盛期を迎えることになる。また、イタリアの食文化もフランス宮廷に伝播し、当時は珍しかった料理やフォークなどの器具の普及の端緒となった。

3 宗教改革とフランス

一六世紀はまた、宗教改革が進行した時期でもあった。一五一七年のルターの宗教改革に先立ち、フランスでも、キリスト教人文主義者の立場からの改革の動きがあった。一五一二

ギヨーム・ビュデ（1468-1540） 上が書物を執筆する光景。下ではそれを国王に献呈している。

アンリ2世とディアーヌ・ド・ポワティエ ディアーヌはアンリ2世の家庭教師であり愛人であった。ここではディアーヌを美の神ヴィーナス、アンリ2世を軍神マルスの姿にそれぞれ描いている。

年に『パウロ書簡注解』を出版したルフェーヴル・デタープルは、福音の重要性を強調して既存教会の堕落を批判し、一五一六年にモーの司教ブリソネらとともに教会改革運動に乗り出した。しかし、ソルボンヌ（パリ大学神学部）を牙城とする保守勢力はこれを異端とし、モーのグループの運動は挫折した。

続いて、一五一九年には早くもルター主義がフランスにもたらされ、二〇年代にかけて『九十五カ条の論題』や『死の準備のための説教』、『キリスト者の自由』のフランス語訳がもたらされた。これに対し、ソルボンヌや高等法院は禁書で応じたがあまり効果はなく、それらの影響を受けた者たちが聖画像破壊運動を引きおこしたりした。このような運動は散発的で組織化されたものではなかったが、それもカルヴァンの登場とともに変化することとなる。

ジャン・カルヴァンは一五〇九年に北フランスのノワイヨンで生まれ、各地で教育を受けて人文主義者としての道を歩んでいた。その後、一五三〇年代初期に「突然の回心」をし、宗教改革思想を持つようになった。一五三四年に王権による迫害がおこると、カルヴァンはスイスのバーゼルに逃れ、一五三六年に『キリスト教綱要』を出版して一躍ヨーロッパ中の注目を浴びた。カルヴァン派の教えは一五四〇年代よりフランス全土に広がったが、彼の予定説にもとづく禁欲的職業倫理は、従来のユマニストを中心とした知識人層のみならず、手工業者や小商人を中心とする層にも広がり、改革の大きなうねりを形成していった。一五五〇年代にはこのような運動は改革派教会として組織化された。改革派教会は全国で二〇〇〇を超え、一五五九年には最初の全国教会会議がパリで開催された。プロテスタントの人口は、一五六〇年代の最盛期で二〇〇万人に及んだとされる。

当初フランソワ一世は改革思想の進展に寛容であった。これは、王が人文主義思想に好意的であったことや、カトリックを支持する神聖ローマ皇帝に対抗するルター派ドイツ諸侯との関係などを考慮したためとされる。しかし、このような態度も一五三四年におこった「檄文事件」で一変した。これは、スイスのヌーシャテルに亡命していたリヨン出身のアントワーヌ・マルクールが執筆し印刷させたカトリックのミサを激しく攻撃するビラ（檄文）が多くの都市にいっせいに貼り出された事件で、あまつさえ、このビラは国王の寝室の扉にも貼られていた。ビラの過激な内容に王は激怒し、全国的に迫害が行われた。その後、フランソワ一世はソルボンヌや高等法院と共同歩調をとるようになり、一五四〇年のフォンテーヌブロー王令では世俗裁判所に異端取り締まりの権限を与えた。次の王アンリ二世も弾圧をいっそう強化し、一五四七年にはパリの高等法院内に特設異端裁判所（火刑裁判所）を設置した。

こうした王権の危惧が拡大した背景には、貴族層へのカルヴァン主義の拡大があった。一五五七年九月にパリのサン・ジャック通りの弁護士の家で開かれていた改革派の集会がカトリック側により襲撃されたが、一三〇人の逮捕者のうちの三〇人が貴族であった。翌年にはパリでの改革派信徒の示威行動に王族のナヴァル王アントワーヌ・ド・ブルボンを筆頭に武装した貴族が参加した。こうして、アントワーヌ・ド・ブルボンとその妻ジャンヌ・ダルブレ、コンデ公、シャティヨン家のフランソワ・ダンドロやコリニーなど、王族や高位貴族のなかにも改革派を支持する者たちが出てきた。この背景としては、やはり政治と宗教との不可分の関係があげられよう。彼らの対極にはカトリック支持派のギーズ公などがおり、貴族同士の勢力争いや王権との関係のなかで、改革派を選択する高位貴族があらわれたのであった。さらに、個々人の信仰の自由が全く認められていないこの時代、高位貴族がプロテスタントを奉じることは、その家臣の中小貴族や彼らの領民たちもプロテスタントに転ずることを意味していた。一五五〇年代以降、改革派は政治勢力として結集していくことになり、このことが国内の政治状況を非常に不安定なものにしていったのである。

第6章 CHAPTER

宗教戦争とブルボン朝の成立

1 宗教戦争

一五五九年にアンリ二世が事故死した時、彼とカトリーヌ・ド・メディシスのあいだには四人の男子がいた。しかし、即位した長男のフランソワ二世はわずか一七か月の治世でこの世を去り、続くシャルル九世はわずか一〇歳であったため、母后カトリーヌが摂政となった。王国基本法によると、国王の成人年齢は満一三歳で、王がそれより幼い時には摂政をつける必要があったためである。王権の求心力が低下するなか、大貴族の改宗などにより宗派対立は政治対立の様相を見せ、シャルルが即位した時にはすでに、貴族たちがプロテスタント派とカトリック派に分かれて一触即発の状態にあった。カトリーヌはどちらかの派に与することなく、全国三部会の開催などを通じて新旧両派の融和を図るが、両派の小競り合いが続いた。そして一五六二年三月に、ギーズ公の一派がヴァシーで日曜礼拝に集まっていたプロテスタントを襲撃、虐殺する事件がおき、これをきっかけに宗教戦争が始まった。

シャルル9世（1550-74） 10歳で即位したシャルル9世は病弱で、政治の実権は母親のカトリーヌ・ド・メディシスが握っていた。1572年のサン・バルテルミの虐殺に王がどの程度関与していたかについては、歴史家のあいだで意見が分かれている。王はこの事件の2年後に23歳で他界した。

宗教戦争には三つの極があった。第一はギーズ公が指導するカトリック派で、もうひとつはコンデ公ルイ一世やコリニー提督を指導者とするプロテスタント派、三番目がカトリーヌの指導する王権である。カトリーヌは当初、大法官ミシェル・ド・ロピタルを起用して、新旧両派のバランスのうえで王権を維持しようと努めたが、それが政策の揺れを引き起こし、王の権威は失墜していった。一五七〇年にかけて三回の内乱が発生したが、王国は分裂の度合を深めていくばかりであった。

そうしたなか、両派を融和するために、新たにプロテスタント派の指導者となったブルボン家のアンリ（のちのアンリ四世）とシャルル九世の妹マルグリットとの結婚が決められた。

のちにブルボン朝を開くアンリの家系をさかのぼると、カペー朝のルイ九世にたどり着く。ルイ九世の末子、クレルモン伯ロベールの子ルイ一世が、一三二七年に国王シャルル四世からブルボン公に叙せられた。ブルボン家の所領は、家名の由来となった、ムーラン

カトリーヌ・ド・メディシス（1519-89） フランソワ2世の死により摂政となったカトリーヌはカトリックとプロテスタントとの融和を模索し続けたが、結局叶わず、アンリ3世が暗殺される8か月前に世を去った。

を中心とするブルボネ地方で、広大な領土を背景として独立性を保っていた。公位は長子たちにより受け継がれたが、シャルル三世が一五二七年に死去した時、相続人がいなかったため、血統は始祖ルイ一世の次男ジャックの子孫であるヴァンドーム公シャルルに引き継がれた（シャルル四世）。彼の子が前述のアントワーヌ・ド・ブルボンとコンデ家の開祖ルイ一世である。アントワーヌは、ナヴァル王アンリ二世の王女で王国の唯一の相続人であったジャンヌ・ダルブレと結婚、一五五五年にはナヴァル王となり、フランス王シャルル九世が幼い時にはフランス総代官に任命された。ジャンヌの影響のもとで一時カルヴァン派に改宗したアントワーヌは、カトリック側に与して一五六二年に勃発した宗教戦争に参加するが、ルーアンの攻囲戦で負傷し、同年一一月に死亡した。

アントワーヌが死亡した時、その子アンリはパリにいたが、やがて母に連れ戻されて、南仏の領地ベアルンに戻り、プロテスタントの指導者として成長していった。一五六九年にコンデ公がジャルナックの戦いで捕らえられ処刑された後、筆頭親王アンリはプロテスタント陣営の指導者となり、宗教戦争の主人公のひとりとなった。

アンリとマルグリットの婚礼は一五七二年八月一八日に執り行われた。これで両派の和解がなるかと思われたが、八月二二日にコリニー提督暗殺未遂事件がおきると情勢は一変した。誰が暗殺者を差し向けたのかはわからなかったが、コリニーは当時ネーデルラントで発生していたプロテスタントの反乱を支援するように国王に迫っていた。この事件により、ギー

サン・バルテルミの虐殺 プロテスタントの画家フランソワ・デュボワは、事件目撃後ジュネーヴに亡命してこの絵を描いた。男は殴られ、女は腹を裂かれ、乳飲み子は虐殺され、老人は刀で刺されるといった、凄惨な光景が描かれている。

ギーズ公の暗殺　同時代の銅版画。このような銅版画の流通により、カトリック同盟に参加していたパリを中心に、「裏切り者の王」というイメージが流布されていった。

アンリ3世（1551-89）　1578年に自身が設立した精霊騎士団の綬を身につけている王は、フランソワ・ケネルによって威厳のある姿で描かれている。三男のアンリは1573年にポーランド王に選出されたが、兄の死により帰国した。ポーランド本国では王位の失効宣言が出されたが、アンリ自身は死ぬまでポーランド王を名乗っていた。

アンリ3世の暗殺　4つの場面が示され、暗殺者ジャック・クレマンの告解（左上）、クレマンによる国王への襲撃（右上）、王冠をナヴァル王アンリに授けるアンリ3世（左下）、ジャック・クレマンの処刑（四裂刑：右下）と続く。

ズ公アンリと王権はコリニー提督らプロテスタント側の指導者を暗殺する計画を立て、「サン・バルテルミ」の祝日の八月二四日未明に、これを実施した。まずギーズ公の配下の者がコリニー提督の屋敷を襲撃し、提督を殺害、ルーヴル宮に宿泊していたプロテスタント貴族数十名も処刑された。王族のナヴァル王アンリとコンデ公アンリは、殺害を免れ軟禁状

カトリック同盟の行列　パリ市庁舎前での行列風景。カトリック同盟の有力なメンバーであったパリでは、最初に「専制者」アンリ3世、その後には「専制者」で「サタン」であるアンリ4世に反対する行列が繰り広げられた。パリの抵抗は、アンリ4世がカトリックに改宗する1593年まで続いた。

態に置かれた。だが、事態は王権側の意図を遥かに超えて進んだ。これをうけて、パリの民兵と民衆がプロテスタントの無差別殺害を開始したのである。殺戮（さつりく）は八月三〇日まで続くとともに、オルレアンやトロワ、ボルドーやトゥルーズなどの各地に飛び火し、パリで約三〇〇〇人、フランス全土では約一万人が犠牲となったとされる。

この虐殺に衝撃を受け、プロテスタントの改宗や亡命が相次いだ。その一方で、残ったプロテスタントたちは、カトリック勢力との和解は不可能であり、それに与する国王も排除しうるとの「暴君放伐論」を主張し、徹底抗戦をめざした。王権の意図に反してかえって分裂は深まっていったのである。こうしたなか、一五七四年にはシャルル九世が二四歳で死亡し、弟のアンリ三世が即位した。寵臣の重用とその失政や、スペインとの戦争での敗北などにより、アンリ三世への周囲の期待はみじんに砕けていった。一方の当事者、ナヴァル王アンリは監禁下で、カトリックへの改宗を余儀なくされたが、一五七六年二月に宮廷脱出に成功、五月に発布された休戦協定「ボーリュー王令」で、ギュイエンヌ総督に就任、六月にニオールでプロテスタントに再改宗した。そして翌年二月、モントーバンで開催されたプロテスタントの政治集会で、アンリはプロテスタントの指導者としての地位を確立した。

こうして両派による戦争が散発的に繰り広げられるなか、一五八四年六月に、王弟アンジュー公フランソワが死亡する。アンリ三世には男子がいなかったため、ヴァロワ家は断絶の危機を迎えた。しかも、王位継承を定めたサリカ法典によると、アンジュー公に代わって第一王位継承者となるのは、筆頭王族のナヴァル王アンリであった。これにショックを受けたのがカトリック勢力である。彼らはもともと、「ボーリュー王令」による譲歩に大いに不満を抱いており、「カトリック同盟（リーグ）」を結成し、異端の王が出現することを阻止しようとした。この運動は、一五八五年に大きな広がりを見せた。ギーズ公アンリなどの貴族勢力のみならず、パリを筆頭に各都市で自発的に形成された組織が、カトリック同盟に合流してアンリ三世に圧力をかけたのだった。このため、国王は一五八五年七月にプロテスタントの礼拝をいっさい禁止する「ヌムール協定」に調印、九月にはナヴァル王アンリの権利喪失が宣言され、この結果戦争がまた始まった。

いずれの勢力の指導者もアンリであったため、これは「三アンリの戦い」と呼ばれた。戦いは一進一退を繰り返すが、そのなかでパリなど諸都市の支持を受けて、ギーズ公のカトリック同盟は強大化していった。この勢力を恐れたのが国王アンリ三世だった。王は一五八八年一二月に、全国三部会が開催されていたブロワでギーズ公を暗殺し、パリ代表を逮捕した。翌年、国王はナヴァル王アンリと一三年ぶりに再会し、彼を正式な王位継承者と認めて、合同でパリに進撃、七月末にはこれを包囲した。しかし、パリ攻撃がなされる直前の八月二日、国王への謁見に成功した

アンリ4世（1553-1610）
彼は自身の行動や外見に関する自身のイメージを作り出し、保持することが王として重要であることを、歴代国王のなかで最初に理解した君主であった。そのためか、フランスでは現在でも、ブルボン朝の国王のなかでは最も人気が高い。

ドミニコ会の修道士ジャック・クレマンが王を暗殺した。これにより、ナヴァル王アンリがアンリ四世として即位し、ブルボン朝が始まった。

2 ブルボン朝の成立

「フランスかつナヴァル国王」となったアンリ四世であったが、戦争はまだ終結しておらず、彼の前途は多難だった。カトリック同盟はアンリ四世の叔父であるブルボン枢機卿を新国王シャルル一〇世と称し、カトリック諸都市もカトリック同盟を支持した。アンリ四世は敵対する諸都市を攻撃していくが苦戦し、二回のパリ攻略の試みのいずれもが失敗する。だが、この状況も徐々に変化していった。ひとつは、一五九〇年にブルボン枢機卿が死亡したことで、カトリック同盟は全国三部会を開催して新王を選出しようとしたが、娘を女王にしようとするスペインのフェリペ二世の介入などもあり、新王選びは暗礁に乗り上げてしまった。そうしたなか、モンモランシー家に代表されるような、現実主義をとり、宗教対立の平和的解決をめざす「ポリティーク派」が、アンリ四世の即位前より存在していたが、この時期その意見が強くなり、カトリックのなかにもアンリ四世を認める人々が出てきた。これに呼応するように、一五九三年七月にアンリ四世は、歴代国王の墓所があるパリ郊外のサン・ドニでカトリックに改宗した。改宗の効果は大きく、カトリック同盟は瓦解に向かった。王は一五九四年の二月にシャルトルで成聖式を行い、三月にはパリに入城、ノートル・ダム大聖堂でのミサに出席した国王は、民衆に歓呼の声で迎えられた。パリが恭順の意を示した後、四月一〇日の復活祭の日にアンリ四世は六〇〇〇人を超える瘰癧病患者に対して触手儀礼を行い、名実ともにカトリックの王であることを示したのだった。

これで情勢は決定的となったが、対外問題とプロテスタントとの関係の問題が残った。宗教戦争のあいだ、スペインはカトリック派を支援し続けたが、一五九八年五月のヴェル

カトリックに改宗するアンリ4世　サン・ドニ聖堂での改宗の模様が、前庭へのブールジュ大司教の到着、王の告解、教会への入場、ミサと段階を追って示されている。教会の周囲には、「国王万歳」の声をあげる民衆が描かれている。

アンリ4世の成聖式　1594年2月27日の日曜日に、シャルトルで成聖式が行われた。本来王の成聖式を執り行うランスは当時、都市政府がカトリック同盟に参加しており、ランス大司教はギーズ家の人間だった。

C O L U M N

ジャン・ボダンと主権論

16世紀は普遍的権威の衰退や印刷術の進歩などを背景として多くの国制理論が発表された。その中心は王権の理論的考察だったが、それは、すべての権力の源泉たる神と王と民（実際には統治能力を有する貴族）の関係をどう考えるかという問題であった。一方で、神がまず民に権力を与え、民がみずからの代表として王を選出したという論理が形成されたが、これは王権の制限につながる。この考えを進めたのが宗教戦争時の「暴君放伐論」で、国王が権力を乱用した場合には、民はそれに抵抗する権利があるとされた。サン・バルテルミの虐殺後のプロテスタントがこの考えを強く主張することとなる。

それに対して、16世紀初頭より王権による集権化の理論として、神は王に権力を直接与えており、それゆえに王は民を支配することができるとの考えも展開された。宗教戦争期の混乱を鎮めるために、強力な王権を求めたポリティーク派がこのような考えを持ち、それを体系化したのが、1576年に『国家論』を出版したジャン・ボダンであった。ボダンは暴君放伐論を論駁するために、主権概念を生み出した。彼は「国家とは……主権による正しい統治である」と定義し、神から主権が与えられることで、国王は絶対的な権力を持つと主張した。さらに、「主権とは国家の絶対的で恒久的な権力である」とし、主権を国王個人の権力（国王大権）ではなく、公権力の源泉とした点も画期的であった。ボダンの考えはルイ13世期のカルダン・ル・ブレやルイ14世期のボシュエへと受け継がれるとともに、主権の担い手を替えることにより、翻って近代の国民主権が成立するのである。

病人への触手儀礼を行うアンリ4世　アンリ4世の時代より、このような国王の事績を記録した銅版画が作成されるようになり、国王イメージの流布に貢献した。

ダン条約で最後の戦争が終結した。プロテスタントに関しては、王権は、ローマ教皇やカトリック派との関係で、その扱いに苦慮したが、一五九八年四月に制限付きでプロテスタントの信仰の自由を認めた「ナント王令」を発布し、一応の和解が成立した。かくして、通算で三六年に及んだ宗教戦争が終結したのである。

宗教戦争の幕引きをしたナント王令は、信仰の自由と新旧両教徒の社会的、政治的平等を保証し、宗教上の争いを聴取するための、両派の代表によって構成される特別裁判所の設立を規定した。王家によるプロテスタントの牧師への給与の支払いや、プロテスタント都市の民兵部隊に対する財政援助など、優遇策が行われる一方で、プロテスタント信仰への制限も存在した。すなわち、プロテスタント信仰が認められたのは、すでにそれが確立していた約一〇〇の都市に制限されており、パリから五リーニュ以内の地域では禁止されていた。また、カトリックの祝日の遵守や教会十分の一税の支払いも定められていた。

この王令では個々人の信仰の自由が保障されているわけではなかった。これは、宗教と政治が不可分の関係にあった前近代社会の特色であり、プロテスタント信仰が都市に制限されていたのは、都市は自治権を有していたため、問題が都市内のみで処理できるからであった。これに対して、農村ではカトリック教会が統治（住民管理）の一翼を担っており、そこでプロテスタントを認めることは、統治が機能しなくなることを意味していたのである。実際には、ラングドック地方を中心に農村部にも多くのプロテスタントがいたが、彼らは一貫して弾圧の対象となった。ナント王令は、カトリックとプロテスタントの併存状況を作り出したが、上記の国制上の問題とも関連して、内容は妥協的なものであった。そのため、王権の伸張とともに、それを維持することが困難となっていく。

3 アンリ四世の政治

即位したアンリ四世はまず、荒廃した国土の復興と弛緩した統治秩序の修復をめざした。

一六〇〇年の王令では、戦争で打撃をこうむった農民に対して直接税の減免を認め、役畜や農具の差し押さえ禁止や金利の引き下げも命じられ、農民への保護政策がとられた。アンリ四世は、すでに戦争中からフランス各地を訪れ、それぞれの身分・団体・地域が有する既得権に保証を与えることで王権との絆を強化したが、戦争中に最後まで抵抗した大貴族に関しては、それを完全に屈服させることができず、年金や役職の保障により彼らを懐柔することを余儀なくされた。たとえば、ギーズ家はアンリ四世により三つの地方総督職を与えられている。その一方で、カトリック同盟の根拠地ともなり、王国の再統一の障害であった都市に対しては、市壁の撤去、駐屯軍やイエズス会のコレージュの維持費用など、さまざまな財政負担を課すとともに、都市役人の選挙に介入して市長や市参事会員に国王役人を就任させるなどして、それを服従させる努力をした。

ポン・ヌフ　1578年に建設が開始されたが戦争で中断し、アンリ4世の命により工事が再開され、1603年に完成した。ポン・ヌフはこれまでのような橋上住宅をもたない、パリでは初めての純粋な橋梁で、左右には半円形の小広場が設けられている。ポン・ヌフとは「新橋」の意味だが、現在ではパリでもっとも古い橋である。

ヴォージュ広場　革命前には国王広場と呼ばれたこの場所は、アンリ4世の治世下には植樹などがされておらず、パレードなどが行われる純粋な広場だった。その後、ルイ13世治世下に彼の像が設置された。現在広場の中心にあるルイ13世像は、革命後に再建されたものである。

また、即位の経緯から、みずからの統治を正当化する試みもなされた。一六〇一年に誕生した王太子にルイという名前を付けたのは、聖ルイ王とのつながりを強調し、ブルボン家の王位継承の正統性をアピールするためであり、これ以後、王太子の名前はすべてルイとなった。また、パリではテュイルリ宮の改装や、ポン・ヌフ橋、国王広場（現ヴォージュ広場）、王太子広場の建設など、新たなモニュメントを建設し、自身の威光を高めようとした。さらに、瘰癧病患者への触手儀礼の模様など、みずからの統治を銅版画として流布させ、作家に業績をたたえさせるなど、その後の王たちによって引き継がれていく政策も行った。これらの戦略により、「君主制の復興者」、「善王」、「人民の父」といった、のちのアンリ四世のイメージが形成されていくことになる。

最大の課題であった財政問題に関して、アンリ四世はプロテスタントとして彼を支えてきたシュリーを財務卿に任命して国家財政の建て直しにあたらせた。シュリーは戦時財政から平時財政への切り換えを目的として、財政規模の縮小と収支の均衡に努めた。彼が優先して取り組んだものに税制改革がある。ここではまず、直接税（タイユ）の適正な配分と徴収が図られた。この時期、直接税の課税アンリ4世の暗殺　王の暗殺はヨーロッパのメディアにとって大事件であった。パリの国立図書館には現在、暗殺を題材とした173のテクストと15種類以上の版画が保存されている。図はドイツで出版された版画。

は、中央から税額を割り付け、最終的にその額が村落共同体から各戸へと割り当てる形を取っていた。これは、当時課税に必要な住民登録が存在していないために行われた措置である。そのため、割り当てには多くの不正が存在していたのであり、シュリーは一五九八年にコミセール（親任官僚）を各徴税管区に派遣し、腐敗の追及や割り当ての見直しを行った。税収におけるタイユの比率を下げ、それにかわり間接税である塩税の比率を上げることも実施された。免税特権を持つ聖職者と貴族はタイユの支払いを免除されていたため、この措置は第三身分の税負担を相対的に減少させ、特権身分にその負担を負わせるという意味を持っていた。

もうひとつの重要な財政政策に、一六〇四年のポーレット法の制定がある。フランスではシャルル八世の頃に、財源の確保を目的として財務官職の創設とその売却が行われており、一六世紀にはそれが行政や司法、軍事などあらゆる領域の官職に拡大していった。その一方で、官職を購入した者たちは、それを世襲したり私的に売却したりするようになっていった。ポーレット法はこの現状を前提に、官職価格の六〇分の一の年税の支払いを条件に、官職の世襲保有を認めるというものだった。これは官職保有者に対する課税を意味しており、それにより国庫収入が増大した。一六世紀以降、官職を購入した層は多くが商業活動で富を蓄えたブルジョワ層であり、この法律はこの層を官僚機構に参入させることによって、官職保有者という知的なエリート階級を生み出し、大貴族の影響から官僚を引き離す効果があった。その一方で、この法律により官職の家産化が進展することになり、官職は売買の対象ともなって市中に広く出回り、不適格な者が官職を購入したり、王権が自由に官職保有者を罷免できないなどの問題も生じた。この後、財源確保のための官職販売も加わり、一六一〇年代に約二万五〇〇〇人だった官僚は、一六六〇年代には約四万五〇〇〇人にまで急増した。

一六一〇年五月一四日の午後四時、アンリ四世はアルスナルでのシュリーとの会談のためにルーヴル宮を出立した。馬車が市場（レ・アール）のそばのフェロンヌリー通りにさしかかった時、ひとりの若い男が馬車に飛び乗り、短剣で国王をふた刺しした。ふた刺しめが心臓を貫き、まもなく王は死亡した。犯人はラヴァイヤックという名の、狂信的なカトリック教徒であった。拷問によっても背後関係について述べなかったため、真相はいまだ謎のままである。宗教戦争を戦い抜き、ブルボン朝の基礎を作ったアンリ四世は、こうして波瀾万丈の生涯を閉じたのだった。

第7章 CHAPTER

絶対王政の輝き

1 ルイ一三世と主権国家

アンリ四世が死亡した時、世継ぎとなったのは弱冠八歳の王太子ルイであった。アンリ四世はアンリ二世の娘であるマルグリットと一五七二年に結婚したが、夫婦関係は早くから破綻状態となっていた。世継ぎが誕生しなかったため、王は一五九九年に教皇からこの結婚の無効宣言を取り付けて、翌年にトスカナ大公の娘マリ・ド・メディシスと結婚した。二人のあいだに一六〇一年に生まれたのが、王太子ルイである。アンリ四世が死亡した翌日、マリはルイをつれてパリ高等法院に赴き、親裁座でみずからが摂政となる宣言を受けた。王の実質的な即位宣言である。この後、ルイ一三世は一〇月一七日にランスで成聖式を行い、数日後にはコルブニーのサン・マルクール教会で触手儀礼を行った。

摂政に就任したマリは当初、ヴィルロワなど、アンリ四世の寵臣であった法官のグループの補佐を受け、内外の問題に対処していった。対外的には和平路線の維持がなされ、宿敵のスペインとのあいだで交渉が繰り広げられ、一六一二年にはルイ一三世とスペイン王女アンヌ・ドートリッシュの結婚と、ルイ一三世の妹エリザベートとスペイン王太子フェリペ（のちのフェリペ四世）の結婚が合意された。国内問題は大貴族への対応であった。彼らはアンリ四世の中央集権化策に不満を持ち、財政の逼迫により年金等の王権による支援が先細りとなっていったことや、マリがイタリア出身の侍女とその夫のコンチニ夫妻を重用したことなどにより、王権との対立を深めていった。一六一四年にコンデ親王が武装蜂起をするに至り、マリはコンデ公の要求を受け入れ、年内に王国改革のための全国三部会を開催することを約束した。

一六一四年一〇月パリで全国三部会が開催

ルイ13世（1601-43） フィリップ・ド・シャンパーニュによる。鎧を身にまとい、兜を脇に置いた王は、君主であると同時に戦士として描かれている。右側のヴィクトワール（勝利の女神）により月桂樹の冠をかぶせられる光景は、ラ・ロシェルのプロテスタントに対する勝利をあらわしている。

された。政府としては、三部会で王国改革の必要性を訴え、弱体な摂政体制を補強することを目的としていたが、結果的には、かえって諸身分の対立が表面化し、有効な解決策が決議されることなく一六一五年に散会した。全国三部会がこの次に開催されるのは、フランス革命時の一七八九年であるが、会議の未開催は、各身分の代表への諮問による政治というルネサンス王政が機能しなかったことを示し、今後は国王を頂点とした官僚機構がイニシアチブをとるようになり、それによって諸団体の利害を調整する絶対王政へと統治構造が転換していったことを意味している。

　全国三部会がパリで開催された年にルイ一三世は成人年齢に達したが、母マリはなかなか政治の実権を王に渡そうとはせず、両者のあいだに対立が生まれていった。ルイ一三世は豪放磊落な父には似ず、メランコリックで執念深い性格であった。ルイは政治の実権を渡さない母の背後に、宮廷で事実上の権勢をふるうコンチニがいると考え、彼を排除しようと陰謀を巡らした。そして、一六一七年四月に、腹心リュイヌの助言を受けいれた王は、ルーヴル宮で配下の者にコンチニを暗殺させたのである。

　これにより、ルイ一三世とマリとのあいだで激しい権力闘争が噴出した。一六一九年にマリは監禁されていたブロワ城を脱出し、リュイヌの政府に不満を持つ大貴族層を糾合して国王に戦いを挑んだ。この争いは一六二〇年八月の「アンジェ協定」によりマリがパリへの帰還を約束することで一応の終結をみたが、この時に国王とマリのあいだに立って調停を行ったのがリシュリューであった。

　ポワトゥー地方の中流貴族出身のリシュリューは、一六〇六年に故郷のリュソン司教に就任し、一六一四年に聖職身分代表として全国三部会に出席した。この時の行動がマリの目にとまり、彼女と側近のコンチニに重用されるようになった。彼女らの引き立てで、一六一六年に、リシュリューは国務卿に抜擢された。翌年のコンチニ暗殺により、リシュリューは国務卿の地位を追われ、アヴィニョ

マリ・ド・メディシス（1575-1642）
マリは1622年にルーベンスに自身の生涯を題材とした連作を注文した。これは完成した24点のうちの1枚で、ルイ13世の成人を描いている。リシュリューとの争いに敗れ、コンピエーニュに軟禁されたマリは、1631年にブリュッセルに逃れ、ヨーロッパを転々としたあと、ルーベンスがケルンに所有していた屋敷に落ち着き、1642年にそこで死亡した。

リュクサンブール宮殿　マリ・ド・メディシスは1612年にパリにあったリュクサンブール公の土地と屋敷を購入し、建築家サロモン・ド・ブロスに命じて宮殿を建設させた。宮殿の内外装は、彼女の出身地フィレンツェのピッティ宮殿から多くの着想を得ている。

ンに蟄居していたが、マリへの影響力を買われて調停役として活躍し、その政治的影響力を決定的なものとしたのだった。この後、リシュリューは栄達への道を上り、一六二二年には枢機卿に就任し、一六二四年四月には国務会議のメンバーとなり、八月にはその長、つまり宰相となった。

　この昇進には、リシュリューを通じてみずからの影響力を行使しようとするマリの思惑があったが、それに反してリシュリューは国王との協調路線に転じていくこととなる。だが、リシュリューの影響力の拡大は他の貴族たちの反感を買うこととなった。マリとの三十年戦争における対外政策をめぐる対立も加わり、一六二〇年代後半には反リシュリュー勢力が形成された。だが、このような企ても一六三〇年の「欺かれた者たちの日」により水泡に帰すこととなった。

　マリは王弟ガストン・ドルレアンとともにリシュリューの罷免を国王に求め、一六三〇年一一月一〇日、リュクサンブール宮でリシュリュー解任を宣言する。翌朝ルイ一三世がマリのもとを訪れた時、会談の場にリシュリューがあらわれ、その後に宮廷を出立したため、彼の解任の噂が広まった。夕刻、国王はヴェルサイユに赴いたが、そこにリシュリューが合流。国王はリシュリュー支持を表明し、国璽尚書マリヤックの更迭などの反撃に出た。リュクサンブール宮で勝利に酔っていたマリの一派は、国王の決心を知らされて四分五裂状態となった。翌年、マリがコンピエーニュに軟禁され、リシュリューは権力を完全に掌握したのだった。

リシュリュー（1585-1642） フィリップ・ド・シャンパーニュによる肖像画。フランドル出身のシャンパーニュは、1620年頃にパリにやってきて、最初にマリ・ド・メディシス、ついでリシュリューの庇護を受けた。彼は宮廷画家として国王や宮廷人の肖像画を数多く描いている。

car vous saves que je vous ay
dit plusieurs fois que si je vous
auois perdu il me sembleroit estre
perdu moymesme je vous prie et
commande pour la troisieme fois de ne
vous point anbarquer sur aucun
vesseau le jour du conbat et de ne
vous mettre en lieu ou vous pussiés
courre fortune, je m'attans que vous
le ferés pour l'amour de moy, je finiray
an priant Dieu quil vous tienne an sa
ste garde Louis
a Laleu ce xxvime may
1628

ルイ13世の書簡 1627年にリシュリューに宛てて書かれたもの。ラ・ロシェルの戦いに際して、イギリス軍と交戦の可能性があるため、戦闘艦には乗船しないようにと述べており、リシュリューの身を案じた内容となっている。

宰相リシュリューが直面した国内問題の一つが、大貴族への対応である。一六三〇年以降も、大貴族による反リシュリューの陰謀が企てられ、リシュリューは彼らを服従させようと、いくつかの政策を打ち出した。一六二六年には決闘禁止令を出す。決闘により汚名を晴らすことは、中世には紛争の解決手段のひとつ（自力救済）として、公的に認められることもあった。しかし、一六世紀以降の王権論の進展のなかで、神の代理として裁きを行いうるのは国王（公権力）のみであるとの考えが生まれ、決闘禁止令が発令されていった。一六二六年の禁止令は厳罰をともなっており、翌年の五月には、国王広場で決闘を行ったブットヴィル伯とデ・シャペルが死刑に処せられた（もっとも、決闘禁止令は一七世紀にたびたび出され、その効果には大いに疑問が残る）。また、一六二九年に発布されたミショー法典では、貴族に対して不要な城塞の破却や不要な武器収集の禁止が命じられている。これらの政策には、軍事や司法といった「暴力装置」を国家のもとに独占するという、のちの近代国家に連なる思想が認められる。

国内のもうひとつの問題が、プロテスタントであった。すでに述べたように、政治と宗教が一体化していた前近代の国制においては、同一国内に二宗派が併存することには無理があった。またプロテスタントたちも国王の結婚に見られるフランスのスペインへの接近など、政府の親カトリック政策に不満を持ち、抵抗の動きを見せていった。このため、リシュリューはプロテスタントの弾圧へと駒を進めることになった。一六二七年にフランス国内のプロテスタントの救援要請をうけて、プロテスタントの拠点であった大西洋岸の都市

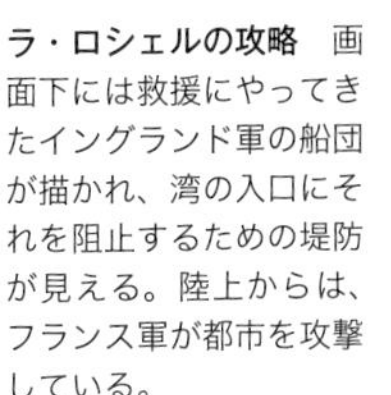

ラ・ロシェルの攻略 画面下には救援にやってきたイングランド軍の船団が描かれ、湾の入口にそれを阻止するための堤防が見える。陸上からは、フランス軍が都市を攻撃している。

ルイ13世のラ・ロシェル入城 1628年11月1日にリシュリューをしたがえてラ・ロシェルに入城する光景。この都市が陥落したことで宗教戦争が真に終結したといえる。また、この都市の攻略とプロテスタント信仰の許容により、「罰し許す王」という国王イメージのプロパガンダが行われるようになる。

30年戦争の悲惨
ロレーヌ地方の版画家ジャック・カロの連作版画「戦争の惨禍」（1633）の1枚「被絞首刑者の生（な）る樹」から着想を得た絵画で、軍隊により処刑された人々が描かれている。吊るされている人の数など、細部は原作とは微妙に異なる。

ラ・ロシェルの沖合に、イングランドが艦隊を派遣すると、ラ・ロシェルのプロテスタントは武装蜂起をした。これに対抗するため、国王自身がリシュリューとともに出陣し、秋にはラ・ロシェルを包囲した。国王軍は港に長大な堤防を築き、イングランド艦隊の攻撃を防ぎ、一六二八年一〇月に都市を陥落させた。翌年六月にはアレスの王令を出し、ナント王令の政治および軍事条項を撤回した。プロテスタントは信仰の自由は従来どおり認められたが、その特権が大幅に削減されたのだった。その後、王権が強化されるにつれて、「ひとりの国王、ひとつの法、ひとつの信仰」という絶対主義国家の理念が強調されることとなり、ナントの王令の寛容規定はますます形骸化していくこととなる。

リシュリューはまた、統治機構の改革を行ったが、その背景には「法服貴族（ほうふく）」と呼ばれる、新たな支配者層の出現があった。アンリ四世治下のポーレット法により官職の世襲保有が認められると、官職は富裕化した平民層の投資対象となり、「官職保有者（オフィシエ）」と呼ばれる社会層が成立していた。対象の官職としては税務関係と司法関係が多かったが、なかでも高等法院や会計検査院、租税院などの最高諸法院の官職はとくに威信が高く、何代か保有するとその家系が貴族として認められたりした。このような最高諸法院官僚に代表される新興の貴族のことを、旧来からの「帯剣貴族（たいけん）」と対比させて「法服貴族」と呼ぶ。

リシュリューがその統治で重用したのが、このような法服貴族につらなる官僚層であった。その理由としては、法服貴族層は旧来の帯剣貴族に敵視される傾向があり、彼らを重用することで大貴族層を牽制（けんせい）することができたことや、司法関係の役職に就くためには法律の知識が必要であり、法服貴族層の法律知識が統治にとって有利なことなどがあげられる。こうして、リシュリューは国務会議に有能な実務型の大臣を起用し、官僚機構の合理化・効率化を推進した。地方の統治に関しては、戦費調達や地方の治安維持などを目的として、従来から地方に派遣されていた「監察官」の制度を拡充した、地方長官（アンタンダン）制度が導入された。この制度の特徴は地方長官がコミセール（親任官僚）であったことである。官職保有者（保有官僚）が、官職に対して保有権を有し、国王が自由に罷免することができなかったのに対し、親任官僚は任務や任期が特定されており、任命や解任に際して、王権による統制がききやすかった。そのため、不安定な地方の統治を実施させるために、王権は地方長官に国王留保裁

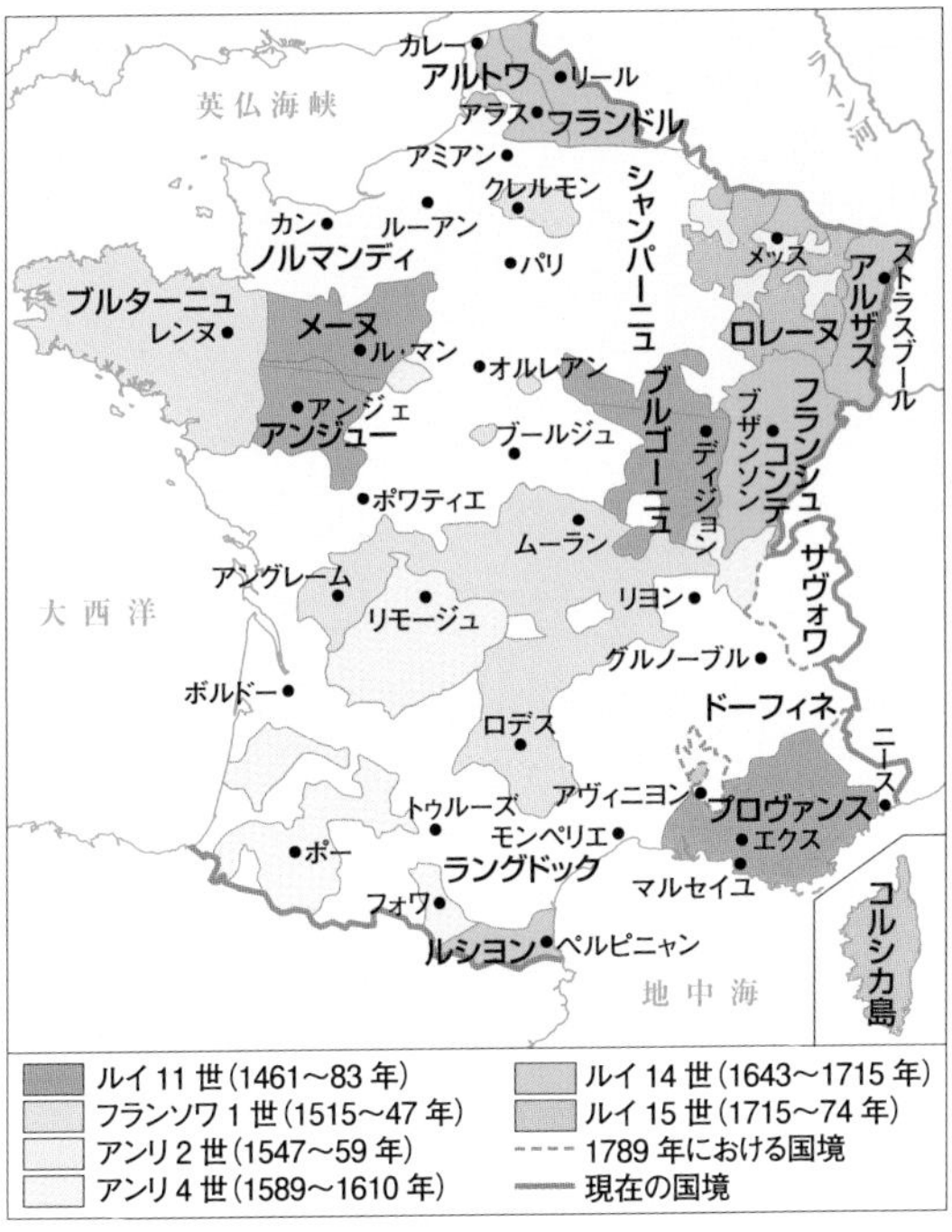

判権という強力な権限を与え、各地に派遣したのだった。この派遣は一六三五年に始まるが、一六四二年から四三年の改革により、「司法・財務・治安監察官」という名称で徴税管区ごとに配属され、やがてはたんに財政上の権限だけでなく、当該管区の司法・行政・治安のすべてを統轄するようになっていった。王権は軍隊に対してもこのような監察官（軍政監察官）を派遣するとともに、中央の陸軍卿の権限を強化し、その掌握に努めていった。

リシュリューは「国家理性」を旗印に、あらゆる軍事、外交の手段をつくして、フランスの栄光や国益を最優先させる対外政策を展開した。「国家理性（レゾン・デタ）」とは、国家やその国制の維持を最高の目的とし、その実現のためには宗教や倫理といった価値をある程度犠牲にするのはやむをえないという考えであり、この特色がもっとも顕著にあらわれたのが三十年戦争への対応であった。

一六一八年、ボヘミアのプロテスタント貴族たちがハプスブルク家のボヘミア王フェルディナンドの弾圧に反抗して三十年戦争が勃発した。戦争は当初、神聖ローマ皇帝と帝国内のプロテスタント諸侯との戦いであったが、皇帝の継承問題とも絡み、皇帝側にスペインが、プロテスタント側にデンマークやスウェーデンが介入したことで、ヨーロッパ全体を巻き込む戦争へと発展していった。国内ではカトリック側を中心に、皇帝と同盟してカトリック勢力に加わり、プロテスタントへの聖戦を実施すべしとの意見が強まったが、一六三〇年にマリを追放して権力を掌握したリシュリューがとった政策は、ハプスブルク家に対抗するために、プロテスタント勢力と提携するというものであった。リシュリューはまず、一六三一年にスウェーデンと「ベールヴァルデ協定」を結び、グスタフ二世アドルフに毎年一〇〇万リーヴルを提供することを定めた。そして、プロテスタント側の形勢が不利となった一六三五年にはオランダおよびスウェーデンとの同盟を更新し、スペインと皇帝に宣戦布告したのだった。

スウェーデンへの経済援助と三十年戦争への参戦は、軍事支出の拡大をもたらし、一六三〇年から三五年にかけて国家支出は四倍にも膨らんだ。このため、増税策がとられることとなり、地方長官制度をフルに活用してタイユ（直接税）の増収が図られるとともに、塩税や関税、消費税などの間接税の徴税強化も図られた。間接税は当時、「徴税請負」という制度で徴税されていた。これは徴税請負人と呼ばれる金融業者が国王と請負契約を結び、国王に税額を前貸しし、自身の組織で徴税を行う制度である。国王にとってはすぐに税収が得られる利点があったが、徴税請負人は税額に前貸し分の利息やみずからの利益を上乗せして徴税したために、人々の怨嗟（えんさ）の的となっていた。

そのため、課税額の拡大とともに各地で民衆蜂起が発生した。民衆は、「新税なしの王様万歳」、「国王万歳、徴税役人に死を」といったスローガンを掲げ、都市を包囲したり一

ルイ11世(1461〜83年)
フランソワ1世(1515〜47年)
アンリ2世(1547〜59年)
アンリ4世(1589〜1610年)
ルイ14世(1643〜1715年)
ルイ15世(1715〜74年)
1789年における国境
現在の国境

ルイ11世以降の王領地の拡大　16世紀までは相続などの人的関係による王領地の拡大がほとんどであったが、17世紀になると戦争による獲得があらわれてくる。

揆に非協力的な村を焼き払ったりした。
一六三六年から三七年にかけては、西南部の大農民一揆が発生し、三九年にはノルマンディで塩田労働者を中心とした反塩税一揆である「ニュ・ピエ（裸足党）」が勃発した。現状に不満を持つ貴族が一揆に合流することを恐れたリシュリューは、軍隊の力を借りてこれらを徹底的に弾圧した。

このように、一六三〇年代以降フランスは内外で多難な状況を迎えることとなったが、リシュリューの采配（さいはい）で何とかそれに対処してきた。しかし、一六四二年一〇月にリシュリューは急な発熱によって重体となり、一二月に死亡した。そして、そのあとを追うように、翌年五月に、ルイ一三世は結核に冒され、四一年間の生涯を閉じた。

ルイ14世（1638-1715） 1668年にアンリ・テトランによって描かれたこの絵は、アカデミーの注文によるもので、芸術の保護者としての国王を示している。百合の花の金刺繍がほどこされ、表が青で裏地がアーミンのマント、シャルルマーニュの杖、精霊騎士団の綬はいずれも成聖式の装束で、国王の公式の肖像画ではこの姿が良く描かれた。

アンヌ・ドートリッシュとルイ14世 1615年にルイ13世と結婚したアンヌにはなかなか子どもが誕生せず、アンヌが37歳の時に生まれたルイは、待ち望まれていた子供であった。だが、それゆえにルイ14世の誕生をめぐっては、さまざまな憶測や俗説がとびかった。

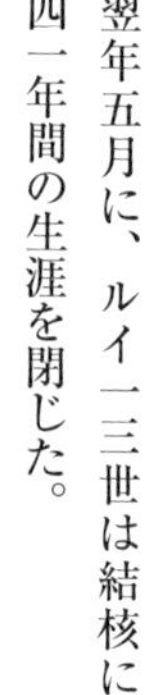

2 ルイ一四世

ルイ一三世が死亡した時、即位したルイ一四世は四歳八か月であった。このため、母后のアンヌが摂政となり、リシュリューの寵臣であったマザランが宰相に就任した。

マザランはもともと、ローマ教皇の家臣であったが、教皇特使としてフランスに滞在していた時、リシュリューの目にとまる。リシュリューはマザランの外交手腕を高く評価し、一六三八年の王太子ルイの誕生に際しては、洗礼の教父となるほどの信頼の篤さであった。

一六三九年にフランスに帰化し、四一年には枢機卿に就任。リシュリューは死に際して、自分の後継者としてマザランを指名したのだった。

宰相に就任したマザランは、リシュリューの政策を継承したが、リシュリュー期には押さえられていた、社会のさまざまな層の不満が増大していった。この時期の社会問題としては、身分制の弛緩があげられる。まず第一身分（聖職者）であるが、当時の聖職者は妻帯が禁止されていたため、常に俗人家系よりリクルートされる必要があった。そのため、高位聖職者は貴族層（次男以下）が供給源となり、農村の司祭などの下位聖職者は第三身分出身者が就任した。両者の出自の差による心性の違いは大きく、第一身分は第二身分（貴族）と第三身分のなかに埋没し、革命期に表面化するように、それぞれの利害と結びつくようになっていた。

第二身分では、帯剣貴族と法服貴族の対立が先鋭化していた。古くからの家系である帯剣貴族層は、一四世紀の危機やその後のインフレにより領主経営に大きな打撃を受けており、この時期ますます自立性を失い、新たに編成されていく軍職や宮廷への出仕に生活の糧を求めるようになっていった。これに対して、富裕な第三身分層が、その富を背景とする官職の購入などを通じて社会的に上昇し、政権中枢にまで進出していったのは、すでに述べたとおりである。帯剣貴族たちはこれらの新興貴族層を「卑しい成り上がり者の町民」とさげすんだが、法服貴族層は法的には従来の貴族と同じ特権を有し、しだいに貴族身分の主流を形成していった。

人口の九八パーセントを占めていた第三身分は、上は貴族への階梯（かいてい）の途上にある官職保有者層から下は乞食や浮浪者まで、非常に多くの社会層を含んでおり、そもそも一体の存在ではなかった。第三身分内での社会的地位は、それぞれが有する特権の多寡によって決まっており、農民層を中心として、特権の恩恵にあずかれない者たちの不満が鬱積（うっせき）していた。また、官僚においては、リシュリュー期より親任官僚の重用という事態が進展しており、これに対しては、従来の保有官僚（官職保有者層）が大いに不満を持っていた。このように、ルイ一四世が即位した時には、それまでの社会の変化やリシュリューの改革がもたらした弊害（へいがい）が臨界点に達しつつあった。

これらさまざまな社会層の不満が爆発したのが、フロンドの乱だった。一六四八年一月、三十年戦争が最終局面を迎えるなか、深刻な財政危機に陥り、四月には政府はポーレット法の廃止と官僚の俸給支払停止を決定した。官職保有者たちは、ただちにこれに抵抗し、最高諸法院の合同会議を開いて国制改革案を審議した。七月九日には、地方長官制の廃止、直接税の減租、徴税請負制の廃止、高等法院の権限などを定めた「聖ルイの間の宣言」を発布し、政府もこれを受け入れた。しかし、巻き返しに出た政府は、宣言の実施を引き延ばし、八月二六日に改革派の中心人物のブルーセルを逮捕した。すると、翌日にかけて

マザラン（1602-1661） リシュリューによる集権化政策の反動により、後継者のマザランはフロンドの乱の標的となり、多くの反マザラン文書（マザリナード）が出版された。この文書の最大のコレクションが、マザランの蔵書を発端としたマザラン図書館に所蔵されている。

フロンドの乱（1648-53） コンデ軍によるパリへの攻撃。フロンドの後、コンデ親王はフランスを脱出して南ネーデルラントでスペイン軍に加わり、フランスと戦った。その後、1659年のピレネー条約によりフランスに帰還し、オランダ戦争で活躍した。

パリ民衆が蜂起し（「バリケード事件」）、フロンドの乱が始まった。官職保有者層と民衆の抵抗に政府は妥協を余儀なくされ、一〇月二二日の「サン・ジェルマンの布告」により、「聖ルイの間の宣言」を全面的に受け入れた。だが、同月二四日にウェストファリア条約が締結され、三十年戦争が終結すると、マザランは軍事力による反撃を計画し、翌年一月六日に国王一家とともにパリを脱出し、コンデ親王ルイ二世の軍隊にパリを包囲させた。高等法院側は反マザラン貴族の力を借りて対抗しようとするが失敗、三月には政府とリュエイユの和約を結び、パリでの反乱は終結した（「高等法院のフロンド」）。

パリを中心に展開された最初の反乱は、こうして終結したが、反乱そのものは地方に波及し、現状に不満を持つ地方の小貴族が管区内の農民と結びついて反王税闘争を展開するなど、各人の利害をめぐり、集権体制が崩れたことによる混乱が生じた。パリでは、高等法院のフロンドの鎮圧に功績があったコンデ親王が、自身の待遇に不満を持ち、弟コンティ公、義兄ロングヴィル公と結び政権を狙う動きに出た。これを察知したマザランは、一六五〇年一月にこの三人を逮捕したが、これが各地の貴族を反マザランに駆り立てることとなり、貴族のフロンドが発生した。貴族たちは王権によって奪われてきたみずからの政治的権限を回復しようとした。翌年二月には、追い詰められたマザランはコンデ公らを釈放した後、ドイツへと亡命した。その後、一六五二年七月にコンデ親王はパリでコンデ派貴族中心の臨時政府を作るが、新政府の実態やコンデ軍による住民への暴行掠奪（りゃくだつ）事件などにより、反コンデ感情が高まり、臨時政府は短期間で瓦解した。そして、一〇月になると各地を転々としていたルイ一四世がパリにもどり、翌年二月にはマザランも帰還し、フロンドの乱が終結した。

フロンドの乱では敵味方がはっきりしないほど各勢力の離散集合が激しかったが、これは戦いがそれぞれの特権とその特権に結びついた慣行をめぐるものであったためである。後述のように、それぞれの特権を承認・保護するのは国王であり、それゆえ、反乱は反マザランであっても、反王権、反体制ではなかった。一六四八年に拳を振り上げた高等法院が翌年三月に妥協したのは、自身の存立基盤としての王権を侵害する意図がなかったことの表れであろうし、そこには四九年一月に行われた隣国イングランドでのチャールズ一世の処刑と、それによる国制の転換への考慮もあったに違いない。結果として、フロンドの乱で反対勢力が弱体化することになり、貴族による大規模な反乱はこれで終結し、王権による中央集権化がさらに進展するのである。

フロンドの乱の終結後、宰相に復帰して秩序の再建に努めたマザランが一六六一年三月

ヴォー・ル・ヴィコント城　財務卿フーケがル・ヴォー（建築）、ル・ブラン（室内装飾）、ル・ノートル（庭園）の三巨匠を起用して建設した館。この3人がのちにヴェルサイユ宮殿の改築を手がける。

司法改革　ヴェルサイユ宮殿「鏡の回廊」の天井画で、司法改革を寓意的にあらわしている。ルイ14世は法典を手にし、その左には天秤を持った「正義」がいる。王が踏みつけている書類鞄は、無駄な訴訟手続を示している。

コルベール（1619-83）　フーケのあと財政の責任者となり産業の育成をするとともに、建築長官として王権の芸術政策を統括し、親政直後の王権のプロパガンダに大きく貢献した。

に死亡すると、ルイ一四世は、今後は宰相を置かず、みずからがみずからで統治を行うことを宣言した。親政の開始である。ルイはまず、国政の最高意思決定機関である最高国務会議を改組し、ここから王族や大貴族を排除した。これにかわって最高国務会議メンバーとなったのが、法服貴族層であった。一六六一年に財務卿のフーケが公金横領のかどで逮捕された後は、国王を支えるメンバーの中心はル・テリエ（陸軍卿）、リオンヌ（外務卿）、コルベール（財務総監）のいわゆる「三人組」となった。なかでも海事卿や建築長官をも兼務したコルベールは、軍事と外務を除くほとんどの部門を実質的に取り仕切ることとなり、重商主義政策を推進した。これらの中央政府のもとで地方行政を実施したのが、フロンドのあとに復活し、ルイ一四世の親政期以降全国に展開されるようになった地方長官であった。地方長官たちの出身母体は高等法院官僚などの官職保有者層であったが、親任官僚たる彼らは、一般の官職保有者とは異なる心性を持ち、行政官僚という新たな官僚カテゴリーを形成していった。だが、このことは近代的な官僚制が成立したことを意味していたわけではなかった。この時期は官僚のほとんどが官職保有者であり、さらに中央政府の大臣たちや地方長官が任務を実施するにあたっては、保護＝被保護（パトロン＝クリアン）関係や縁戚関係など、人的なネットワークの形成とその利用が不可欠であったからである。

　このような体制のもとで、一六六〇年代から七〇年代にかけて王権の強化が図られていく。まず司法改革については、一六六七年に「民事王令」、一六七〇年に「刑事王令」が発布された。中世以降、ある地方が王国に編入された場合、その地域の法体系が特権としてそのまま維持されるのが通例であり、そのため慣習法として存在していた各地域の法が統一されることはなかった。刑事王令により大逆罪や偽金づくり、密輸などのいくつかの重大犯罪に関する規程が定められたが、これらの法律でも、全国で画一的な刑法や民法を制定することはできなかった。これらの法律の目的は、訴訟手続（告訴、尋問、逮捕、証人喚問の方法や判決の形式）にとどまった。だがそれでも、ここで定められたものは、「商事王令」などその他の法典編纂事業とならび、革命期までの法体系の枠組みとなった。

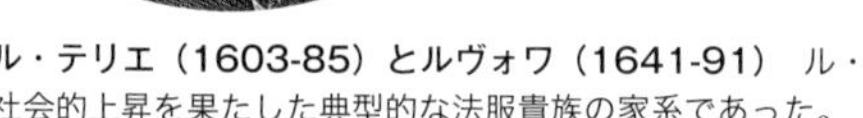

ル・テリエ（1603-85）とルヴォワ（1641-91）　ル・テリエ家は官職の購入により社会的上昇を果たした典型的な法服貴族の家系であった。

　従来の政治が、司法に代表される紛争の解決に重点が置かれていたのに対し、ルイ一四世の親政期からは社会統制をめざす行政的な政治が実施されるようになる。たとえば、一六六七年にパリに「警視総監職」が創設されるが、これは都市における治安維持や風紀取り締まり、公衆衛生、食糧供給などの秩序維持をめざす活動を都市自治体（都市社団）にかわって国家が実施する決意のあらわれであった。また、救貧政策に関しても、従来の教会を中心とした慈善的なやり方を転換し、国家が救貧院を設置してこの貧民を収容することが、一六五〇年代より開始された。一八世紀に貧民を取り締まる組織として改組・拡充される騎馬警邏隊（マレショセ）とともに、貧民に代表される社会問題を国家が管理しようという志向があらわれはじめたのである。

　このような政策の前提として、王国の調査もこの時期に開始された。コルベールは一六六四年に地方長官たちに管区内の人口や産業、租税などの状況を調査報告するように求めており、ルイ一四世の治世下に同種の調査があと二回実施された。一六九〇年代のヴォーバンによる国勢調査など人口統計の作成が試みられるとともに、一六八四年には科学アカデミーでの成果を利用したフランス地図が出版されるなど、統計的、空間的に王国を把握し、王国の現状を知る試みが開始された。隣国のイングランドで一六九〇年にウィリアム・ペティが『政治算術』を出版したように、不十分なものではあったが、自国の国力を測る国民経済計算の試みがこの時期よりなされるようになった。

　軍隊については、ル・テリエとその息子ルヴォワが一連の軍制改革を実施した。当時の軍隊は、封建的な軍隊の域を脱し、国家の制度として存在しており、国費により連隊やその下の中隊が運営されていた。しかし、指揮官職の売官制（世襲）と兵員の請負制のために、部隊はある種の経営体としての性格を有しており、その長たる指揮官の家産として認識されていた。そのため、部隊の独立的傾向や命令系統の混乱、指揮官による不正、兵士の質の低さなどの問題が生じていた。このような状態に対し、ル・テリエ父子は、指揮系統および個々の職務内容の明確化、名誉職的な職の廃止、中間的職務の創設、兼職の禁止などによりヒエラルヒーの確立を図り、行政官僚を軍隊に派遣して軍隊の管理や維持を監督させた。官僚たちは陸軍卿や財務総監の監督のもとで、不正の摘発、軍隊の移動や補給などの後方支援業務の補佐・監督などを実施し、軍人の特権を尊重しつつも、効率的な軍隊運営を追求した。また、一六八八年より、農村部からの兵員徴募を目的として、国王民兵制が導入された。このような改革を背景として、ルイ一四世は多くの対外戦争を実施したのだった。

ルイ一四世は国家の統一には宗教の統一が不可欠だと考え、「一国一宗派」政策を推進した。王は親政の開始とともにプロテスタントへの迫害を再開し、一六七九年以降は、プロテスタントの家に竜騎兵を宿泊させて改宗を強制する、「ドラゴナード」と呼ばれる政策を推進した。一六八五年には「フォンテーヌブロー王令」によりナント王令の破棄が決定され、牧師は国外追放、学校は廃止、子供の強制改宗といった厳しい措置がとられた。これにより二〇万人ともいわれるプロテスタントの大量亡命が発生し、商工業者である彼らの亡命は、フランス経済に大きな打撃を与えた。また、ガリカニスムにもとづき、教皇の干渉の排除もルイ一四世は推進した。一六七三年には空位司教座への国王の権利を主張して教皇と対立したが、国内の聖職者たちは国王を支持し、ガリカニスムが確立した。

ルイ14世像 コワズヴォによる。革命前にはパリ市庁舎に置かれていた。現在はカルナヴァレ美術館の入口にある。革命の時、パリの国王像は大部分が破壊され、現在目にできるものはほとんど、19世紀に再建されたものである。これは革命の破壊を免れた貴重な像である。

フーケにかわり財政の責任者となったコルベールは、不正の摘発による債務の縮小や間接税の増税などを実施し、収支は一時的に好転するかに見えた。しかし、一六七二年のオランダ戦争以降、戦争中には軍事費が歳出七〇パーセント以上を占めるようになり、深刻な財政危機に陥っていった。そのため、王権は一六九五年に「カピタシオン（人頭税）」と呼ばれる新税を創設し、身分に応じ、全住民より徴税することを試みた。聖職者や貴族など免税特権層への課税を実施したのである。カピタシオンは一六九七年にいったん廃止された後、一七〇一年に復活、一七一〇年には「ディジエーム」という収入の十分の一を徴税する試みもなされるが、いずれの場合も徐々に全住民への課税という理念は骨抜きにされていった。しかし、特権層への課税を試みたことは、大きな転換であり、この課税問題は一八世紀にもしばしば財政改革の俎上（そじょう）にのぼるとともに、革命の一因となるのである。

重商主義もコルベールが推進した財政政策であった。「コルベルティスム」とも呼ばれるこの政策は、ヨーロッパで流通している貨幣の量は一定であるので、貿易差額によりフランスに富をもたらそうとするものであった。そのため、強力な保護関税政策を推進しつつ、国内産業を育成することをめざし、重要な産業については国家が特権を与えてそれを保護した。海外貿易については、コルベールは東西のインド会社（一六六四年）、レヴァント会社（一六七〇年）、セネガル会社（一六七三年）などを設立して貿易を独占させ、生産業については、鉱山・製錬業、奢侈品（しゃし）（レース、ガラス、タピスリー［綴れ織り］など）、上質毛織物工業などで特権マニュファクチュアを設立し、生産を独占させた。独占特権の付与は国家の経済への介入であったが、それにより対象の企業に莫大な利益をもたらし、それを国庫に還流させて国を富ませるのが重商主義政策の目的であった。

ルイ一四世の時代の対外関係の基軸のひとつが、ハプスブルク家への対抗だった。とくにスペインは当時、本国以外にも南ネーデルラント（現在のベルギー、ルクセンブルクとフランス北部）やフランシュ・コンテにも領土を有しており、フランスとの戦争が絶えなかった。一六四八年に三十年戦争が終了しても、フランスとスペインは戦争を継続し、一六五九年のピレネー条約でやっと戦争状態が終結した。この条約でフランスは占領下にあったアルトワ地方の大部分を獲得し、ルイ一四世とスペイン王フェリペ四世の長女マリ・テレーズとの結婚が取り決められた。ふたりは翌年、バスク地方のサン・ジャン・ド・リュズの教会で結婚式を挙げた。

ルイ一四世とマリの結婚に際して、スペインが五〇万エキュという高額の持参金をフランスに支払う代わりに、マリはスペイン王位に関する要求をいっさい放棄することが定められていたが、この持参金を支払えないまま、一六六五年にフェリペ四世が死亡した。そのため、ルイは「王妃の権利」としてスペイン領南ネーデルラントの相続権を主張し、一六六七年にこの地に侵攻し、リールなどの主要都市を占領、翌年にはフランシュ・コンテ地方を攻略した。だが、フランスの強大化を恐れたイングランド、オランダおよびスウェーデンが調停に乗り出し、一六六八年五月にアーヘン条約を結んだ。条約でフランスはフランシュ・コンテを返還せざるをえなくなったが、フランドル地方の主要都市を確保することができた。

海外進出については、フランスは先行するイングランドとオランダの争いに割って入ることをめざしており、このフランドル戦争（遺産帰属戦争）の過程で、貿易をめぐるオランダとの対立がエスカレートした。一六七二年五月に、ルイ一四世みずからが軍を率いてライン川を渡ってオランダに侵入、オランダ戦争が勃発した。翌年にはスペインと神聖ローマ皇帝がオランダと同盟を結び、戦火が拡大した。フランスはスペイン領ネーデルラントを主戦場として戦争を継続したが、しだいに孤立を強め、一六七八年にナイメーヘン条約を結んだ。この戦争でフランスは、フランシュ・コンテとフランドルの諸都市を獲得した。

一六八〇年代初頭に、フランスは「統合政策（レユニオン）」

フランドル戦争　1667年8月18日に、国王はみずから軍隊を指揮し、フランドル地方の中心都市リールを占領した。ゴブラン製作所によるタピスリー『ルイ14世記』の１枚。

と呼ばれる領土拡大政策をおもにライン川左岸で推進した。これを警戒した諸国が一六八六年に「アウクスブルク同盟」を結成、これに対してフランスがプファルツの継承権を主張して、その地に出兵したため、一六八八年にアウクスブルク同盟戦争（プファルツ戦争）が勃発した。この年にはイングランドで名誉革命がおこり、廃位されたジェームズ二世がフランスに亡命したため、イングランドも同盟側に加わり、フランスはヨーロッパのほぼ全勢力を敵に回して戦った。戦局はしだいにフランスに不利となり、一六九七年のライスワイク条約では、統合政策で併合したロレーヌ地方の返還などの譲歩を余儀なくされた。

ルイ一四世最後の対外戦争が、スペイン継承戦争である。一七〇〇年にスペインのカルロス二世が世継ぎのないまま死亡し、スペイン・ハプスブルク家が断絶した。カルロス二世はルイ一四世の孫のフィリップをフェリペ五世として後継者に指名していたが、ルイ一四世がフェリペ五世のフランス王位継承権の放棄を反故にしたため、フランスの強大化を恐れる神聖ローマ皇帝、イギリスおよびオランダが「ハーグ同盟」を結びこれに対抗、一七〇二年に戦端が開かれた。戦火はヨーロッパのみならず海外植民地にも拡大し、国内での凶作による経済危機に見舞われたフランスは苦戦を強いられたが、一七一一年に皇帝ヨーゼフ一世が死去すると国際情勢に変化があらわれ、一七一三年にユトレヒト条約が結ばれ、戦争は終結した。フランスはスペインのブルボン朝を承認させることには成功したが、ニューファンドランドやハドソン湾などの海外植民地をイギリスに割譲した。

ライスワイク条約（1697） 戦争に参加した各国を示す人物が、平和の木を植えている。背景に見えるのが、条約が締結されたライスワイク城。1698年のアルマナ。

スペイン継承戦争（1701-13） 1702年にヴィラール元帥がフリートリンゲンの戦いで皇帝軍を破った光景。右側で指揮をしているのがヴィラール。1703年のアルマナ。

フランスは、財政負担をはじめとして国力の相当部分を一連の戦争に投入したが、それにより得たものはそれほど多くはなく、フランスの覇権主義は挫折したといってもよい。しかし、フランドル諸都市やフランシュ・コンテなどの獲得により、今日のフランスの領域に国境が近づいたことも事実であった。

3 フランス絶対王政

一六世紀より形成が開始され現代へと続く、一定の領域に対して排他的に権力を行使する国家、つまり領土と国民と国家主権を持つ国家は、主権国家と呼ばれる。フランスの絶対王政もまさに主権国家の初期の形態であると考えられ、主権者たる国王は、国内で立法権や課税権、戦争や平和の権利などを独占的に行使すると理解されてきた。リシュリューの「国家理性」に見られる国益の優先も、主権国家の特色である。また、このような主

ゴブラン製作所　コルベールによってパリ各地のタピスリー工房が統合されて発足した。写真正面が17世紀の建物で、中央には礼拝堂がある。

権国家の存在を前提とした国際関係を主権国家体系（システム）と呼び、ウェストファリア条約に典型的に見られるように、教皇や皇帝の普遍的支配権を否定し、各国の勢力均衡（バランス・オブ・パワー）を原則とした国際関係が構築されていった。

では、実態として国王の一元的な支配が全国で貫徹したかと問われれば、最近の実証研究の成果は否定的な回答をするだろう。ルイ一四世の治世下においても、王国の内部は複合的な存在であった。

このような複合性の原因は何であろうか。それは、王権の強制力の弱さであった。前近代においては、今日のような住民登録は存在せず、国王は臣民を個別に直接支配できたわけではなかった。官僚が増加したとはいえ、人口比では今日のレベルには遠く及ばず、行政文書の配布システムも不備であった。そのため、王権は古くから自然発生的に形成され国内にさまざまな形で存在していた社会集団との関係を取り結び、これを媒介とすることにより、間接的に臣民を支配したのである。たとえば、中世の都市は自身の富を守るために、周囲に城壁をめぐらせて自治組織と都市防衛の軍事力を発展させてきた。王権はこの都市の自治の伝統やさまざまな慣行を王が授ける恩恵すなわち特権として保証した。この代償として都市は王権に対して忠誠を誓い、必要に応じて財政的な援助などを行った。

このような特権を付与された団体のことを「社団」と呼んでいるが、当時のフランスには貴族、官職保有者、ギルド、村落共同体などさまざまな社団が存在し、王権はこれらと特権を媒介とした関係を取り結ぶことにより、社団をその統治のなかに組み込んでいった。「特権」として認められた社会集団の権利は、「古き良き法」という言葉が示すように、より古くから慣習として存続していたものほど強力であったために、王権はそれらを否定して全く新しい法や制度を導

ルイ14世のパリ市訪問　1687年の国王のパリ訪問をあらわした、セバスチャン・ルクレールによる版画。前年の病の快癒を祝い、パリでは盛大な歓迎行事が行われた。この版画にも王と都市社団パリとの互酬的な関係が見てとれる。

入することはできなかった。たとえば、フランドル戦争により攻略された都市リールの降伏条約には「リールの都市とシャテルニーは、フランスの国王たちによって以前より合意されていた、またこの地方の支配者たちによって合意されていた、すべての特権、慣習、習慣、権利、自由、裁判権、治安および行政を享受する」との記述がある。都市民たちが享受していた特権が承認、維持されたのであり、これを前提として初めて、国王はリールを支配することができた。戦争後、ルイ一四世はリールを訪れ、伝統的で、古くからの諸権利を尊重する入市式を行い、古いフランドル伯の宣誓を繰り返した。リールはスペイン継承戦争の時に一時オランダに占領され、一七一三年のユトレヒト条約でフランスに返還されたが、オランダの占領が終了した翌日に、地方長官はリールの都市役人たちに対して、「国王の宣誓は依然として有効である、そのうえ、国王陛下はこの都市の諸特権を削減するよりもむしろ増大させたのであった」と宣言している。

このため、王国では上は貴族から下は農村共同体に所属する農民まで、ほぼあらゆる者が特権を保持していたのであり、人は生まれながらに平等ではないこの社会では、特権の多寡がその人の自由の度合を示していた。実際、当時の用語では「特権」という単語は「自由」と同じ意味で使用されていたのである。それゆえ、王権がいにしえより存在する王国基本法により制限されるとの議論に見られるように、社団の特権を否定するような施策を王権がとることは困難であった。

とはいえ、絶対王政期には社団は王権に対抗してみずからの自治を貫徹したわけではなかった。絶対王政期には「社団の自治権や自由権」が「国王によって与えられる特権」に転化したのであり、その意味では、社団に立脚する絶対王政国家においては「王権の伸張」が認められるのである。これは、中世においては王権の秩序とは無関係に存在していた社会集団が、宗教戦争期の混乱を境にしだいに王権の庇護を求めたことを意味している。また、都市で寡頭制が進展したように、社団内でも権力構造の変化が認められ、都市支配者層が王権と提携するといった、王権と結合する契機が、社団にも内在的に認め

ヴェルサイユ宮殿 1722年に描かれた東側から見た光景。内側の部分が、ルイ13世が建設した狩猟の館で、そのまわりにル・ヴォーとマンサールが巨大な建造物を付け加えた。手前左右の２棟には政府機関が入っている。建物をはさみ、西側に広大な庭園が見える。

ル・ブラン「ラインの渡河」 ヴェルサイユ宮殿鏡の回廊の天井画で、オランダ戦争の開戦を示している。表現は寓意的で、戦車に乗ったルイ14世の後にヘラクレスが続き、オランダ諸都市を踏みつけている。右側でひっくり返っている老人がライン川を示している。

られるのである。

このように、今日の研究では、「絶対主義」といっても、国王は「絶対」ではなく、さまざまな制約を受けていることが強調されている。

4 王の栄光

王権の制限性を前提とした場合、当時の王権は中世のそれに比して強力であった、あるいはそのように同時代人に認識されていたのはなぜかという疑問が生ずる。この時問題となるのが国王の権威、すなわち実体的な権力とは別に国王が有し、被治者に王権の正統性を受容させ、その支配を受け入れさせるものである。実際にルイ一四世の親政期には、「王の栄光」を積極的に発信する、王権のプロパガンダ政策が実施された。

この中心となったのが、一六六四年に国王の芸術政策を司る建築長官に就任したコルベールによる芸術政策であった。コルベールは前年に小アカデミーを設立して、みずからの芸術政策への助言を得るとともに、一六六六年にはローマにフランス・アカデミーを設立して優れた芸術家を留学させて、芸術家の育成を図った。また、一六六七年にはゴブラン製作所を正式発足させ、タピスリーや版画、家具などの制作を行わせた。ゴブラン製作所にはオランダ出身のファン・デル・ムーランのように、国籍を問わず優れた芸術家が集められ、実際の作品の制作を行った。

このような「王の栄光」を示すものとしてまずあげねばならないのがヴェルサイユ宮殿である。ヴェルサイユ宮殿は、ルイ一三世が狩猟の館として建築した建物であったが、一六六八年にルイ一四世は大改築とそこへの政府機能の移転を決定した。建物の設計にあたったル・ヴォーは、旧館を取り囲む形で新たな館を増築し、そこに王の公式行事の舞台となる正殿(王のアパルトマン)を建築し、一六七八年には西側のテラス部分を撤去して鏡の回廊(鏡の間)を建設することが決定された。各部屋の装飾は、「王の栄光」を表すために首席画家シャル

シャルル・ル・ブラン(1619-90) パリで絵画を学んだあと、1642年にローマに赴きニコラ・プッサンのもとで修行をした。46年に帰国すると才能を発揮し、王の首席画家となって絵画彫刻アカデミーを指導し、国王の芸術政策において大きな影響力を発揮した。

ヴィクトワール広場　中央にはもともと、オランダ出身の彫刻家デジャルダンによる、勝利により月桂樹の冠をさずけられるルイ14世の像があったが、革命の時に撤去された。建築家マンサールによる広場を取り囲む建物が、往時を偲ばせる。

ル・ル・ブランによって入念に計画され、正殿では玉座のある「アポロンの間」を中心に、各部屋の天井画に惑星を支配する神々が描かれた。ヴォールト部には、それぞれの神々の属性に合致するようなテーマで、古代の英雄たちの物語が描かれて、メルクリウスの間の「アレクサンドリアの図書館で学者たちと語り合うプトレマイオス二世」が王立図書館の壮麗さや文芸とアカデミーに対する国王の庇護を表すように、古代の英雄の事績それぞれが、ルイの事績や人物描写を同時にあらわす仕組みになっていた。一六八四年に完成した鏡の回廊の天井には、ル・ブランと彼の工房により、大型の絵画一二枚を含む合計三〇枚の図像を中心にルイ一四世の事績が表現された。鏡の回廊の建設と並行して、回廊の南北に「平和の間」と「戦争の間」が作られたが、戦争の間から鏡の回廊を経て平和の間へと続く一連の表象は、一六六一年の王の親政から始まり、オランダ戦争の勝利とそれによりヨーロッパに平和をもたらしたルイ一四世というイメージを示し、各種の国内改革を外交上の勝利とあわせて、フランスやルイ一四世が諸国に対していかに優越しているかを物語っているのである。

　王の栄光をあらわした建築物はフランス各地で建設された。一六七〇年代に、パリでは都市改造にともなって新たな市門が建造されたが、サン・ドニ門やサン・マルタン門にはオランダ戦争での勝利の場面が描かれ、

C O L U M N

ルイ14世のパリ都市改造

ヴェルサイユに首都機能を移転したルイ14世は、パリの改造も積極的に行った。パリの拡大につれて、歴代の王は市壁を拡大してきたが、ルイ14世は外国からの攻撃の可能性がなくなると判断すると、1670年に市壁の撤去を命じ、跡地を遊歩道にした。だが、19世紀のように都市全体を改造するには至らず、市内に王権を象徴する建造物を配置したのが、ルイ14世の方針だった。

ルーヴル宮では中世城郭を撤去して「方形の中庭（クール・カレ）」を建設するとともに「アポロンの回廊」を作った。テュイルリ宮では北側の翼棟を建設し、国王一家のアパルトマンの内装をアポロンやヘラクレス（王）、アキレウス（王太子）、ミネルヴァ（王妃）を題材としたものに変更した。オランダ戦争を記念したサン・ドニ門には、ラインの渡河とマーストリヒトの攻略、サン・マルタン門には「三国同盟の瓦解」、「ブザンソンの攻略」、「リンブールの攻略」および「ドイツの敗北」を示す浅浮彫りを配置した。広場はヴィクトワール広場のほかに、1686年よりルイ大王広場（ヴァンドーム広場）の建設を開始し、広場の中央にはローマ風の装束を身につけたルイ14世の騎馬像が置かれた。ブルボン朝は、王権に対してしばしば反抗した共同体としての都市パリを屈服させるために、さまざまなモニュメントを建設したのであり、次のルイ15世も「ルイ15世広場（現コンコルド広場）」を建設することとなる。

サン・ドニ門　建築家ブロンデルによる高さ約24メートルの門には、オランダ戦争の場面である、ライン川の渡河とマーストリヒトの攻略の情景が描かれている。

一六八六年に寵臣ラ・フイヤード元帥が建設したヴィクトワール（勝利）広場は、ルイ一四世の数々の戦勝を記念するモニュメントで飾られたのだった。また、北部の主要都市リールでは、一六八二年にパリ門が建設され、勝利によって冠を授けられるルイ一四世の彫刻が、マルスとヘラクレスの彫像とともに飾られた。さらに、一六八五年以降、フランスの主要都市にルイ一四世の騎馬像を設置する計画が推進され、パリ、レンヌ、モンペリエ、リヨン、ディジョンの五都市で完成した。騎馬像はいずれも、ローマ皇帝風の衣装を身につけたルイ一四世が騎乗しているもので、「戦士」、「征服者」、「皇帝」のイメージが表象された。ローマ皇帝はアレクサンドロス大王と並び、ルイの属性を表象する重要な要素であり、そこには皇帝権や軍事力による版図（はんと）拡大というイメージが含まれていた。

ルイ14世騎馬像　パリのルイ大王広場（ヴァンドーム広場）での彫刻家ジラルドンによるルイ14世騎馬像の落成式の光景（1699年）。騎馬姿で周囲にいるのは、パリ市の役人たち。1700年のアルマナの上部。

ル・ブラン「アレクサンドロス大王にひざまずくペルシアの王女たち」　紀元前333年にイッソスの戦いで大王がペルシア軍を破ったあと、逃亡したダレイオス3世の陣営を訪れた光景。親政開始時のルイ14世は、年齢が近い大王と自身を重ね合わせることにより、自身の権威を表現した。

「王の栄光」をしめす絵画の制作も、積極的に進められた。一六六一年よりルイ一四世はシャルル・ル・ブランにアレクサンドロス大王の生涯の連作を描かせた。最初に完成したのが「アレクサンドロス大王にひざまずくペルシアの王女たち」で、イッソスの戦いに勝利したアレクサンドロス大王がダレイオス三世の露営地を訪れた際に、王の母親や后たちの懇願を受ける姿が描かれた。ピレネー条約によるスペインへの勝利や親政の宣言、フロンド派の服従などがこの絵画を通じて表現されているとされる。ルイ一四世はアレクサンドロス大王との同一性を示すことで、みずからの権威を表象したのであり、他の四枚の連作やヴェルサイユの正殿の五点の絵画など、アレクサンドロス大王を題材とした絵画は多く描かれた。

　また、実際の国王像も数多く制作され、正式の肖像となる成聖式の衣装をつけた国王像は複製が制作されて外国などにも送られた。この時期に数多く描かれた、王権を表象する絵画に戦争画がある。ファン・デル・ムーランは、戦争が行われた地域に赴き、フランスによって攻略された都市の景観を記録した。これらの絵画はタピスリーの下絵となるとともに、戦争画としてもジャンルを形成することとなり、彼とそのアトリエが制作した、「ルイ一四世の征服」をあらわす多くの戦争画が、一六八三年に完成したマルリー宮の「王の館」に飾られたのだった。

　国王の表象は、当時の宮廷や城館での重要な装飾物であったタピスリーでも行われた。タピスリーの制作はゴブラン製作所でおもに行われた。織り上げられたタピスリーは多くの種類に及び、先述したアレクサンドロス大王の生涯のように、絵画を写したものとオリジナルのものがあったが、いずれ何らかのかたちで「王の栄光」を示していた。オリジナルのものには、非常に寓意的な表現がなされた『四元素』や『四季』、後景に王の城を配し、国王と宮廷人たちによる季節の作業を表現した『王

グラニコスの渡河　ル・ブランが描いた連作、「アレクサンドロス大王の生涯」のうちの一点をゴブラン製作所がタピスリーにしたもの。

ファン・デル・ムーラン（1632-90）　ブリュッセルでペーテル・スナイエルスに学んだあと、フランスに渡った彼は、1664年にコルベールに召し抱えられ、ゴブラン製作所に所属した。歴史画が中心のフランス画壇にあって、風景や戦争画を修行したムーランは、プロパガンダ政策に不可欠の存在であった。

国王のゴブラン製作所訪問　1667年10月15日に国王がゴブラン製作所を訪問した光景をタピスリーにしたもの。左側で帽子をかぶりステッキを右手に持つ国王の横で、コルベールが解説をしている。コルベールの左側で帽子を手に持って立っているのがル・ブラン。製作所で作られたさまざまな作品が運び込まれている。

1674年の祝宴　フランシュ・コンテの攻略を祝って催された。ルイ13世が建築した館に囲まれる大理石の中庭で、リュリによる音楽悲劇(フランス語オペラ)「アルセスト」が上演されている。

の館』などがある。さらに、一六六三年から七三年にかけて制作された連作『ルイ一四世記』では、一四枚のタピスリーにより王の結婚や成聖式、フランドル戦争の戦いの情景など、ルイ一四世の事績の数々が表現されていた。

国王イメージの流布において、さらに重要な役割を果たしたのが版画である。ゴブラン製作所にはセバスチャン・ルクレールのような版画家も所属しており、ル・ブランの仕事に協力し、一七世紀に発展した銅版画技術を活用して、版画が制作された。版画ではまず、絵画の複製が行われ、ファン・デル・ムーランの戦争画もその多くが版画にされ、より多くの者たちの目にとまった。さらに、国王の建築物や儀礼の場面など、オリジナルの版画が制作される場合もあり、絵画よりもはるかに価格が安かったことやひとつの版で二〇〇〇部程度印刷できる大量生産性により、より広範な社会層に国王イメージが流布されたのである。ルイ一四世のイメージをより広範な層に伝達する役割を果たしたと考えられているものが、アルマナである。アルマナとは一枚刷りの大型カレンダーで、そこには暦とともに前年に起きた出来事が描写されていた。ルイ一四世親政期は、このアルマナの黄金時代で、年平均一〇点を超えるアルマナが発行されたが、その題材の九割以上が国王の事績に関するものであった。国王の事績としては、王族の誕生や婚姻、内政、外交上の出来事、国王の建築物、戦闘での勝利や和平の到来などがあった。また、イングランドのウィリアム三世を簒奪者として攻撃するなど、敵の創出に関連するテーマも存在しており、戦争や国際対立の描写を通じて、アルマナは国王のみならずフランスのイメージ形成にも関与したのである。

国制上の実態とは若干異なり、ルイ一四世の親政期には表象の世界では強い国王イメージが創出されたのであり、王権はその形成や流布に努力し、さまざまなメディアを通じて、これらのイメージは人々にある程度浸透していったのであった。

宮廷やそこでの儀礼も、王の権威の形成に大きな役割を果たした。中世より成聖式と瘰癧病患者への触手儀礼は、国王に神的な権威を与える国家儀礼として大きな役割を果たしていたが、ルネサンス王政期には葬儀や入市式の重要性が増していた。国王葬儀は国王の自然的身体の死を示す一方で、新王が出席せず、国王の似姿を儀式に登場させることで、王権の不滅性をあらわす儀礼であった。また、入市式では、国王が都市を訪れた際に、市門の外で、都市自治の象徴である都市の鍵が国王に献上され、すぐさまそれが都市代表に返還される儀礼が行われ、都市の国王への忠誠と国王による都市特権の確認を視覚的に表現する役割を持っていた。

しかし、ルイ一四世の治世とともにこのような、公衆の面前で行われる儀礼の役割は低下し、代わって宮廷儀礼の役割が増してきた。ヴェルサイユ宮殿が建設途上であった一六六〇年代から七〇年代にかけて、ルイ一四世はヴェルサイユで大規模な宴会を催した。これはバレエや仮装行列、各種の競技、芝居、宴会、花火などを組み合わせた総合的なもので、なかでも「魔法の島の悦楽」と名付けられた一六六四年の宴会は、外交上の勝利を記念して行われ、モリエール一座が『エリード姫』を初演した。しかし、ヴェルサイユが完成すると、国王の権威の表象の中心は、ミサや起床・就寝の儀といった日常的な儀礼に移った。こうして形成された「宮廷社会」では、国王の日常生活がすべて儀礼化されるとともに、大貴族を中心とする宮廷人にとっては、これらの儀礼に参加して国王に接することが、みずからの権力の源泉となっていた。すなわち、起床の儀で何番目に国王に謁見するのか、国王の狩りに同道できるのか、晩餐の時にはどの席に座るのか、ヴェルサイユ宮殿内のどの部屋を国王があてがってくれるのか等々、まさに太陽のように中心に位置する国王との距離が、自身の栄達と関係していた。起床の儀に呼ばれず、控えの間で待ち続けることは国王の寵を失うことであり、それは政治生命の終焉を意味していた。

だが、国王が宮廷にこもると一般の臣民はその姿を見ることができなくなる。これを補完したのが、ひとつは各都市に計画された国王騎馬像や、版画などの視覚メディアであり、もうひとつが「テ・デウム」と呼ばれる儀礼であった。テ・デウムとは、王太子の誕生や王族の結婚などの王家の吉事や戦争での勝利などに際して、全国の教会で行われる神への感謝の儀式であり、臣民たちはこれに出席することで、国王の事績を身近に感じることができたのである。

以上のような「王の栄光」を表象しそれを流布する行為が、受け手である一般の臣民にどのような効果を与えていたのかはよくわからない。しかし、農民一揆の際に「国王万歳、徴税役人に死を」というスローガンが叫ばれるように、臣民たちは自身の苦境を救ってくれる存在として国王を認識していたのであり、それにはこのようなプロパガンダも何らかの影響を与えていたのは確かであろう。

ビリヤードをするルイ14世　ヴェルサイユ宮殿正殿での光景。いちばん左が王太子でその右がシャルトル公。宮廷においては、娯楽も王権を表象する装置であった。

アブラハム・ボッス「靴屋」
靴修理屋とはまた別に存在し、靴屋は客の注文を聞き、採寸をして靴を製造した。

18世紀の肉屋（作者不詳）

アブラハム・ボッス「ひげ剃り人」
同じく刃物を使用したので、この時期はひげ剃り人と外科医は未分化だった。

アブラハム・ボッス「菓子職人」
主人と2人の助手が菓子を焼き、女主人が店番をしている。

アブラハム・ボッス「代訴人」
司法制度が複雑であったため、代訴人が訴訟を仲介した。壁の袋は訴訟関連書類を入れたもの。

図版コラム　17世紀の商店、商人

17世紀にはエッチングの一般化などにより、銅版画技術が進歩し、非常に多くの版画が出版された。版画は王権によるプロパガンダに使用されただけではなく、流行の服装や庶民の生活、風刺画など、さまざまなものを表現する手段となった。ここでは、版画にみられる17世紀の職業を紹介しよう。

ジャン-バティスト・ボナール
「小間物商シリーズ」 薪割り職人。

ジャン-バティスト・ボナール
「小間物商シリーズ」 ほうき売り。

アブラハム・ボッス
「靴修理屋」
アトリエで3人の職人が客から受け取った靴を修理している。

ジャン-バティスト・ボナール
「小間物商シリーズ」
牛乳やチーズ、クリームを呼び売りする女性。

第8章
CHAPTER

一八世紀の政治と文化

1 ルイ一五世からルイ一六世

太陽王として君臨したルイ一四世は、一七一五年に七六歳でその生涯を閉じたが、その長寿のためか後継者にあいついで先立たれた。王妃のマリ・テレーズが一六八三年に四四歳の若さで死亡した時に遺された男子は、結婚の翌年に生まれた王太子ルイのみであった。ルイは順調に成長して三子をもうけるが、父親に先立ち一七一一年に死亡。その長男で、英明さにより宮廷の期待を集めていたブルゴーニュ公も翌年に死亡してしまう。そのため、五歳で即位したルイ一五世はルイ一四世の曾孫（ひまご）であった。

ルイ15世（1710-74）　ロココ期の肖像画家モーリス・カンタン・ド・ラ・トゥールによる1748年頃の肖像。「最愛王」と呼ばれ多くの愛人を持ったルイ15世は、18世紀の好況にも助けられ、59年の治世を大過なく終えた。

この時摂政に就任したのが、ルイ一四世の甥のオルレアン公フィリップだった。自由思想家（リベルタン）で放蕩家（ほうとうか）であったとされるオルレアン公は、ルイ一四世統治末期の厳格で専制的（集権的）な体制を嫌い、それとは対照的な政治をめざした。彼は宮廷をパリに移すとともに、財務総監や国務卿を廃止し、最高諮問会議で政策決定がなされるシステムをとりやめた。その代わりに、財政・外務・軍事などの七つの評議会を設け、それらを統括する「摂政会議」が政治と行政を担う「多元会議制（ポリシノディ）」と呼ばれる政治体制を作り上げた。各評議会や摂政会議の中心となったのが、ルイ一四世治世下で政治の中心から閉め出されつつあった大貴族層であり、この体制は法服貴族の勢力をそぎ、名門貴族の復権をめざしたものでもあった。しかし、会議制は意思の決定にかけ、各評議会も明確な政策を打ち出すことができなかったため、一七一八年にポリシノディ体制は終わりを告げ、財務総監や国務卿による大臣制が復活した。

ルイ一五世が即位した時には、財政が危機的な状況に陥っており、これへの対処が緊急の課題であった。財政運営はまず財務評議会主催者のノアイユ公にゆだねられ、公債の削減や不正の摘発などが行われたが、通貨政策に失敗し、不況の到来を招いた。この状況に対処し、「ローのシステム」と呼ばれる経済政策を推進したのが、スコットランド出身の銀行家、ジョン・ローだった。ルイ一四世治世末期にフランスに渡ったローは、一七一六年に個人銀行を設立、一七一八年にはそれ

サント・シャペルから出るルイ15世　1715年9月15日にルイ15世臨席のもとで、パリ高等法院で親裁座が開かれ、オルレアン公を摂政とすることが決定された。この絵は、その後に行われたミサの後の光景である。

が王立銀行へと改組されるなか、金融面から経済の改革を実現しようとした。彼は王立銀行を発券銀行として紙幣を発行するとともに、一七一七年にルイジアナの開発独占権を持つ西方会社を設立し、他の特権貿易会社をこれに吸収させ、一七一九年にインド会社に改組した。彼の構想は、銀行券の発行により貨幣不足の解消と債務の返済を図り、そのままではインフレを招くので、市中に出回った紙幣をインド会社への株式投資を促すことで回収し、その資金で海外貿易を拡大しようとするものであった。一七一九年末より熱狂的な株式投資ブームがおこり、インド会社の株価は額面が二〇倍以上になったが、数か月でバブルは崩壊し、翌年五月末にはローはフランスを去った。この経済混乱の収束には五年以上の歳月を必要としたが、ローのシステムは財政赤字の縮小や個人債務の削減、植民地貿易の活性化などの効果もあった。

一七二二年六月、パリでのオルレアン公の人気凋落などを背景として、宮廷はヴェルサイユに移った。同年一〇月にルイ一五世はランスで成聖式を行い、数日後に瘰癧病患者への治癒儀礼を実施した。そして、翌年二月一五日に満一三歳の誕生日を迎え、その翌日に摂政制が廃止され、成人宣言とともにみずからの統治を開始した。

国王の成人と前後して、王の結婚相手を取り決めることが喫緊の課題となった。一七二一年に、ルイ一五世とスペインのフェリペ五世の娘、すなわち彼の従姉妹のマリア・アンナ・ビクトリアとの婚約が決定された。だが、この時マリアは三歳で、成人を待っていては王統が途絶える危惧があったため、一七二五年三月にこの婚約は解消され、同年九月、前ポーランド王の娘で七歳年上のマリ・レクザンスカ（マリア・レシチンスカ）との結婚がなされた。この結婚からは男子ふたりを含む一〇人の子供が誕生し、王統断絶の危機は回避された。

成人した国王であったが、政治にはあまり関心を示さず、宰相を置いて政治に対処させることが続いた。一七二六年以降は、みずからの養育係であったフルリーを事実上の宰相とし、一七年間彼に国家の舵取りを任せた。フルリーの時期は相対的に平和であった。彼は摂政時代からのイギリスとの協調関係を継続し、これ以降、フランスとオーストリア

王妃マリ・レクザンスカ（1703-64）　なかなか男子を出産できない年上の王妃に対する王の興味はしだいに薄れていった。1734年には王妃は父親に対して王の不実についての不満を訴えている。ジャン-マルク・ナティエによる1748年の肖像画。

およびイギリスを三極とした勢力均衡が国際関係の基軸となった。一七三三年にはポーランド王アウグスト二世の死を契機にポーランド継承戦争が勃発したが、ハプスブルク家に対抗するフランスはスペインおよびサルデーニャと同盟してこれと戦った。一七三八年のウィーン条約で、ルイ一五世は岳父のスタニスワフ・レシチンスキをポーランド国王に復帰させることには失敗するが、レシチンスキにロレーヌ公国とバール公国を与えることに成功し、その死後公国はフランス領となった。

　二年後の一七四〇年、ヨーロッパでは皇帝カール六世が死亡すると後継者となったマリア・テレジアに対し、各国が前皇帝の遺領の継承権を要求した。なかでも、一七四〇年にフリードリヒ二世（大王）が即位した新興国プロイセンは、ジュレジェンの継承権を主張し、その地を占領し、オーストリア継承戦争が勃発した。これを受け、フランスではベル・イール元帥をリーダーとする対オーストリア強硬派の意見が、フルリー枢機卿の和平派を圧するようになり、プロイセンへの財政援助やベル・イール元帥によるプラハ占領が行われ、フランスも戦争に巻き込まれた。フランスはスペインと提携してオーストリアに対抗し、オーストリアにイギリスがついたため、これまでの対英協調路線が転換された。さらに、この戦争はインドや新大陸での英仏の植民地戦争も引き起こした（ジョージ王戦争）。一七四八年のアーヘンの和約の内容は、フランスにとって現状維持だったが、この戦争は、フランスの対外発展により英仏の経済的覇権をめぐる争いが開始され、ヨーロッパの国際関係の基軸が英仏対立に転換したことを示していた。

　オーストリア継承戦争の最中の一七四三年、フルリー枢機卿が八九歳で死亡した。これによりルイ一五世はようやく親政を開始することとなる。しかし、王は公務よりもむしろ趣味の猟犬狩猟に情熱を傾け、財務総監や国務卿に政策決定をゆだねる場合が多かった。ヴェルサイユの生活でも、曾祖父が自身のあらゆる行いを儀式化・可視化したのに対して、私室をいくつか作らせるなど、プライベートな空間の形成に腐心し、少数の親しい仲間と時を過ごした。それでも、ルイ一五世の治世は経済的な好況や相対的な平和のために平穏であり、有能な官僚により改革もある程

宮廷での晩餐風景　ジャン・フランソワ・トロワが1735年に描いたもので、ルイ15世の宮廷の場面。右前に国王が座り、宮廷人たちに牡蛎が振る舞われている。テーブル脇のワインや床上の大量の蛎殻が興味深い。

度進展した。たとえば、大法官のアンリ・フランソワ・ダゲソーによる法典編纂作業や財務総監オリーによる「国王賦役」の導入とそれによる道路整備などがあげられる。

また、絶対王政期に常に課題となっていた租税改革であるが、租税負担者の担税能力が限界を迎えていたため、租税の増額や新間接税の創設はもはや不可能であり、政府にとって残された手段は、聖職者や貴族の免税特権を廃し、彼らから税を取り立てることであった。ルイ一四世期に創設されたディジエームは臨時税の域を出ず、カピタシオンも内容が骨抜きとなるなか、一七四九年にはヴァンティエーム（二十分の一税）が提案された。これは平時の新税であり、すべての土地や官職も課税対象とするなど、全身分への課税をめざしていたが、特権層が強硬に反発し、各種の例外措置が認められたため、主たる担税者はまたもや農民となってしまった。一七世紀に反税一揆が頻発したのとは対照的に、この時期の租税改革に抵抗したのは特権階層であった。とりわけ、高等法院はジャンセニスムをめぐる宗教問題上の対立なども原因となり、ルイ一五世の治世期以降は王権との対立姿勢を強め、王権批判の雰囲気が醸成されていった。

幼くして孤児同然となったブルボン朝第一の美貌をうたわれた王は、その好色さと相まって、常に自分を癒してくれる女性を捜し続け、数え切れないほどの愛妾を持った。もっとも有名なのはポンパドゥール夫人で、庶民階級出身のこの女性は、王の目にとまり「侯爵夫人」となって一七四五年に宮廷にはいる。王とは対照的に公務にも関心があった彼女は、たんなる愛人の域を脱して、フランスに大きな影響を及ぼした。彼女は学問や芸術の保護を推進し、『百科全書』や啓蒙思想家の支援や王立セーヴル窯の設立などを行った。また、政治にも積極的に関与し、大臣や軍人の人事に介入するとともに、外交革命の陰の立て役者になるなど、対外政策においても重要な役割を果たした。この時代は「ポンパドゥールのフランス」とも呼ばれる。

ポンパドゥール夫人のもとで一七五八年以降に政治の中心に座ったのがショワズール公で、七〇年に失脚するまで政権の中枢を占めた。彼は陸海軍の増強策とともに、自由主義的経済改革を行った。農業においては耕地の拡大（開墾の奨励）と農地の個人主義化（囲い込みの許可、共有地分割の許可）が推進され、工業では宣誓ギルドに加入しない農村織物工業の許可や国内の穀物流通の自由化が行われた。しかし、領主制を温存したかたちでの農業改革には限界があり、その他の改革も高等法院の抵抗に遭遇して不徹底なものに終わった。このため、ショワズールの後に大法官に就任したモプーは、一七七一年より司法改革を断行し、パリ高等法院の権限を縮小するとともに、解任可能な裁判官より構成される新高等法院を設立した。改革は地方高等法院にも及び、上級評定院への改組や権限の縮小が行われた。当然これは法服貴族たちの反対にあったが、彼らの足並みの乱れのために、ある程度改革は進んだ。しかし、一七七四年のルイ一五世の死とともに、改革は撤回される。

ポンパドゥール夫人（1712-64）　モーリス・カンタン・ド・ラ・トゥールによる肖像。王による彼女の取り立ては宮廷やパリで反発を生んだ。パリの人たちは、彼女の父親の姓から、ポンパドゥール夫人とではなく、「ポワソン嬢」と呼んだ。

ポンパドゥール期からショワズール期には、国際関係の転換がみられる。オーストリア継承戦争に敗れた後、オーストリアにとってはプロイセンが第一の脅威となった。そのため、オーストリアの宰相カウニッツはフランスとの同盟を模索した。交渉は最初は難航したが、プロイセンとイギリスが接近する事態が生じると、フランスは一七五六年にヴェルサイユ条約を結び、オーストリアとの防衛同盟を締結した。いわゆる「外交革命」の成立である。

その後、ロシアがオーストリアと同盟を結ぶと、フリードリヒ二世は機先を制して一七五六年八月にザクセンに侵入、七年戦争が始まった。フランスにとっては、この戦争の重点は海外植民地でのイギリスとの戦いであった（フレンチ・インディアン戦争）。フランス軍はカナダ、西インド諸島およびインドでイギリス軍と戦ったが、いずれにおいても完敗、一七六三年二月にイギリスと締結したパリ条約では、フランスはカナダとルイジアナ植民地を喪失し、西インド諸島の一部を保持するにとどまり、イギリスとの植民地獲得競争から完全に脱落した。一方、七年戦争はジュレジエンの領有を確定させたプロイセンの勝利に終わったため、オーストリアは対抗上フランスとの同盟関係を維持し、一七七〇年にはフランスの王太子ルイとマリア・テレジアの末娘マリ・アントワネットとの結婚が実現した。だが、イギリスの覇権やロシアの台頭、友好国ポーランドの分割など、ルイ一五世治世末期には国際社会におけるフランスの影響力の凋落はもはや止めようがなかった。

このような状況のなか、一七七四年に天然痘が原因でルイ一五世が六四歳で死亡した。跡を継いだルイ一六世は、ルイ一五世の息子の次男で、一七六一年に兄のブルゴーニュ公、一七六五年に父親が相次いで死去したため、王位継承者となった。そのため、いわゆる帝王教育を受けておらず、温厚な性格は国王としてのカリスマ性に欠けていた。

弱冠二〇歳の国王を補佐したのは、かつてポンパドゥール派によって追放された七三歳のモールパ伯で、彼は自由主義者のテュルゴを財務総監にし、改革を推進させた。テュルゴは一七七四年九月に穀物取引の完全自由化の王令を発布した。彼は価格統制などの規制を撤廃し、自由な取引により「適正価格」を実現することで、生産者の意欲を増大させて農業を振興させようとした。しかし、穀物の不作や価格上昇を見越した投機のために、翌年四月末より穀物価格が上昇し、「小麦粉戦争」と呼ばれる大規模な食糧暴動が各地で発生した。テュルゴは一七七六年には宣誓ギルドの廃止を含む六王令を提案し、パリ高等法院の強硬な反対を押し切って強制的に登記した。宣誓ギルドの廃止は、営業の自由の保証により経済的自由主義を実現しようとする施策であったが、これはギルドの特権とまっこうから対立するものであった。このほかにもテュルゴの改革構想は、ナント王令の復活や全身分に課せられる単一地租、地方

マリ・アントワネット（1755-93）　王妃はしだいに、浪費家で軽薄な女性であると非難されることとなったが、最近の研究では、彼女の支出は国家財政を破綻させるにはほど遠いものであった。だが、「首飾り事件」のように、彼女の振る舞いがそのようなイメージを増幅させた側面もあった。

議会の設置などにわたったが、これにはさまざまな批判が噴出し、一七七六年五月には王はテュルゴを罷免し、改革六王令も廃止された。

一七七五年にアメリカ独立戦争が勃発すると、フランスはイギリスへの対抗からアメリカ植民地を支持し、一七七八年二月に植民地政府と攻守同盟を締結し、独立戦争に参戦した。フランスはアメリカ大陸に数千名からなる遠征軍を派遣し、ヨークタウンの戦いでの植民地軍の勝利に貢献し、一七八三年のパリ条約による植民地独立の一助となった。これにより、国際社会でのフランスの威信は高まったが、投入した莫大な戦費に比して、条約によって得た領土はあまりに少なかった。戦争中の戦費調達とその後の財政運営は、好況の影響もあり、反対が予想される増税ではなく、借入金によってまかなわれた。しかし、一七七〇年代半ばより農産物価格が低迷したため、農民の収入が減少し、それが購買力の低下をもたらすという経済不況に陥り、負債が急増して深刻な財政危機が到来した。

一七八六年には財政運営が限界に達し、時の財務総監カロンヌは、高等法院との対立を避け、国王が構成員を指名する臨時的な「名士会議」を開いて、全身分を対象とする新たな税を創設しようとした。翌年二月に招集された会議では、身分特権を楯に新税が否認されることとなり、四月にカロンヌは罷免された。かわって財務総監に就任したブリエンヌは、反対する名士会議を解散し、高等法院に提案することで、新税の導入を試みた。だが高等法院も名士会議と同様に、新税の導入には全国三部会の開催が必要であるとの見解を示して抵抗した。ブリエンヌは八月に新税を強制的に登記させ、反対するパリ高等法院をトロワに追放した。しかし、ここでルイ一六世の優柔不断さがあらわれ、反対が多いとみるや国王は追放と新税を撤回してしまった。その後も高等法院との対立は続き、一七八八年五月に新たな裁判所を設置して、高等法院から王令登録権と建白権を取り上げる措置に出た。だが、これには「貴族の反乱」とも呼ばれる、貴族層を中心に従来の特権を擁護しようとする、全国規模での大抗議運動が発生した。これに直面した王権は再び妥協を余儀なくされ、八月にはすでに一七九二年に開くと約束していた全国三部会の開催を翌年五月に繰り上げるとの決定をした。

ルイ16世（1754-93）　アントワーヌ・カレにより1778年頃に描かれた、成聖式の装束の肖像画は、有名なリゴーによるルイ14世の肖像画（1701年）の影響を受けている。しかし、ルイ14世の治世から時は流れ、この絵は王の困惑と不安の表情を描き出している。

2　啓蒙思想

ルイ一四世の死後、教会や国家などの伝統的な権威が保証していた知識や観念を徹底的に批判し、それにより人間精神や人間社会を進歩させようとする啓蒙（けいもう）思想が誕生した。この新たな思想は、デカルトなどの批判精神を継承しており、経験と観察を重視する、ニュートンに代表される一七世紀の科学革命における科学的方法の影響を強く受けていた。「啓蒙」とは英独仏の言語で「光」あるいは「光により明るくする」ことを意味し、光により無知蒙昧（もうまい）を取りはらい、本来は普遍的に存在している人間の理性を取り戻すとともに、人間世界を理性的に認識することを意味していた。啓蒙思想家たちは自然的世界のみならず、人間世界にも何らかの普遍的法則があり、それを明らかにすることで、社会をよりよくすることができると考えた。また、人間の普遍性の強調は、その平等性を主張する流れを導くことにもなり、啓蒙思想は、身分制や絶対王政を否定する思想ともなっていった。

理性を主張する啓蒙思想が、キリスト教批判に向かうのは、ある意味当然だった。彼らにとって、キリスト教は民衆の無知につけ込んで作り出されたもので、迷信と矛盾に満ちているものだった。啓蒙思想家の多くは、神の存在自体は認めるが、イエスの神性を否定する「理神論」の立場に立っていたが、この背景には一七世紀より進んだ聖書の文献学的・歴史学的研究の進展や科学革命による自然現象の論理的理解などがある。フランスでは、ヴォルテールが、ニュートン神学の研究や聖書の批判的検討を通じ、世界を創造した神の存在を認めつつも、キリスト教や狂信を否定した。彼が一七六二年にラングドックで発生したプロテスタントへの迫害であるカラス事件や、瀆神の罪で青年が処刑された一七六五年のラ・バール事件などに積極的に介入したのは、彼の理神論のあらわれである。また、これらの事件やイギリス滞在の経験により、彼はカトリック教会の不寛容を批判し、一七六三年には『寛容論』を出版した。

理神論は単一宗派の絶対性を否定し、寛容、すなわち多宗教・多宗派の共存を説くこととなったわけであり、これが近代の信仰の自由に結実していくことになる。また、フランスでは、科学的知見の増加に影響され、世界の本質や根本的原理は物質であるという唯物論を唱える者も出現した。ダランベールとともに『百科全書』を編纂したディドロや『自然の体系』で力学的唯物論を主張したドルバックがそうで、物質以外の存在を認めない立場は神の存在を否定する「無神論」となり、宗教そのものも否定することとなる。

経済思想においては、啓蒙思想は重農主義として結実した。ルイ一四世期に推進された重商主義は、国家が積極的に経済活動に介入し、特定産業を保護・育成することで国富を増大させようとしたものであり、流通に力点を置いた思想であった。

これに対して、重農主義者は土地を富の源泉と考え、農業生産の増大を重視し、そのためには国家による経済への干渉や独占を排除することが必要であると説いた。一七五八年に『経済表』を発表したケネーは、自由な農業生産活動によって初めて、適正な農産物価格が保証され、その結果地代収入が増加して農業生産性が向上すると述べ、経済の自由放任主義を主張した。これはある意味では利得の追求という人間の本性に理性を見いだしたものであり、自由競争によって経済活動が活発となることが結果的には税収の増加、すなわち国富の増大をもたらすとの考えであった。このため、重農主義者たちは経済上の自由放任主義と、農業の純生産物に対する単一課税という抜本的な税制改革を主張した。このような主張を受けて、経済活動の自由（経済的自由主義）を求める要求が高まることになる。これは具体的には、商工業ではギルド規制を撤廃して営業の自由（職業選択の自由）を確立すること、流通面では穀物流通の自由化に代表される、輸送規制や国内関税の撤廃、農業では土地を囲い込んで自由に耕作を行えるようにすることであった。これらの多くは、すでに見たように、ケネーの学説の影響を強く受けた学者でもあるテュルゴの改革で実施が試みられたが、いずれもが既存の社団の特権に抵触する試みであり、絶対王政の枠組みのなかでは実現は難しかった。また、農業の自由化は共同体規制とそれにもとづく三圃制を否定することとなり、小規模な土地しか持たない農民にとっては、放牧が不可能となるため、死活問題であった。このような経済的自由主義思想は、イギリスでアダム・スミスに受容され古典派経済学が成立することとなる。

啓蒙思想は国制理論にも及んだ。そのひとつの考えが、専制を批判し、正しい王政（制限王政）を実現させようとするもので、モンテスキューがその代表である。モンテスキューは、一七四八年に出版した『法の精神』で、政体を「共和政（民主政と貴族政）」と「君主政」および「専制」に分類するが、それは専制を絶対悪として強調し、君主政が堕落して専制へと化す危険を主張するためであった。そして、専制を防止し、「自由」を保証するためには「温和君主政」が必要であるとした。これは、国王と貴族（貴族院）および平民（庶民院）の三者が政治権力を分有し、相互に抑制しあうイギリスの国制をモデルとしていた。そのため、モンテスキューは、フランスにおいては貴族や高等法院、聖職者、都市といった「中間団体」が一定の権力を有し、王権を牽制することにより、専制を回避できると考えていた。モンテスキューは社団と国王が一定の関係を取り結ぶ絶対王政の構造を容認し、それにより政治的自由を獲得しようとしたのであり、そこには彼の保守性があらわれている。それゆえ、彼の議論はこの時期、王権の「専制」に対抗していた高等法院の活動の思想的な背景となっていたのである。

このような体制内的改革の枠から一歩踏み出したのが、ルソーであった。ルソーは『人間不平等起源論』（一七五五年）で、人間は自然状態においては自由であったが、社会を形成し私有財産制が出現するにつれて、個人の「自由」の喪失が生まれ、人々の財産をめぐる争いを抑制するために国家が形成されると、それが人間の不平等を固定・増加させたとし、『社会契約論』（一七六二年）で失われた自由をいかに取り戻すのかを考察した。そこでは、市民すべてが社会契約を結んで、自己を完全に共同体に預けることにより、個人の自然状態の自由を市民的自由として実現しようとする。社会契約により形成された共同体（国家）は個々人よりすべての権利を付託されている。そのため、共同体のなかで諸個人の自由が保障され、共同体が主権を行使することになり、共同体の世帯主全員が参加する「人民集会」で主権を行使して法を作り出す。このため、政府は主権者＝人民の「一般意思＝法律」の執行人にすぎず、常に一般意思に従属することになる。ルソーは「人民集会」による直接民主政を提唱しており、それの実現は困難であった。しかし、主権の担い手をこれまでの国王から人民へと

ディドロ（1713-84）　1745年にル・ブルトン書店が、イギリスの百科事典の翻訳を持ちかけてきた時、ディドロは翻訳よりも、より網羅的なものを独自に出版すべきだと逆提案した。これが『百科全書』の刊行につながった。

モンテスキュー（1689-1755）
貴族出身で一時はボルドー高等法院評定官でもあった。モンテスキューが三権分立を唱えたとよくいわれるが、それは正確ではない。

ルソー（1712-78）　ジュネーヴで生まれたルソーは、1728年にに故郷を出て現在のフランスに渡った。しかし、1762年に『エミール』が出版されると、その自然宗教的な記述によりソルボンヌから発禁処分を受けた。その後、諸国を放浪したあと、偽名で再入国したフランスで生涯を閉じた。写真はジュネーヴにある像。

転換させた彼の人民主権論は、その後の政治思想の展開において圧倒的な影響力を有しており、そこから今日の国民主権論が形成されていった。

啓蒙思想は、人間社会に普遍性を見いだそうとし、自然界のみならず、人間社会にも一般的な法則性が存在することを明らかにしようとした。この思想により、自由や平等が特定の身分や社団ではなく、人間一般に存在することが理論化されたのであり、アメリカ独立戦争やフランス革命を経て、これらの思想が定着していくこととなる。しかし、人間性の普遍化は人間の個性を軽視するとの批判を生むことになる。とりわけ、啓蒙思想を体現したフランス革命の原理が、ナポレオン支配により「輸出」されたドイツ諸地域ではこの傾向が強く、人間一般よりも民族、理性よりも情念を重視するロマン主義思想が生み出され、ナショナリズムの形成とも関連していくことになる。

3 文化の変容

一七世紀末から一八世紀にかけては、社会の状況が大きく変化しており、それにともない、啓蒙思想のような上層の文化のみならず、広い意味での文化においても大きな変化が認められた。

社会の変化としてまず指摘できるのが、人口動態構造の変化である。中世農業革命により、フランスの人口は一一世紀後半から増加し始め、一四世紀初頭には二〇〇〇万人近くに達していた。しかし、黒死病や百年戦争の惨禍のために、一四五〇年代にかけて、人口の三分の一から二分の一が失われた。その後、再び人口は増加に転じ、一五七〇年代には二〇〇〇万人の水準を回復するが、一七世紀には飢饉や戦乱が続くなかで、出生数と死亡数が釣り合い、人口は停滞した。近年の歴史人口学の進展により、一七世紀の人口動態構造はかなり明らかになっている。栄養状態が今日よりもはるかに悪く、常に飢饉と隣り合わせに暮らしていた当時の民衆にとって、子供の誕生による経済負担は生存への危機でもあった。また、キリスト教文化においては、堕胎や避妊、嬰児殺しは罪であり、生まれてくる子供を少なくするためには、結婚を我慢する必要があった。そのため、この時期の平均初婚年齢は、男子が二六から二七歳、女子が二五から二六歳と比較的高かったが、それでもひとりの女性が一生のあいだに生む子供の数は平均して五人と多産であった。

これに対し、乳幼児死亡率も高く、生まれた子供は、世代の再生産が可能となる満

C O L U M N

フランス革命と啓蒙思想

従来は啓蒙思想がフランス革命を生み出し、近代社会を形成したとの議論がなされていたが、現在ではそのような見解への修正が試みられている。フランスの歴史家ロジェ・シャルティエは『フランス革命の文化的起源』のなかで、「啓蒙思想がフランス革命を作り出したのではなくフランス革命が啓蒙思想を作り上げた」という趣旨のことを述べている。

これはアンシャン・レジームに「啓蒙思想」で定義される具体的な思想が存在したのではなく、フランス革命という現実に直面した革命家たちが、みずからの革命を正当化するために過去の思想上の作品を「発見」し、それを「啓蒙思想」として回顧的に作り出したということである。

確かに、啓蒙思想を広く定義した場合には、それに含まれる18世紀フランスの思想は多様であり、さらにその裾野にはその思想界で大成しようとする三文文士の広大な世界が広がっていた。私たちが歴史を見る場合、先にある到達点を考え、回顧的にその原因を探り、それとは無関係なものを捨象するということをしがちである。しかし、18世紀の思想家たちはフランス革命など予測しえない状況でそれぞれの思想活動を行っていたのであり、過去を「過去における現在」として考え、その後の時代の起源のみではなく、「総体としての過去」あるいは過去の独自性を考えることが現在の歴史学には求められている。

二〇歳に達するまでに約半分が死亡することとなった。これに成人した女性の独身率を考慮すると、世代の再生産率はほぼ一となる。多産多死型の人口動態構造がこの時期の特色であるといえよう。マクロ的にはこのような状況であったが、子細に人口動態を検討すると、常に出生数と死亡数が平衡していたわけではなく、平時には出生数が死亡数を上回っていた。そして、何年かに一度、循環的に飢饉と疫病の蔓延が到来し、死亡率が平年の三倍から四倍にもなる大量死亡が発生するのが特色であった。

　一八世紀になると、この構造が変化した。まず、飢饉や疫病（えきびょう）による大量死亡現象が影を潜めるようになり、一八世紀後半になるとこの人口動態上の危機がほとんど消滅した。これとともに一七四〇年代くらいから出生数が死亡数を恒常的に上回るようになり、人口が増加に転じ、フランス革命期には約二八〇〇万人となった。この人口増加の原因は乳幼児死亡率の減少だった。たとえば、一八世紀前半に六〇パーセント以下であった満一〇歳での生存率は、世紀末には七〇パーセントくらいまで上昇している。この死亡率の低下の原因は、農業生産の向上や穀物流通の円滑化に求められる。穀物流通に関しては、各種の規制がなくなり流通が容易になると、穀物価格が高騰した地域に（高値での販売を見込んで）穀物が輸送され、それにより価格が低下することになり、急激な価格高騰による飢饉の発生が低下するのである。この死亡率の低下に続き、一八世紀末にかけて出生率もしだいに低下していくこととなる。つまり、死亡率の減少により増えた子供を当時はまだ養うのが困難で、何らかのかたちで出生率を減少させる必要が生じたのである。このため、一八世紀末にかけては、女性の初婚年齢の上昇が認められるが、一九世紀に入るとこれは低下し始める。出生率は相変わらず低下の傾向を見せているので、このことは、フランスでは一八世紀末にはバース・コントロール（避妊）がしだいに一般化してきたことの証であると考えられている。こうして、一八世紀半ば以降に、人口動態構造は多産多死

近代以前の人口動態上の危機（アミアン；1693-94年）　飢饉など小麦価格が上昇に転ずると、懐妊数が減少するとともに、死亡数が急上昇し、大量の死亡超過が出現する。そして、小麦価格が低下し始めると逆に懐妊超過へと向かう。
出典：Pierre Deyon, *Amiens, capitale provinciale*, 1967.

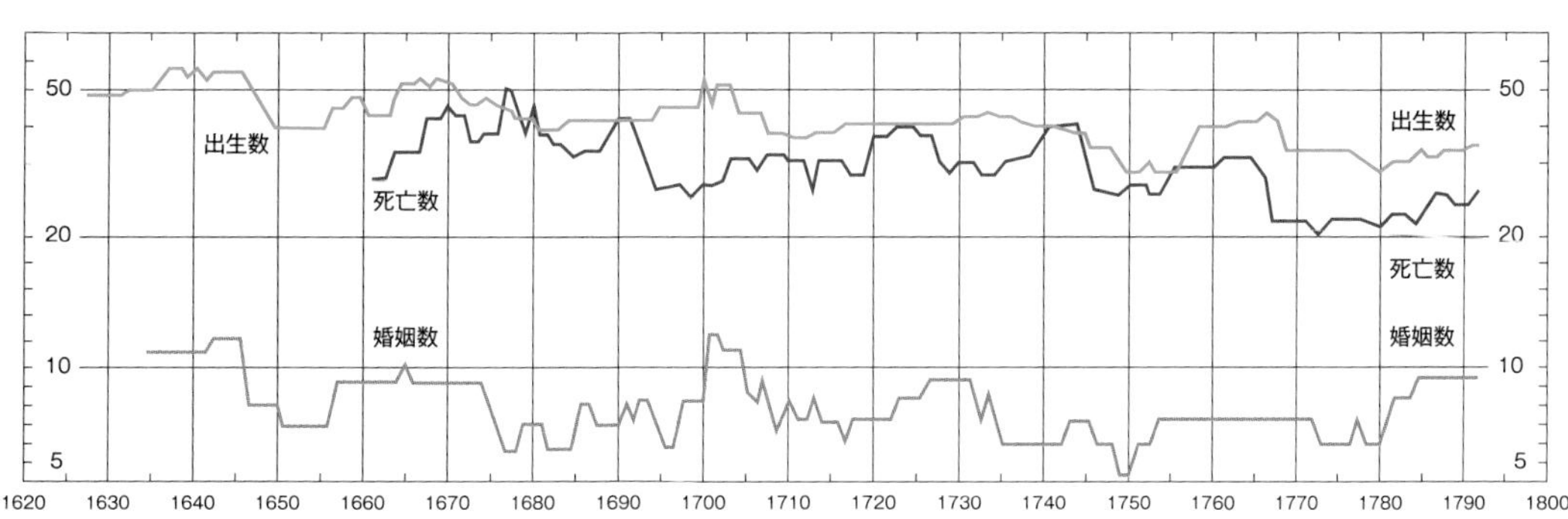

18世紀における人口動態構造の変化（ボーヴェ地方オヌーユ村）　グラフは出生数と死亡数および婚姻数それぞれの9年ごとの移動中位値をとったもの。この村では1750年以降には出生数が死亡数を恒常的に上回るようになり、人口が規則的に増加を開始したことがわかる。
出典：Pierre Goubert, *Beauvais et le Beauvaisis de 166 à 1730*, 1960.

型から多産小死を経て、少産小死型という近代型へと徐々に転換していくのである。

一八世紀における死亡率低下の原因のひとつが、農業の発展による栄養状態の改善であった。一八世紀の農業の発展にはいくつかの要因がある。第一は気候の温暖化という自然的な要因であった。一七世紀にはヨーロッパの気候は寒冷であり、循環的に寒波が到来し、それが飢饉を招いた。

しかし、一八世紀に入ると気候は徐々に温暖になっていった。次に農業技術の進歩があげられる。三圃制農業では、休耕地に放牧を行い、家畜の糞尿を肥料として地力を回復させることが重要であったが、牧畜をもっぱら放牧に頼っていたために飼育可能な家畜数に制限があった。そのため、肥料が十分ではなく、肥料不足が収穫効率を低減させるという欠点があった。これに対応するために、飼料の増産が図られ、放牧をやめて休耕地だったところで牧草（クローバーやウマゴヤシ）や根菜類（カブなど）を栽培し、それを畜舎で飼育する家畜に与える新農法が一八世紀以降普及していった。

このため、飼育できる家畜の数、つまり飼料が増加するとともに、放牧による糞尿の垂れ流しよりも効率の良い廏肥（きゅうひ）（糞尿と敷き藁を混ぜて腐熟させたもの）を利用できるようになった。新農法は農業生産の増大をもたらし、フランスでは一八世紀初頭と末を比較して、穀物生産量が約一・五倍、畜産では三倍近くに上昇した。とくに、家畜の増加は庶民の食生活における肉や乳製品（チーズなど）の比率の増加をもたらしたのだった。第三が、農業生産の増加をもたらした農村社会の変化であった。新農法を導入するためには、その担い手が必要となるが、フランスではイギリスのように自営農民の形成が広範に進展していなかったため、北フランスを中心に領主や地主から土地を賃貸した富裕な借地農により新農法が推進され、中部や南部では従来どおりの農業が行われた。

この新農法は三圃制を不要とし、ひとつの経営体で完結する個人主義的な性格を持っており、村落共同体による共同放牧は自身の牧草が毀損されるだけで、メリットがなかった。新農法の実施のためには村落共同体の規制を排除する必要があったわけだが、商品経済の農村内部での展開により、村落内では富農と貧農の格差が拡大しており、富農たちは独自の方式で農業を行うことをめざし、とりわけその障害となっていた共同放牧を制限する運動を展開したのだった。こうして、イギリスほどではないにせよ、富農たちは自身の土地を囲い込むようになった。このことは、家畜飼育のために三圃制を必要とする貧しい農民たちをますます圧迫するとともに、村落共同体をさらに解体させることになった。そして、ショワズール公のもとで囲い込みや共同地分割が許可されたように、政府は農業分野における自由主義化を徐々に推進していったのである。

一八世紀は工業においても変化が見られた。そもそも都市における商工業はギルドによって規制されており、そのメンバーとなることなしに商工業に従事することはできなかった。経済発展により富裕化し、新たに商工業に従事することを望む者たちにとっては、ギルド規制は参入障壁であった。そのため、工業に関してはギルド規制が及ばない農村に新たな工業立地を求めるものがあらわれ、農村工業が展開していった。「原基（プロト）的工業化」とも呼ばれるこの現象は、フランスでも一八世紀に各種繊維工業をはじめとした農村家内工業として展開し、産業革命の前提を形成していった。この原基的工業化は農業の変化と密接に関連していた。すなわち、農業生産が増加して余剰生産物が増えたために農村での非農業従事者の存在が可能となったのであり、村落内での貧富の格差の増大による貧農層（耕作地のみでは生活できない農民層）の増加により、農村工業従事者が確保できるようになったのである。また、農村工業の展開により、農村では農業以外の収入の機会が生じ、それが初婚年齢を引き下げることになり、原基的工業化が進展した地域では人口の増加が加速されることになった。

人口や社会の変化とともに、一八世紀には

ブリューゲル「謝肉祭と四旬節の喧嘩」（1559年）　カーニヴァルは冬のつらさをしのぐための非キリスト教的な祝祭だったが、キリスト教の四旬節（復活祭前40日間の禁欲期間）と組み合わされた。画面下部左側の肉を持った太った男がカーニヴァルで、右側の魚を持ったやせた老女が四旬節。まわりではさまざまな娯楽が行われている。

エリート文化と民衆文化の乖離という大きな変化が見られた。中世以来の、共同体を基盤とした民衆世界に存続していた文化のことを民衆文化と呼ぶが、それは農業生産など生活の維持に必須な活動を支える共同体の存在を目的・前提とした文化であった。祭りは一年サイクルの節目を形成するとともに、農事暦やその前提となるキリスト教以前の民俗的祭りと結びついており、たとえば、キリスト教の祭りであるクリスマスは、収穫と冬の準備の終了と新年（太陽の誕生）を祝う冬至の時期に設定されている。祭りの多くは自然崇拝や豊穣祈願と密接に関係しており、カーニヴァルで出現する「さかさまの世界」のように、日常的な関係を逆転させることにより日々の生活の不満のガス抜きをし、共同体の結束を再強化する役割を持っていた。また、年の離れた再婚や夫に暴力を働く妻など、共同体やその基盤である家族の秩序を乱す行為に対しては、その者たちの前で若者組などが、どんちゃん騒ぎを繰り広げ、恥辱を公開のものとして制裁を加え、それにより最終的にそれらの行為を赦し、彼らを共同体内に再配置する「シャリヴァリ」と呼ばれる儀礼が行われた。文字が読めない民衆の文化は口承文化であり、農村では夜に近隣や若者組を単位として「夜の集い」という集まりが開かれた。そこでは、ゲームなどの娯楽や紡糸などの屋内作業が行われるとともに、昔話や宗教的な説話が語り手によって語られ、民衆に共通の知識を形成していった。

　民衆文化は古くからの慣習の維持を重視していた。一八世紀には、経済的自由主義の進展により、飢饉の際に当局が流通規制や価格統制など伝統的な家父長的政策をとらなくなる事例が増えてくるが、その際には民衆はみずからの慣習的な権利が侵害されたと考え、蜂起という直接行動に出た。この際、食糧隠匿者のもとを訪れた民衆は、たんなる暴動や掠奪を行うのではなく、みずから権力者の代わりに穀物の「価格設定」をし、その代金をおいていくという、論理的な行動をとったのであった。

　聖職者や貴族、富裕な第三身分（ブルジョワ層）なども、元来は民衆と一緒に祭りに参加したり、同様の振る舞いをしたりして、彼らと同じ文化をある程度共有していた。しかし、一六世紀以降に、エリートたちは徐々に民衆文化から遠ざかり、新しい文化（エリート文化）を形成していった。この現象の原因はさまざまであるが、ひとつには宗教改革による信仰の浄化がある。カトリックを批判したプロテ

シャリヴァリ　「愚者の祭り」におけるシャリヴァリの光景。さまざまな鳴り物を持った行列が描かれている。このように、祝祭の一部としてシャリヴァリが表現される場合もあった。

スタントはもちろんのこと、カトリック内でも一五四五年からトリエント公会議の内容を受けて、聖職者の刷新や聖職者教育の強化などが推進され、教義上もその実践である生活上も、最高の規範は「魂の救済」であり世俗的富や権力ではないことが主張された。また、ルネサンス以降の古典文化の普及やそれを土台とし、啓蒙思想へと至る、理性（合理主義）や科学の重視もその一因であった。厳格化された信仰や科学的思考を持つに至ったエリートたちにとっては、それまで自分たちも関係していた民衆世界は「迷信」や「野蛮」に満ちたものと映り、民衆世界から遠ざかっていった。

こうして形成されるエリート文化にはいくつかの特徴があるが、「規律の重視」が第一にあげられる。宮廷では一六世紀よりすでに「礼儀正しさ」が重視されていたが、この風潮は上層階層に伝播し、一七世紀には礼儀作法（オネットム）を心得て衝動を自己抑制できる教養人が理想とされていった。エリートたちは民衆の振る舞いを野蛮なものとして排除しようとした。民衆文化にとっては制裁と秩序回復の儀礼であったシャリヴァリは、「野蛮な私刑（リンチ）」として否定され、カーニヴァルも「下品で無秩序な」ものとして否定されていった。このようなエリート文化は、宮廷と大都市を発信源としていたが、しだいに小都市や農村の名望家層に受け入れられることとなり、それにつれて両文化のあいだに軋轢が生じた。たとえば、一六世紀から一七世紀に猖獗を極める魔女狩りがその良い例であろう。魔女狩りにより魔女とされた者は、呪術に長けた女性が多く、悩みへの助言者や産婆に代表される「医療従事者」として民衆文化のなかに存在していた。しかし、宗教改革後のキリスト教思想の浄化により、教会はこの女性たちを悪魔から超自然的な力を与えられたものとして否定するようになった。エリート文化を受容した農村の有力者たちが、この傾向に荷担し、農村における自身の支配を確実なものにしようとして、魔女迫害を行ったのであった。

魔女狩りの光景　アムステルダムで火刑に処されるアンナ・ヘンドリクス（1571年）。

同様に、貧民に対する態度の変化も両文化の乖離を示していよう。中世において、貧困はキリスト教の慈善の対象であり、罪とはされなかった。また、日々の糧を得ることが困難であった民衆は、働かず、日々怠惰に過ごすことができる世界を「逸楽の国」として理想化していた。しかし、一六世紀にエリート層のあいだで、「働くことのできない貧民」と「働かない貧民」を区別し、前者のみを慈善の対象とする動きが出てくる。このような「社会的規律化」の傾向は一七世紀以降にいっそう明確となり、一八世紀には王権は、貧困は怠惰や不信心に由来する罪であるとし、騎馬巡邏隊を用いて貧民狩りをし、施設に収容して強制的に労働させる政策を推進した。啓蒙思想の光を当てる「蒙昧」の対象が民衆であることを考えれば、一八世紀後半にはエリート文化と民衆文化の溝は決定的な

ブリューゲル「怠け者の天国」（1567年）　毎日寝て暮らし、目を覚ませばそばに食べ物がある。日々の糧を得るのに苦労している民衆にとって、このような世界はまさに「天国」であった。

ものになっていったといえよう。

　そのような規律化のなかで、一七世紀よりエリート層のあいだに学校教育が浸透してくる。民衆文化の口承伝統に対して、エリート文化は文字や印刷物に立脚しており、識字能力を得てエリート文化にアクセスするためには、教育は不可欠であった。とくに一七世紀以降、コレージュと呼ばれる中等教育機関が新設ラッシュを迎えた。コレージュには大学コレージュ（学寮）と修道会系コレージュ（学院）が存在していたが、この時期の中心はイエズス会やオラトリオ会などが設立した修道会系コレージュであった。コレージュは寄宿制の学校で、ラテン語を中心とした古典語教育と宗教教育が中心で、地理や物理、化学といった近代的な学問は重視されていなかった。その意味では既存社会が要求する指導者としての教養と特性を陶冶する場であった。コレージュの学生数は五万人程度と推定されており、貴族や官職保有者、自由業（医師、弁護士、教師など）の子弟でほとんどが占められていた。

　初等教育に関しても、一七世紀より教会を中心として識字教育が推進された。教会はすでに都市に存在していた教区学校を拡充させるとともに、篤信家とともに貧しい子供を対象とした慈善学校を設立し、農村では住民共同体による教師の雇用を奨励した。王権は一六九八年と一七二四年に全教区に教師を置き、子供を学ばせることを住民共同体に義務づけたが、これはナント王令廃止後のプロテスタンティズムの撲滅をめざす政策の一環であり、カトリック教会の実践を援助するのが目的だった。そのため、都市でも農村でも教育を担ったのは聖職者で、カトリック教会が教育に対して非常に大きな影響力を持っていた。初等教育の展開は実際に識字率の上昇をもたらし、ある調査によれば、一七世紀末の全国の平均識字率が男性二九パーセント、女性一四パーセントであったのに対して、革命前夜には男性が四七パーセント、女性が二七パーセントという伸びを見せたのであった。

　人口の増加や産業の変化による共同体の衰退は、人々の「社会的結合関係（ソシアビリテ）」を変化させていった。それまでの社交や娯楽は、農村共同体や職能団体といった既存の共同体が中心となっていたが、一八世紀には任意的な団体や人間関係が形成され始めた。都市では一八世紀前半まではコンフレリ（信心会・兄弟団）などの宗教的な性格を持つ団体が活

C O L U M N

子供の誕生

　フランスの歴史家フィリップ・アリエスは著書『〈子供〉の誕生』のなかで、17世紀に「子供期が発見」されたことを、この時期の教育の進展の原因として指摘している。彼によれば、中世には子供期の概念は存在せず、子供は「小さな大人」として扱われ、7から8歳で言語によるコミュニケーションが可能となるとすぐに、大人の世界に入れられた。それが17世紀になると聖職者やモラリストたちが子供は純真無垢で生まれ、そのために成長するまでに特別な保護が必要であると説くようになり、「子供期」が発見されることになる。これ以降、子供は保護され、愛され、教育される対象となり、大人の世界から子供を隔絶するために学校が形成されていくのである。そのため、新しい学校は寄宿制をとることが多く、子供の発達段階に応じて、同年齢の子供を同一のクラスに編成することとなる。アリエスに対しては異論もあるが、乳幼児死亡率の減少も含め、この時期の社会や文化の変化が、人々の子供観の転換に何らかの影響を与えたのは確かであろう。

ブリューゲル「子供の遊戯」（1560年）
大人の遊びを行い、大人の服装をしている子供も多い。

動を行っていたが、その後、宗教色が希薄な社会的結合が生まれてくる。知的欲求を満たすものとしては、まずサロンがあり、一八世紀前半にはタンサン夫人やランベール伯夫人、メーヌ公夫人、世紀後半にはジョフラン夫人、レスピナス嬢など、女性が主催するサロンがパリで活況を呈し、大貴族や官僚、学者や芸術家が集まり、会話を楽しみ、新しい流行が発信され、学問や芸術、思想などの動向を左右するほどの影響力を持った。いわゆる啓蒙思想の発展も、それを支援したサロン抜きには考えられない。イギリスから流入したクラブやフリーメーソンも新しい結合体で、ここでも貴族や上層ブルジョワや知識人が集まり、会話を楽しんだ。一七世紀後半にパリに出現したカフェは商業施設であったが、

カフェの光景　新たなソシアビリテの場としてのカフェは、自由主義的思想を強く持っていた王族オルレアン公の屋敷パレ・ロワイヤル近辺に多く開かれた。

やがては中小ブルジョワや行動的知識人のたまり場となり、新聞を読み、政治や芸術をめぐる議論が交わされた。また、農村でも南フランスで「シャンブレ」と呼ばれた娯楽団体のような、自発的な社交団体が生まれた。このような新たな人間関係を作り出す人間のあり方は、エリート層の間では徐々に、近代的な「個人」に近づいていった。人々は個人の意思で他の人との結合を選択できるようになるのである。しかし、民衆の間では、新たな社会的結合関係の模索は、崩壊しつつある共同体的組織にかかわる新たな連帯の絆、すなわち共同性を求めることだった。

また、人々の社会的流動性が増加するのも、この時期の特色であった。空間的には都市への人口流入があげられる。これは経済の活況のために都市の富が増大し、新たな労働力の需要を生み出したが、聖職者や独身者が多い都市では出生率が低く、人口の拡大再生産ができないという都市側の要因と、階層分化の進展により土地を手放し、農村では生活が困難となった農民が都市へ移住するという農村側の要因が合致した結果であった。階層的な流動性では、一八世紀の好況により富裕化したブルジョワ層は貴族への上昇を望み、一方で貴族の一部は実業の世界へと進出したため、一八世紀末には婚姻や社交を通じて貴族と上層ブルジョワが混交して「新エリート」が形成された。その一方で、富裕層の増加や出生率の上昇による人口増のために、ブルジョワの社会的上昇の回路が狭められたため、上昇への願いが叶えられず、閉塞状況に陥る「ストレス・ゾーン」も形成された。また、一八世紀には貧民の取り締まりが強化されたことを述べたが、これは貧民の絶対数が増加したことも原因であった。つまり、貧困化して社会階梯を転がり落ちていく、下方への社会的流動性もこの時期には増大したのであった。こうして、流動性の増大は、既存の秩序に動揺をもたらしたのである。

新たな社会的結合関係の進展は、サロンやカフェ、地方アカデミー、文芸協会、読書クラブなど、王権の統制が及びにくい「自律的な公共空間」の形成を促進した。そして、道路網の整備や人々の都市間での往来の活性化、印刷物の流通量の増加などにより、さまざまな情報は王権の統制外で広がることとなった。公共空間では政治的事件についての議論が交わされ、その各地への伝播により「公共意見」つまり「公論（世論）」が形成されていった。王権が「公論」を弾圧する手段としては、検閲などの出版統制制度があったが、一八世紀にはその機能が低下するとともに、発行禁止処分となった書籍もロンドンやアムステルダム、スイスのヌーシャテルなどで印刷されてフランス国内に密輸されたため、それを封ずることはもはや不可能となっていった。そして、「公論」の重要性が増すにつれて、

ジョフラン夫人のサロン　ヴォルテールの戯曲『中国人の孤児』の俳優ルカンによる朗読を聞くために、51人が集まっている。夫人のサロンにはヴォルテールやディドロといった多くの啓蒙期の文化人が参加していた。

王権やそれに対抗する高等法院は、「公論」に訴えてみずからの立場を正当化しようとしたために、政治における「公論」の重要性が増していった。「公論」との関係で、新しいタイプの政治が形成されていくのである。

「非キリスト教化」あるいは「教会離れ」という現象も一八世紀の特色であり、さまざまな現象からそのことがうかがえる。遺産目録を活用した蔵書の研究では、一八世紀に宗教書の比率が急降下することが指摘されている。これは大商人においてとくに顕著で、貴族や官職保有者、自由業者がこれに続くが、商人や職人層では蔵書の世俗化はそれほど進展しなかったように、社会階層による差があった。性生活においては、大都市を中心に、一七五〇年代頃から婚外出産が増加し、一七六〇年代頃以降は下層民を中心に婚前出産が増加した。また、一八世紀末になると、避妊の普及が推察されるなど、道徳における非キリスト教化が認められる。遺言状においても、一八世紀には死後ミサを依頼する率が減少していく。さらに、聖職者数も一八世紀には減少していく。これは、これまで聖職者の主たる補充層であった都市のエリート層の子弟が、大学進学に際して神学部よりも法学部を選択するようになった傾向が示すように、聖職に背を向けた結果であった。

トリエント改革以降、カトリック教会は聖職志願者への教育や司教による司祭の監督の強化を通じ、聖職者の質を高める努力をし、信徒たちに対して日常生活の道徳化や禁欲的な生活を推奨するとともに、迷信的行為や異教的慣行を排除していった。これはある程度成功し、一七世紀末にはナント王令の廃止に象徴されるように、カトリック熱が高まり、蔵書においても宗教書の割合が増加した。だが、それにもかかわらず、あるいはそれがゆえに一八世紀には教会離れが進行するのである。この理由には諸説があるが、都市で主に教会離れが進行したことを考えると、第一には一八世紀に進展した物質文明化にこのような教会の姿勢が合わなくなったことがあげられよう。大商人層でまず蔵書の世俗化が進んだのはその良い例である。また、古代文明についての歴史研究の進展や、ヨーロッパ外との交流の拡大によるアジアをはじめとする非キリスト教世界の知識の流入は、キリスト教を相対化させることになったのであろう。これは、啓蒙思想のキリスト教批判に通じている。

これに対し、農村ではそれほどキリスト教離れは進行していない。農村での識字率上昇を背景として、農民が信仰書に触れる機会はこの時期増大することになり、むしろ異教的な要素を排除して純粋信仰に帰依したとの見方もある。実際、これ以降キリスト教会は、教育などを通じ、その軸足を農村に移していくことになる。このように、キリスト教離れは都市エリートにおける現象であった。だが、彼らが教会から離れていくことは、エリートたちが、家父長的権威の強調などの教会の教えをみずからの統治イデオロギーとして利用していた王権から離れていくことも意味していた。

こうして、一八世紀を通じて既存の権威に対する不満や新たな言論空間の形成、人々の結合関係の変化などがおこり、フランス革命を経て近代社会が成立する諸条件が整えられていくのである。

第9章
CHAPTER

フランス革命とナポレオン

1 フランス革命

一七八九年五月五日、王政改革を話し合う全国三部会がヴェルサイユで開催された。議員数は、第一身分（聖職者）代表が二九一名、第二身分（貴族）代表が二八五名に対し、第三身分代表は五七八名であった（一七八七年の州議会設置王令を踏襲して、第三身分の代表数は、他の二身分の代表の合計数とされた）。会議は冒頭から議決方法をめぐって対立した。第三身分に考えが近い聖職者と開明派貴族を加えると数で優勢であった第三身分は、全会での議員ごとの議決を要求し、身分別の議員資格認定作業は身分ごとの議決に通ずるとして、これに反対した。そのため、議会が開けない状態が続いて六月を迎えた。六月一二日、シエイエスの発議のもと、第三身分による共同資格審査を開始し、これに他の身分を招待した。そして、聖職者一九名が参加したのを受けて、一七日には全国三部会を「国民議会」とすることを議決した。これに対し国王は二〇日、国民議会の議場を閉鎖する挙に出たが、激怒した第三身分代表は近くの室内球戯場に集まり、憲法が制定されるまでは決して国民議会を解散しないことを誓った（「球戯場の誓い」）。国民議会への他身分の合流者が増えるにつれ、国王は態度を軟化させ、二七日には第一身分と第二身分の代表に国民議会への合流を命じ、七月七日には憲法委員会が設置され、九日には議会の名称が「憲法制定国民議会」に改められ、立憲君主政を樹立する作業が開始された。

だが、国王とその側近たちの譲歩は、時間稼ぎにしかすぎなかった。六月二六日には国王は地方に駐屯している軍隊をヴェルサイユとパリに集結するように命じており、第三身分を武力で弾圧しようとした。軍隊がパリを包囲し始めると、パリでは住民が不安に陥り、七月一二日に柔軟派のネッケルの解任の報がパリに届くと、武力抵抗の呼びかけがおこり、デモ隊と治安部隊とのあいだで小競り合いが発生した。一二日夜半からは市門が焼き討ちに遭い、民衆蜂起が拡大していったが、彼らには十分な武器弾薬がなかった。そのため、一四日の早朝に民衆はアンヴァリッド（廃兵院）に押しかけ、大量の小銃や大砲を手に入れた。だが、弾薬が不足しており、パリ東部のバスティーユ監獄にそれがあるとの情報を聞きつけた者たちがバスティーユに集結し、弾薬の引き渡しと市中を狙う大砲の撤去を求めた。交渉が行われるなか、しびれを切らした群衆が監獄に突入しバスティーユが陥落した。民衆は監獄司令官とパリ市長を惨殺（ざんさつ）し、その

全国三部会の開催　列席していた議員たちがどう考えていたにせよ、第三身分が身分別の議決に抵抗したことは、すでに特権と不平等にもとづくアンシャン・レジーム社会に異議を申し立てていたことになる。

球戯場の誓い 国民公会議員にもなった画家ダヴィッドによる。ひとりひとりの人物が特定できるこの絵は、のちの「ナポレオンの戴冠」に通ずるものがある。

首を掲げて市中を練り歩き、市民たちがパリを制圧した。民衆の動きは政府に衝撃を与え、国王は武力鎮圧を放棄し、翌一五日には国民議会を正式の機関として認め、その後ネッケルを復職させた。

この報が地方に伝わると地方都市でも市政革命がおこり、パリでラ・ファイエット侯を司令官として編成された市民による革命防衛組織である「国民衛兵」が、各地でも編成された。さらに、この出来事が農村へも伝播していく。一七八七年以来、農村は不作にあえいでおり、すでに小規模な一揆が頻発していた。そこに領主特権を守ろうとする貴族がならず者を雇って農村を襲うという「アリストクラート（寡頭支配層）の陰謀」や都市からの「野盗の襲来」といった噂が広がると農民たちはパニック状態になり、各地で領主の館を襲撃し、証文を焼き払ったりした。のちに「大恐怖」と名付けられるこの現象は、七月末より全国規模で発生した。農民反乱に直面した議会は、これへの対応を余儀なくされ、八月四日に封建的諸特権の廃止を決議した。領主特権に関しては賦役や領主裁判権など人格的支配にかかわる特権は無償で廃棄されたが、地代や年貢など物的所有権に関する部分は農民が買い戻す必要があった。これに加え、貴族の免税特権、教会十分の一税、官職売買制、州や都市などの特権の廃止も決議された。貧しい農民たちにとって、物的な領主特権を買い戻して自作農となることは困難であったが、この決議で農村のパニックは潮が引くように収束していった。封建制の廃止により、事態はたんなる政治改革の域を超え、特権を有する社団に立脚するアンシャン・レジームの社会構造そのものを変革する「革命」へと進行した。

八月二六日には「人間および市民の権利の宣言（人権宣言）」が議会で採択された。これは新たに制定される憲法の前文に相当するもので、「人間は、生まれながらにして自由であり、権利において平等である」（第一条）という規定から始まる前文と一七条からなっていた。そこでは、自由（身体・思想・信仰および経済活動の自由）、権利の平等、国民主権などがうたわれ、「アンシャン・レジームの死亡証書」と呼ばれるように、以前の社会のあり方を否定し、法のもとに平等な市民たちによって国家が形成されることを示していた。そのため、この宣言は、人類普遍の近代市民社会の原理を示すものとなった。

だが、国王は八月四日の議決や二六日の宣言を裁可（さいか）しようとせず、事態は再び膠着（こうちゃく）状態に陥ったが、それを破ったのがまたもやパリ民衆であった。食糧不足と物価騰貴に苦しむ民衆は、女性たちを先頭に国王への要請を行い、国民衛兵を含む二万人以上の武装市民たちがヴェルサイユへと向かった（ヴェルサイユ行進）。民衆が議場や宮廷に乱入すると、ル

バスティーユの襲撃 かつては政治犯を解放するために襲撃がなされたとの解釈があったが、現在では否定されている。

イ一六世は譲歩を余儀なくされ、議会に対して特権廃止の法令と人権宣言を承認するとともに、国王一家はパリのテュイルリ宮へと移動し、議会もパリへと移った。

　その後は諸特権の廃止や人権宣言の具体的な法律が制定されていき、一七九一年九月三日に可決されたフランスで最初の憲法（一七九一年憲法）へと結実していく。憲法で定められた政体は、三権分立と一院制の議会を持つ立憲君主政であったが、参政権は能動市民と呼ばれた、一定以上の財産を持つ二五歳以上の男性に制限された。しかも彼らが、より財産条件が厳しい選挙人を選ぶという間接選挙であったため、財産による差別が存在した。能動市民は約四三〇万人で成人男子の六割強、選挙人は四万三〇〇〇人で成人男子の〇・六パーセントであった。経済的には営業の自由と商品生産および流通の自由が保障され、経済的自由主義体制が樹立されたように、この憲法により成立した九一年体制とは、貧しい民衆や農民を排除した有産者寡頭支配体制であった。

ヴェルサイユ行進　民衆達が国王への面会を求めて、ヴェルサイユへと行進している。

　こうして成立した九一年体制は、反革命派の攻撃と都市民衆や農民の不満という二つの危険にさらされていた。貴族たちは一部を除いて革命には反対であり、国内で反革命派を形成した。また、多くの貴族は国外に亡命し、オーストリアやプロイセンの援助を受けてフランスに攻め込み、革命を打倒しようとした。さらに、一部の聖職者もローマ教皇と結び、反革命運動を展開していた。

　民衆は逆に、窮乏する生活のなかで革命の不徹底を批判した。国家財政が破綻に瀕していたため、政府は一七八九年一一月に教会財産の国有化を決定し、翌年に接収した土地を売却した。だが、国有財産の競売を前提として、それに先立ち発行された、アシニャという債権が一七九〇年春からは紙幣として流通し始めた。さらに一七九〇年秋には追加発行されたが、これには国有財産の裏付けがなく、その後アシニャが乱発されるにつれてインフレを引き起こして民衆の生活を圧迫した。農民たちは封建制廃止を不服とし、領主の貢租の無償廃止を求める運動を開始した。さらに、一七九二年に入ると、インフレと食糧不足が深刻となったため、民衆は穀物の買い占めの禁止や価格統制を要求して運動を展開していった。

　憲法が成立する前の一七九一年六月に国王一家がオーストリアへの逃亡を企て、東フランスのヴァレンヌで捕捉されてパリに連れ戻されるという事件がおこった。議会多数派は国王誘拐説を主張して事件を糊塗しようとしたが、子供（国民）を見捨てて父親（国王）が逃げ出したことは大きな衝撃を与え、国王の権威は地に落ちた。これ以降、王政の存在そのものも問題となっていく。

ヴァレンヌでの国王一家の捕捉　この絵は国王（左）と国民（右）の対立を描いている。1791 年 6 月 21 日に国王逃亡のニュースがパリで流れると、「国王」という名称がついた道路標識に塗料が塗られ、群衆がヴィクトワール広場に詰めかけ、国王像に汚物をまき散らし、「逃亡者ルイ」と書き付けた。

8月10日事件　この日、パリ民衆はテュイルリ宮になだれこみ、国王一家をタンプル塔（かつてテンプル騎士団の本部があった場所）に幽閉して、王権を停止させた。

さらに、大きな問題が革命戦争であった。フランスの動向を注視していた諸外国は、革命の伝播を恐れ、一七九一年八月にはオーストリア王とプロイセン王が共同で国王支持を打ち出した。両国は反革命派貴族と結びついていたため、「アリストクラートの陰謀」説が民衆のあいだで広まっていた。憲法の公布とともに、憲法制定国民議会は解散し、一〇月一日に「立法議会」が発足した。発足時から翌年にかけての議会の課題は、亡命貴族をはじめとする反革命派を支援する周辺諸国の武力干渉にいかに対処すべきか、という点であった。革命派内の議論ではしだいに強硬論が優勢となり、外国軍の勝利を期待した国王も開戦に積極的で、一七九二年三月には主戦派のジロンド派に内閣を組織させた。そして四月二〇日、議会においてオーストリアへの宣戦布告がなされ、やがてプロイセンも参戦、以降ナポレオン戦争が終わる一八一五年までフランスは対外戦争の継続を余儀なくされる。士官の多くが亡命し訓練も不足していたフランス軍は、緒戦において敗北を重ねた。ジロンド派内閣は反革命との対決姿勢を強めるが、これが国王と対立した。これに対して、「セクション」という市政の基礎単位における政治活動を通じて、組織化の様相を強めていったパリの民衆は、貴族や国王の裏切りが敗戦の原因であるとし、「裏切り者」を排除すべく運動を展開していった。おりしも、七月一四日の記念祭典のために全国より連盟兵（義勇兵）が集結し、七月一一日、議会が「祖国は危機にあり」という宣言を出して事態が緊迫するなか、パリ民衆は王権の停止と議会の刷新を求めて、八月一〇日に蜂起、国民衛兵（連盟兵）がパリ市庁舎を占拠して「蜂起コミューン（市評議会）」を宣言し、続いてテュイルリ宮を武力制圧して国王を拘束した。「蜂起コミューン」による圧力を受けた議会は王権の停止と新憲法制定のための新しい議会である「国民公会」の招集を布告した。この「八月十日事件」により、立憲君主政が崩壊し、革命は新しい段階に入った。

新たな議会が成立するまで、現議会はコミューンの圧力にさらされることとなり、八月一七日には反革命容疑者を裁く特別刑事裁判所の設置を決定、二六日には宣誓拒否僧の国外追放処分を決議した。国王の拘束を受けて士官が大量に亡命すると、戦局はますます不利になり、八月末にはプロイセン軍がパリに迫っているとの報が届けられた。これによりパニックとなった民衆は、九月二日から六日にかけて反革命容疑者が収監されている牢獄を襲い、約一三〇〇人を略式処刑した。「九月虐殺」と呼ばれるこの事件の後、民衆は大挙して義勇軍に参加し、九月二〇日にはヴァルミの戦いに勝利し、プロイセン・オーストリア連合軍を押し戻すことに成功した。そしてその翌日、二一歳以上の男子普通選挙による国民公会が招集され、共和政が成立した（第一共和政）。共和政の成立とそれへと至る過程での民衆の動きは、議会内に地位を占めるブルジョワジーが自由主義貴族と同盟して革命を妥協的に終結させようとした九一年体制が破綻したことを意味し、ブルジョワジーは、内外の反革命勢力と戦うために都市民衆や農民と同盟して革命を徹底的に推進させる路線へと転換した。

だが、この方針をめぐり、ジロンド派と山岳派の対立が生じた。ジロンド派は、大貿易商などの上層ブルジョワとの結びつきが強く、個人や経済活動の自由をあくまでも守ろうとしていたため、民衆が求める統制政策には批判的で、そのためパリを中心とした民衆運動にも距離を置こうとした。これに対しパリに本部を置き全国に支部を有するジャコバン・クラブと連携していたため、ジャコバン派とも呼ばれた山岳派は、中小ブルジョワジーとの接点も多かった。山岳派は、革命の防衛のためには民衆運動との妥協や同盟も必要であると考え、そのためには自由の制限や統制政策もやむをえないと考えていた。

当初、国民公会の主導権を握ったのはジロンド派であったが、政権運営は困難を極めた。

コンコルド広場　もともとは「ルイ 15 世広場」で、中央にルイ 15 世の騎馬像があった。革命時に像が撤去されて「革命広場」と改称され、ルイ 16 世を含む多くの人々がここでギロチンにかけられた。コンコルド（調和）と呼ばれるようになったのは、1795 年以降で、1830 年に公式名称となった。現在広場中央に設置されているオベリスクは、エジプト遠征時にナポレオンがルクソールから持ち帰ったものである。

ヴァルミでの勝利の後、政府は革命の輸出宣言をし、攻勢に出て一一月にはベルギーを占領した。すると、これに脅威を覚えたイギリスが介入し、翌年二月には第一次対仏大同盟が結成され、イギリスとオランダとも戦争状態に突入した。さらに諸外国の態度を硬化させたのが、タンプル塔に幽閉されていた前王ルイの処刑であった。一七九二年一二月より、国民公会で国王裁判が開始された。ジロンド派は国王処刑を回避しようとしたが、即時処刑を主張するロベスピエールやサン・ジュストなどの山岳派の意見に敗れ、翌年一月一九日に「国民の自由と国家の全体的安全に対する陰謀」の罪で死刑が宣告され、二一日に処刑が実施された。

国内ではアシニャの乱発によるインフレと食糧供給不足により、民衆はジロンド派の自由主義経済政策に反抗し、とりわけ戦況に対処するために一七九三年二月に三〇万人の動員令が出ると、徴兵忌避運動がひろがり、それをきっかけとして各地で民衆の蜂起が頻発した。なかでも、一七九三年三月には西部のヴァンデ地方で王党派貴族や宣誓拒否司祭などの反革命勢力と結んだ大農民反乱がおこり、政府は対応に苦慮した。ジロンド派政府は、革命裁判所や公安委員会を設置して反革命派を攻撃する一方で、山岳派のマラーの革命裁判所への告発やエベールなどを逮

家族に別れを告げるルイ 16 世　1793 年 1 月 20 日夜半にルイ 16 世はタンプル塔で、マリ・アントワネットと 2 人の子供に別れを告げた。王はその死の直前まで、自身を絶対君主であると考えていた。

捕し、民衆運動やそれと連携する者たちを力で押さえ込もうとした。だが、これが裏目に出て、六月二日にパリ民衆が議会を包囲するなか、ジロンド派の閣僚と主力議員の逮捕が決議され、山岳派がジロンド派を打倒した。

議会で主導権を握った山岳派であったが、ヴァンデの反乱に代表される国内の反革命運動は継続しており、対外戦争も一七九三年三月にベルギー戦線でオーストリア軍に敗れ、再び戦況が悪化した。政府はこのような内外の反革命に対処して共和国を防衛するとともに、議会内のブルジョワジーの利害と民衆や農民の要求を調整するという課題に直面した。前者に関しては、政府の強力なリーダーシップの確立が試みられた。山岳派は六月に、「社会の目的は共同の幸福である」と謳い、民主的な諸制度のみならず社会福祉的な内容を盛り込んだ新憲法を制定した（ジャコバン憲法）。しかし、内外の非常事態を前にその実施は困難であり、憲法によらない非常時政治体制である「革命政府」を樹立した。そこでは、公安委員会に強力な権限を与えて一種の独裁体制を構築するとともに、反革命容疑者法で予防拘束を合法化し、革命裁判を強化していった。一〇月に前王妃のマリ・アントワネットを処刑したのを皮切りに、ジロンド派の政治家などを次々とギロチンで処刑していった。また、反革命狩りの派遣議員が地方に派遣され、独自に弾圧を行った。一七九四年七月まで続く恐怖政治の期間に、全国で約五〇万人が反革命容疑者として収監され、約一万六〇〇〇人が死刑判決により処刑された。さらに内戦が行われた地域で裁判なしで処刑された者も含めると、恐怖政治の犠牲者は約四万人にのぼるとされている。

農民の要求に対しては、政府は国有地の小区画での売却や共有地分割の許可とともに、一七九三年七月に領主制の無償廃止を決定した。だがこれだけでは民衆や農民の不満はおさまらず、政府は臨時的措置として戦時統制経済体制を取った。つまり、八月二三日に総動員令を発布して国内のあらゆる資源を戦争に向けることを求め、九月二九日には総最高価格法を発布して生活必需品全般の上限価格を設定した。さらに、物資の買い占めの禁止や食糧を強制的に徴発するための革命軍の結成なども定めた。ロベスピエールが指導する山岳派は、本質的には自由主義経済の実現をめざしていたが、内外の危機的状況のなかで、ジロンド派が強調する「自由」から民衆が求める「平等」へと軸足を移したのであった。

だが、総動員令がある程度成功し、ヴァンデの反乱の鎮圧など、内外で戦局が好転するにつれて、山岳派内部での路線対立が深刻になっていった。山岳派内部には左派に民衆運動との連携を求めるエベール派が、右派には恐怖政治や経済統制の緩和を求めるダントン派が位置し、ロベスピエールは中道の立場であった。この時期、民衆による非キリスト教化運動が激化するとエベール派はこれを支援する姿勢を示した。この運動を押さえきれなくなったロベスピエールは、エベール派の無神論を非難し、一七九四年三月にエベールを逮捕・処刑し、同派を粛清するとともに、「民衆クラブ」を閉鎖して民主運動を弾圧した。さらに四月にはこれに協力したダントンも汚職容疑で摘発され、処刑された。左右

ロワールの溺死刑　派遣議員による反革命の弾圧は熾烈を極めた。ロワール地方では議員カリエが収監されていた反革命容疑者を舟に乗せ、深みで栓を抜いて彼らを水死させた。処刑された者は 3000 人にもなるという。

両派を切り捨てたロベスピエールは恐怖政治を加速させて民衆運動や政敵を弾圧したが、それが彼への疑心暗鬼を募らせることとなり、政権基盤はかえって狭まっていた。そして、内乱の鎮圧や戦争での共和国軍の勝利がもたらされると、恐怖政治の必要性よりもみずからが粛清対象となることを恐れる雰囲気が醸成され、テルミドール九日（七月二七日）に公安委員会でロベスピエールら五人の逮捕が決議され、翌日に処刑がなされた。こうして、ジャコバン独裁と恐怖政治は終わりを告げたのである。

アルコレ橋のナポレオン　第一次イタリア遠征時の1796年にヴェローナ近郊でオーストリア軍を破った戦いを指揮するナポレオン。画家アントワーヌ-ジャン・グロにより1801年に描かれた。

2 ナポレオン

ロベスピエール派失脚後のテルミドールの反動の時期、革命の着地点が模索されることになるが、結果としては九一年体制に立ち返ることとなった。つまり、戦時統制経済が撤廃され、一七九四年一二月には総最高価格法が廃止されるとともに、公安委員会や革命裁判所が改組され、左派議員が追放された。総最高価格法の廃止はインフレをもたらし、生活を脅かされたパリの民衆は一七九五年四月に「パンと九三年憲法を」というスローガンを掲げて決起したが徹底的に弾圧され、これ以降、民衆の運動は沈滞期を迎える。一七九五年八月には新憲法が制定され、法案の提案を行う五〇〇人会とその採否を決める元老会の二院制の議会を持ち、五人の総裁からなる総裁政府が成立した。選挙権は直接税納付者に限定されており、普通選挙は廃止された。

独裁を恐れるために集団指導体制をとった総裁政府は不安定で、左右両翼からの脅威に常にさらされ、その政策も左右に揺れ動いた。政権発足時に王党派の武装蜂起を経験した政府は当初は左寄りで王党派の弾圧政策を進めたが、一七九六年春に私有権の廃止を求めて武装蜂起を計画したバブーフの陰謀事件が発覚すると、今度は右にふれた。その後も王党派や左派議員の排除などがおこり、不安定な政権運営が続いた。そうしたなか、国外では一七九八年末から九九年三月にかけて第二次対仏大同盟が形成され、大陸での戦争が再開し、フランス軍は全戦線で敗北を続けた。総裁政府はこの危機に十分に対処できず、強力なリーダーシップが求められるなか、登場したのがナポレオン・ボナパルトであった。

一七六九年にコルシカ島で小貴族の家に生

まれたナポレオンは、フランス本土の兵学校で学び、一七九三年にはイタリア遠征軍旅団長となった。一七九五年には王党派の反乱（ヴァンデミエールの蜂起）の鎮圧で一躍有名となり、翌年にはイタリア遠征軍司令官に就任、イタリア遠征では軍事的才能を発揮し、帰国後の九八年五月エジプト遠征軍司令官となりエジプトに赴いた。だが、国内の政局の混乱を知ると一七九九年一〇月にナポレオンは部隊を残して単身帰国し、総裁のシエイエスと組んで一一月九日（ブリュメール一八日）にクーデタをおこした。ナポレオンは三人の統領からなる臨時政府の第一統領に就任し、政権を掌握した。これにより、フランス革命は名実ともに終了した。

一二月一三日には新憲法が採択、統領政府が正式に発足した。新政府では立法府の権限が大幅に削減され、第一統領のナポレオンが圧倒的な権限を有し、国務院のテクノクラートの補佐を受けて実質的に政権を運営した。「フランス革命は終わった」と宣言するナポレオンの第一の課題は、革命の負の遺産の清算であった。戦争が続いていた対外関係においては、一八〇一年にオーストリアとリュネヴィルの和約を、一八〇二年にはイギリスとアミアンの和約を結び、平和を取り戻した。また、亡命者の帰国促進や恩赦により国民的な和解をめざし、革命期に行われた国有財産の分割売却の追認により、その恩恵を受けた農民はナポレオンを支持した。革命期に深刻であった宗教的分裂に関しては、一八〇一年七月にローマ教皇庁とコンコルダートを結び、関係が修復されるとともに、プロテスタントの二宗派（ルター派とカルヴァン派）やユダヤ教が公認され、信仰の自由が推進された。

各種の制度改革もフランス革命の理念を継承するかたちで行われた。地方行政については、一八〇〇年に第一統領により任命される県知事を設置し、強力な権限を持たせた。以降、中央集権制はフランスの特色となっていく。財政改革では、直接税の徴税機構を中央集権化して効率を上げるとともに、一八〇〇年にフランス銀行を創設し、銀行券の発券を独占化させた。これらの財政改革により、財政状況は好転していった。また、一八〇四年三月にはフランス人民法典（ナポレオン法典）を公布し、特権の廃止、法のもとでの平等、労働の自由、私的所有権の絶対、信仰の自由など、革命の成果が明文化され、その後のフランス社会を規定した。

このようなナポレオンの政策は、ブルジョワジーと富裕な農民層を主たる対象としており、これらの階層が「名望家層」という新しい支配階層を形成していった。ナポレオン

皇帝の玉座につくナポレオン　1806年に画家アングルにより描かれた。伝統的な国王の成聖式の装束を踏襲しているが、マントは青ではなく赤で、刺繍も百合ではなく蜂である。しかし、ナポレオンは皇帝としてシャルルマーニュの後継者を自任しており、右手にはシャルルマーニュの杖を持っている。

は名望家による権威的な階層秩序の形成を推進し、一八〇二年にはレジオン・ドヌール勲章を創設し、一八〇八年には帝国貴族の制度を設けた。ここにおいては生まれや身分ではなく、能力と国家への奉仕により個人を秩序づけることになり、権威主義的なナポレオン体制を支えることとなった。

こうして、革命の混乱を収束させていったナポレオンは、みずからへの権力集中をさらに強めていった。一八〇二年八月に制定され

ナポレオンと世界を分け合う小ピット イギリス人風刺画家ジェームズ・ジレーによる1805年の作品。ナポレオンとイギリスの首相小ピットが地球の形をしたプディングを切り分けている。ピットは海洋をとり、ナポレオンは大陸の大部分をとっている。

ヴァンドーム広場 ルイ14世の騎馬像にかわって、ナポレオンが中央のトラヤヌス記念柱を建設した。これは1805年のアウステルリッツの戦勝を記念したもので、敵から鹵獲（ろかく）した大砲を溶かしたものとされている。頂上にはナポレオン皇帝像が置かれたが、彼の失脚後に撤去され、7月王政の時に復活した。

ゴヤ「1808年5月3日、プリンシペ・ピオの丘の銃殺」 ナポレオンの侵攻に反対して、5月2日夜から3日未明にかけてマドリッド市民が蜂起したが、ミュラ将軍率いるフランス軍により鎮圧され、逮捕された400人以上が銃殺刑に処せられた。

1813年の勝利 ドイツで出版された風刺画のイギリス版。帽子の鷲は勝利したプロイセンを示す。食人鬼ナポレオンの顔は征服された人々からなり、彼らの血が襟となっている。制服には、リュッツェンやライプチヒなど、戦勝の地が書かれている。

マラーの演説　ジャコバン派議員のマラーの演説を多くの群衆が聴きいっている。民衆にとっての政治の場は議会ではなく、彼らが生活する街の中であり、ジャコバン派はこうして民衆との協働を実現しようとした。

小麦粉船の押収　食糧の途絶を恐れたパリの民衆達は 1789 年 8 月 6 日に、セーヌ川を運行する小麦粉運搬船を止め、勝手に積み荷を降ろした。民衆は飢えないための方策を求めていたのである。

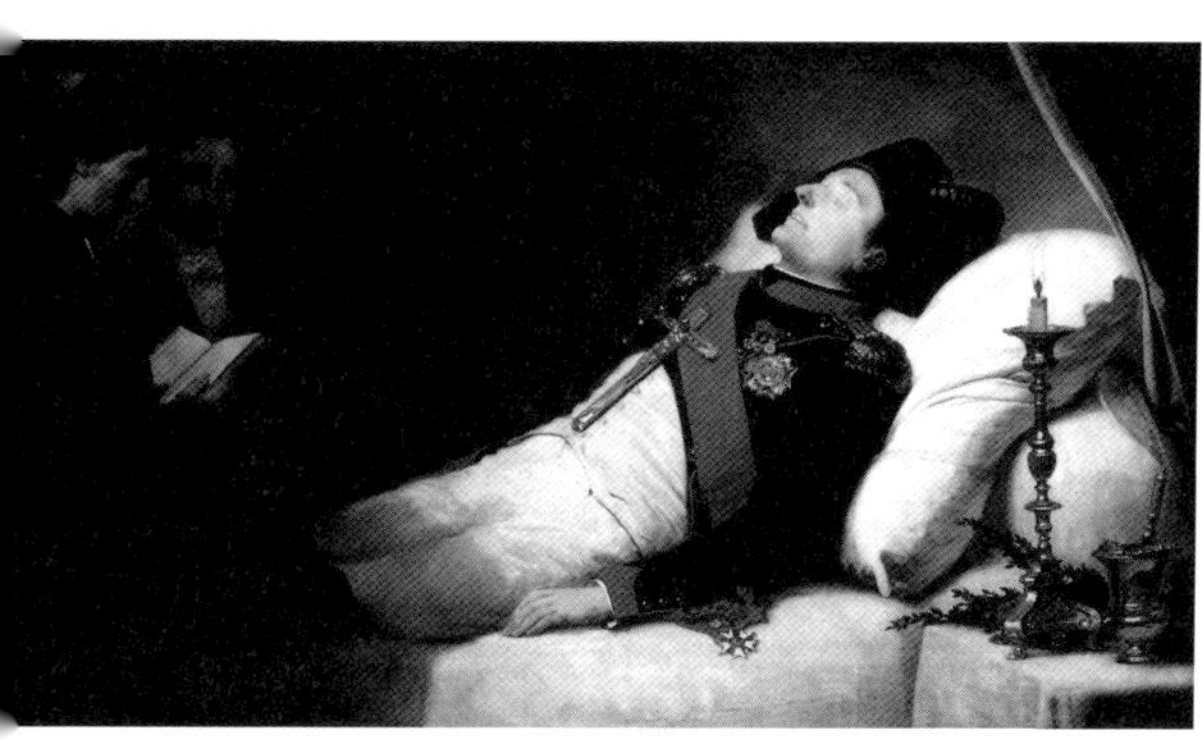

ジャン - バティスト・モーゼス「死の床のナポレオン」（1840 年頃）
検死の後、遺体には帝国猟騎兵大佐の制服が着せられた。教皇ピウス 7 世は最終的にナポレオンを破門にしたが、この絵ではキリスト教徒の死が強調されている。

た「共和暦第十年憲法」では終身統領の職が設けられ、ナポレオンがその座に座った。そして、一八〇三年に王党派の暗殺計画が露見すると、ナポレオンは強力な世襲皇帝の必要性を説き、一八〇四年五月に元老院での議決とそれに続く人民投票により、皇帝に就任した（第一帝政）。

帝政成立の前後より、国際関係は再び緊迫感を増した。一八〇三年にイギリスがアミアン和約を破棄し、〇五年八月にはイギリス、ロシアおよびオーストリアが第三次対仏大同盟を結成した。ナポレオンはイギリス侵攻を企て編成軍を準備したが、一〇月にスペインのトラファルガル沖で、フランスとスペインの連合艦隊が、ネルソン提督が指揮するイギリス艦隊に敗北し、制海権を失ってイギリス侵攻は挫折した。同じ時、ナポレオンはオーストリアへ侵攻し、一二月二日のアウステルリッツの戦いでロシア・オーストリア連合軍に大勝した。この結果、オーストリアはフランスやその同盟国に領土を割譲し、イタリアとドイツからの撤退を余儀なくされた。

ナポレオンの進撃は翌年も続く。一八〇六年二月にはナポリ王国を占領して兄のジョセフを国王につけ、五月にはオランダ王国を設立して弟のルイを国王にした。七月にはライン連邦を建設して神聖ローマ帝国を崩壊させた。これによりナポレオンの主敵はイギリス、プロイセン、ロシアとなり、一〇月にはイエナ・アウエルシュテットの戦いでプロイセン軍を打ち破り、ザクセンやゴータなどの五公国をライン連邦に加えた。一八〇七年二月のアイラウの会戦と六月のフリートラントの会戦でロシア・プロイセン連合軍に勝利したナポレオンは、両国とティルジット条約を結び、プロイセン領ポーランドをライン連邦に加えた。こうして大陸での覇権は成立したが、イギリスとの戦いは続いた。イギリスは一八〇六年五月にフランス北部沿岸の封鎖を宣言、ナポレオンはこれに対抗するかたちで一一月にベルリンでイギリス諸島を封鎖する命令を出した（ベルリン勅令）。この勅令は、フランスの同盟国にイギリス商品の輸入を禁止し、フランスの国内産業の保護育成を図るとともに、製品の販路を失ったイギリスの経済が混乱することをめざしていた。だが、イギリスと大陸との密貿易を完全に取り締まることが不可能であったことや、フランス製品の競争力が弱く、大陸市場を確保できなかったなど、所期の目的を達成しなかった。

ヨーロッパ大陸を平定したかに見えたナポレオンであったが、その支配はほころびを見せていった。ベルリン勅令はプロイセンやロシアなどのイギリスへの穀物輸出が重要であった国に反発をもたらした。また、イタリアやオランダにおける従属国の元首に家族を据えるやり方も反発を受けた。そうしたなか、フランス支配に対して各地でナショナリズムが高揚していく。プロイセンでは一八〇八年にベルリン大学の哲学者フィヒテが「ドイツ国民に告ぐ」という講演を行い、ドイツ国民の再生を訴えた。また、スペインで一八〇八年には王位が簒奪されてナポレオンの兄ジョセフが国王となると、スペイン国民はこれに激怒し、ゲリラ戦を展開し、一一年にはナポレオンの遠征軍を退けた。

一八一〇年に「王」としてのみずからの権威を増すために、ナポレオンはオーストリア皇女マリ・ルイーズと再婚した。これによりオーストリアとの関係が改善すると、ナポレオンはロシアを制圧して大陸支配を完成させようとした。ロシアはイギリスへの穀物輸出を継続しており、これへの制裁を口実として、一八一二年六月に六〇万の遠征軍がロシアに侵攻した。だが、ロシア軍の撤退戦術により、ナポレオンは得意の短期決戦に持ち込むことができず、ロシア奥深くに侵攻したフランス軍はモスクワを占領するが、冬を前にして退却を余儀なくされ、退却時に大損害を出した。このロシア遠征の失敗により、各地で反ナポレオンの動きがおこり、一八一三年一〇月にライプツィヒの戦い（諸国民戦争）でナポレオンはオーストリア・プロイセン・ロシアなど

出版の自由　1791年の版画。思想信条とその表明の自由は、「人権宣言」の第10条と11条に明言されている。

COLUMN

革命政治の理解

複合革命論のように従来の革命史研究では、当時の社会構造をまず分析し、そこから革命の道筋を説明しようとしていた。だが、最近の革命研究では、このような社会構造が革命の展開のすべての原因となっているわけではないことも強調されている。フランス革命のプロセスをみると、革命に先行する社会構造の分析によっては理解できない点が多々ある。たとえば、革命は結果としては自由主義経済を実現して資本主義の発展に適合的な体制を作ったが、のちに資本主義を形成する資本家は議会のなかには存在せず、議会の中心となった法曹家や文人はアンシャン・レジームにおいて体制内にいた者たちであった。

そのため、最近の研究では、革命政治の展開そのもののなかに革命のプロセスの原因があるとの解釈もなされている。たとえば、革命家や民衆は、反革命を示す時にしばしば「アリストクラートの陰謀」という言葉を使用した。しかし、何か事件が起こる前に実態として「アリストクラートの陰謀」が存在していたのではなく、事件の最中にそれが言説としてひとり歩きすることで事件が展開したのである。ある国民公会議員が「革命とは学校だ」と述べたが、まさにその「学校」のなかで革命の推移が積み重ねられていくことにより、革命の展開が次々と紡ぎ出されていくという考えである。この考え方は、歴史における偶然性をより強調した考え方であるともいえよう。

の同盟軍に決定的に敗北した。翌年には同盟軍はフランス領内に侵攻して三月三一日にパリを占領、ナポレオンはフォンテーヌブロー宮で退位し、エルバ島に流された。

この後、列強によりウィーン会議が開催され、戦後処理が話し合われたが、交渉は難航した。これを知ったナポレオンは一八一五年二月にエルバ島を脱出してパリへと進撃を開始した。途中で軍勢を増やしたナポレオンは、三月二〇日にパリに戻り、帝政を復活させた。しかし、諸国はナポレオン討伐を決定し、六月にワーテルローの戦いによりフランス軍を打ち破り、ナポレオンの百日天下は終了した。その後、ナポレオンはアフリカ沖のセント・ヘレナ島に流され、一八二一年に五一歳八か月の生涯を閉じた。

3 フランス革命の構造

以上の流れを振り返りつつ、フランス革命の構造について考えてみよう。

フランスの歴史家ジョルジュ・ルフェーヴルは一九三九年に出版された『一七八九年』のなかでいわゆる複合革命論を提唱した。彼によるとフランス革命は単一の革命ではなく、革命のあいだにはアリストクラート（貴族や聖職者などの特権保有者）の革命、ブルジョワの革命、民衆（都市民衆）の革命、農民の革命が存在し、それらが自律的な展開をし、それぞれの運動が複合するかたちで革命そのものが展開していったという理解である。細かな点はともかく、大枠ではこの指摘は有効であろう。革命はまず課税に反対する貴族の反抗により始まり、貴族勢力が反革命化していくなかで、ブルジョワの革命と民衆と農民の革命が併存して進行した。ここでは、ブルジョワと民衆（都市民衆と農民）の革命の違いについて考えてみよう。ブルジョワの定義は難しいが、ここでは議会内で革命を推進した勢力とする。ロベスピエールが故郷アラスで弁護士を営んでいたように、議員たちは弁護士や公証人、文筆家など、自由専門職に属す者が多かった。普通選挙が導入された国民公会でさえ、民衆層に属す議員はほとんどおらず、またパリの民衆運動の活動家たちは議会とは距離を保って独自の運動を展開していた。

結婚　結婚はカトリックの秘蹟であり、革命以前には聖職者により式が執り行われる必要があった。革命により結婚は世俗化され、両性の合意が強調されるとともに、公務員の立ち会いで有効となった。

ブルジョワたちは個人の自由や経済的自由主義の実現をめざし、さまざまな法令を議会で成立させていった。人権宣言の第一七条には所有権の神聖不可侵が謳われ、自由経済活動の前提となる「一物一主」を内容とする近代的所有権が保障された。一七八九年八月二九日には穀物取引の自由が定められ、九一年三月のアラルド法では営業の自由が承認され、同業組合（宣誓ギルド）が廃止された。さらに、一七九一年一〇月の農事基本法では、農業活動に私的所有権の自由と不可侵性が盛り込まれ、土地所有者による耕作と経営の自由、家畜の飼育・囲い込みの自由などが定められた。これらの措置は個人的経営や個人主義を導くことになり、従来の共同体を解体させる役割を果たした。ブルジョワジーによる政策は、共同体を基礎とした生産や家父長的な保護政策に依存していた民衆にとっては、生活の基盤が突き崩される危険をはらんでいた。そのため、彼らは生存のために価格統制や穀物取引の制限、穀物投機や買い占めへの処罰を要求したのである。

ブルジョワの利害と民衆の利害はしばしば対立した。たとえば、一七九一年七月にパリの民衆クラブが国王の廃位と共和政を求める集会を開いた際、ラ・ファイエットが率いる国民衛兵がこれに発砲して多数の死傷者を出す「シャン・ド・マルスの虐殺」が発生した。また、一七九二年三月三日に、パリ南方約四八キロメートルに位置するエタムプ市に近隣農村から農民が押しかけ、小麦粉の価格統制を要求したところ、市側と小競り合いとなり、市長のシモノが殺害されるという事件がおきた。事態の収拾をめぐっては、農民の窮状や心性を理解している市町村レベルで蜂起勢への同情や「市民たちの利害に一致しない法律」への暗黙の批判が見られたが、議会においては、翌四日には穀物取引の完全な自由の維持と秩序と財産を保全するためには断固たる武力の行使が必要であるとの結

1794 年の共和暦　共和暦（革命暦）の作成は時間を再編成しようとした壮大な試みではあったが、最終的には失敗した。暦の上の女性は共和国を表象するマリアンヌ（自由の女神）で、19 世紀に共和政と自由の象徴となっていく。

最高存在の祭典　キリスト教にかわる道徳を求めていたロベスピエールが 1794 年 6 月 8 日に開催した。祭壇には革命のさまざまなシンボルがちりばめられている。

COLUMN

単一で不可分のフランス

1793年憲法では「共和国は単一にして不可分なり」と謳われている。「不可分」とは中間団体（社団）に分割されないことを意味しており、個人と国家のあいだには何物も存在しえないという革命の理念をよくあらわしている。この理念はその後のフランスのあり方を大きく規定することとなった。ある時期までフランスでは、団体とは個別的利害を体現したものと理解され、公的な場所でそのような団体が活動するのを禁止し続け、労働組合などが合法化された後もこのような傾向が存在し続けている。

フランスにとっては国家のなかには「フランス人」しか存在しえないのであり、人種や宗派による団体は公的な世界では原理的に存在しえない。現在のフランスにも、ドイツのように宗教に立脚した政党が存在しないのは、そのことをよく示していよう。そのため、私的世界でのみ存在が許される宗教を表象するイスラム教徒のスカーフは、公的な場所での着用が禁止されるのである。だが、革命の時とは比較にならないほど、今日のフランスの国家と社会を構成する人々は多様であり、実態としては「単一で不可分」ではない。だが、この原理はフランスをあまりにも強く規定しており、そのことが現在の移民問題への対応を難しくしているのである。

全国連盟祭　各地の国民衛兵が集まり、共同防衛を誓ったのが連盟祭の始まりであり、この動きを受けて政府は1790年7月14日にパリで全国連盟祭を開催した。この祭りで示された国民の一体性により、7月14日は国民統合のシンボルとなっていく。

論に達し、国民衛兵部隊がエタムプ市に派遣された。そして、犠牲となったシモノを「法の殉教者」として顕彰することが決定されたのであった。ブルジョワたちにとっては、価格統制は所有権の神聖不可侵への挑戦以外の何物でもなかったのである。その意味で、ブルジョワと民衆とでは平等に対する考え方が異なっていた。ブルジョワたちは諸条件の平等の実現をめざし、それから先は自由競争にゆだねることを、これに対して民衆はむしろ、結果としての平等を求めていた。民衆は、かつては存在した平等な成員からなる共同体（それ自体も歴史的にはフィクションではあるが）を回復しようとして運動を展開したのであった。その意味で、エリートと民衆の齟齬は、エリート文化と民衆文化の違いから生じたものといえよう。

　フランス革命は、このようにさまざまな利害を持つ運動が複雑に絡み合うなかで、展開していったのであった。

4　革命の遺産

　革命はその後の歴史に何を残したのだろうか。第一には、絶対主義の構造、すなわち社団的編成を解体したことである。一七八九年八月四日の封建制の廃止決議に見られるように、革命は身分制にもとづく諸特権を廃止し、中間団体たる社団を廃絶しようとした。一七八九年八月一一日の法令では十分の一税や売官制の廃止、租税の平等、州や都市、住民共同体が有する地方的特権の廃止などが決議された。これをうけ、人権宣言では、同一の法に服する近代的個人からなる市民社会への転換が謳われた。一七九〇年六月には世襲貴族制も廃止された。また、先に述べた経済的自由主義の実現も、ギルドなどの社団の特権を廃し、個人の自由な経済活動の保証をめざしたものである。一七九一年六月にはアラルド法を補完するかたちでル・シャプリエ法が制定され、労働者や職人による団体結成を禁止した。労働者の団結権を奪う法律として理解されることが多いこの法律は、国家と個人のあいだにある中間団体を否定し、賃金は雇主と労働者の自由な合意にゆだねられるとする原理のあらわれでもあった。このようにして、フランス革命は「自由な個人」を創出し、その個人が集合して国家を形成することを推し進めたのであり、個人と国家のあいだに中間団体（社団）が存在することを否定したのであった。

　アンシャン・レジームにおいてもっとも強力な社団のひとつが、カトリック教会であった。王権はガリカニスムにより教会を国家内の組織にしようとしてきたが、それはあくまでも社団として国王と忠誠関係を取り結ぶというものであり、中間団体を排除した革命期には、教会のあり方も抜本的に改める必要があった。そのため政府は、十分の一税の廃止や教会財産の国有化を進める一方で、一七九〇年七月に「聖職者民事基本法」を制定した。この法律では、司教や司祭を公選制とするとともに、聖職者を公務員化して完全に国家の支配下に置くことが定められた。この法律は聖職者が憲法（革命）への忠誠を宣誓することを義務づけており、これへの対応により聖職者が宣誓僧と宣誓拒否僧に二分されることになった。さらに、政府は従来教会が担っていた公的な役割を国家に移管していった。一七九二年九月には教会の小教区帳簿にかわって戸籍が世俗化され、人々の出生や婚姻、死亡は国家が管理するようになった。また同時期に、結婚もカトリックの秘蹟としての性格を否定され、教会の関与なしに、市町村役場で公務員の立ち会いのもとでの宣誓により有効とされた。これにより、結婚は個人間での契約と位置づけられることとなり、契約であるかぎりは破棄が可能なので、離婚も合法化された。公的な部分から教会を排除しようとする政府による動きは、当然のことながら、従来教会が大きな役割を果たしていた教育にも及び、一七九二年八月までには教会施設で公教育が禁止され、世俗の学校の建設がめざされた。一七九三年五月には初等学校設置法が採択されるが、財政難と人材不足により、学校の整備はほとんどなされなかった。革命後は教育における教会の役割がまた大きくなったのであり、公教育と教会との関係は一九世紀末まで解決しない問題であった。

革命前はさまざまな社団に所属し、それをアイデンティティとしていた人々は、革命後の社会では何をよりどころにしていくのだろうか。これに対する革命政府の答えが、「新しい国民」を創造し、新たな国民共同体を形成することであった。フランス革命は、新たな人間、新たな社会を作り出そうとしたのである。特権や社団の廃止もこの運動の一部であったが、革命家たちはさらに大きな改革により新たな社会を形成しようとした。一七八九年一二月には地方自治体法が制定され、旧来の特権と結びついた「州」や「地域」が廃止され、全国を八三の県に分割し、その下に、郡・小郡・市町村を置くことが定めら

C O L U M N

近代と女性

18世紀後半にエリート文化の中で、「母性」の発見と呼ばれる現象がおこる。当時、上層の女性は子供が生まれるとその養育は乳母に任せ、育児をしなかったが、啓蒙思想家たちのあいだで母親による授乳を奨励する動きが出る。ルソーが『新エロイーズ』のなかで主人公のジュリが理想の母親へと変化していったさまを描いたように、彼らにとっては女性とは何よりも母親であった。また、同時期の解剖学と女性生理学の発展により、女性の体は出産のためにできていることが「科学的に」証明される。これらから、私的領域である家庭を支配し、出産と育児という役割を果たす女性イメージが醸成されていった。

やがて革命が勃発すると、女性が公的役割を担うことができるかが問題となった。革命期には「祖国」や「国民」のように、政治に女性イメージが登場するが、女性たちは象徴的な役割では満足せず、革命への独自の参加を模索するようになる。彼女たちは学校を作り、軍隊の後方支援を行い、買い占め人を攻撃し、政治クラブを結成した。実際、1789年10月のヴェルサイユ行進のように、女性たちが重要な役割を果たした事件も多かった。だが、議員たちのあいだでは男女の役割の違いを理由に女性を政治から排除しようという考えは強く、国民公会議員も男子による普通選挙で選ばれた。その後、1793年11月には国民公会はあらゆる女性の結社を禁止し、94年春には女性の政治集会への参加を禁止した。さらにナポレオン期には、女性は「勇者の鋳型」であり子供を多く産むことだけが重要だとされた。そのため、女性は新たに創設されたリセ（高等学校）や大学への入学が許されず、1804年の民法典でも妻には民法上の権利が認められなかった。

革命はひととき、公的領域と私的領域とのあいだの境界線を揺り動かしたが、革命後にはそれが確定した。産業化による家庭と職場の分離も手伝い、男女間での役割分担論が支配的となり、女性は私的領域（家庭）に閉じ込められることとなった。革命期の女性作家オランプ・ド・グージュが人権宣言のなかの「市民」に女性が含まれていないと考え、これのパロディである「女性と女性市民の諸権利の宣言」を1791年に執筆したのは示唆的である。フランスで女性参政権が認められるのは、1945年のことである。

れた。県の面積がほぼ同じとされたことからわかるように、これは均質な空間を新たに編成しようとした試みであり、県名も山や川などの自然物からとられた。この新たな空間をもとに、司法や徴税、行政組織が整備されていったのであり、均質空間のなかで国民ひとりひとりが国家によって把握されていくのである。こうして、あらゆるものを全国で統一することが試みられ、それまで全国でまちまちだった度量衡(どりょうこう)が統一された。各地域で異なる言語(方言)や習俗も均一化される必要があり、その調査がまずなされた。

それでは、革命期に人々は「新しい国民」に生まれ変わったのであろうか。結論的には、とくに民衆文化が根強く残る農民層においては、エリートが農民の「無知」や「迷信」と認識したものは、たやすくは克服されなかった。民衆の心性が変化するためには、教育が必要であったが、革命期に教育制度を整備することは困難だった。そのため、「新しい国民の創造」は一九世紀全般の課題となる。

人間を再生しようとしたフランス革命は、新たな文化を創出する運動でもあった。たとえば、十進法の導入がそれで、そこには合理的な世界を構築しようとする意思がうかがえる。度量衡に関しては、地球の子午線四分弧の一〇〇〇万分の一(一メートル)、一〇分の一メートルの立方体の体積(一リットル)、一リットルの水の重量(一バール)を基本単位とし、十進法でそれを区分していくことが定められた。一七九三年一〇月には共和暦が導入されれる。これは暦からキリスト教色を薄めることも目的であったが、三〇日からなる一か月を一〇日単位の旬日で三分割するなど、合理性が追求された。

暦にも見られるように、キリスト教色の排除も新しい文化の創造の特色で、王政とともにカトリシズムを連想させるような地名が改称され、モンマルトル(殉教者の丘)がモン・マラー(マラーの丘)になった。地名に関しては、「平等(エガリテ)」、「共和国(レピュブリック)」、「国民(ナシオン)」といった、新生国家を表象する名称への変更も多くなされた。

政治文化も革命期に大きな転換を見せた。一八世紀に「公論(世論)」が形成されてきたことはすでに述べたが、主権者が国王から国民へと転換した革命期には、公論と密接に関連する「国民の意思」を政治において無視することは不可能であった。革命家たちは自身の権力の正統性の根拠として、「国民」や「国民の意思」に訴えかける必要があったのである。しかし、中間団体の排除を徹底したフランスにおいては、私的な利害を体現して国民のなかに不平等や相違を持ち込む「組織」や「政党」は認められず、議会内の党派による意見の調整という政党政治により「国民の意思」を決定することはできなかった。確かに、革命期にジャコバン派やジロンド派などの派閥は存在していたが、それは政党ではなく、ルイ一六世の有罪を決定する際には、議員が個人として登壇しその意見を述べたように、あくまでも政治的傾向を同じくする個人のゆるやかな集合体でしかなかった。革命家が自身の政策を遂行するためには、国民を団結させるための政治的・教育的実践が必要であり、そのために革命期には言語やシンボルを用いて国民を教導する新たな政治文化が形成されていった。そのなかでは、「自由」、「平等」、「国民」、「祖国」といった言語が神聖なものとして国民に発信され、それをあらわすシンボルが多用された。たとえば、一七八九年七月にパリで市民兵(のちの国民衛兵)が編成された時、パリ市の二色である青と赤からなる記章を作った。やがてこれにブルボン家の白が加えられ、三色帽章はフランス国旗へと発展するとともに、革命派をあらわすシンボルとなった。この他にも、三色旗、自由の帽子、マリアンヌなどのシンボルが作られるとともに、連盟祭などの国民祭典も革命をあらわすシンボルの役割を果たしていった。これとは逆に、地名の変更のように、絶対王政やカトリシズムをあらわすシンボルは排除されていく。フランス革命はこのシンボルによってなされる表象の争いでもあり、そのなかで新たな政治文化を創造していったのである。

第10章
CHAPTER

一九世紀のフランス

1 復古王政

ルイ18世（1755-1824） テュイルリ宮の執務室で憲章について思いを巡らしている。王はここでは軍服を着用している。

一八一五年五月三日、ナポレオンの百日天下の後に復位したルイ一八世がパリに入場、六月四日に「憲章（シャルト）」が公布され、復古王政が始まった。「憲章」が定めた国制は、有権者がわずかに九万人という制限選挙による下院と世襲貴族からなる貴族院の二院制議会、地方自治の不在、行政権・法の発議権・司法権を持ち、無答責で緊急大権を有する国王など復古的色彩の強いものだった。しかし、封建的・身分的特権が復活したわけではなく、所有権の不可侵が再確認されるとともに、法のもとでの平等や出版の自由も認められていた。

ウィーン会議に参加した列強の意向もあり、復古王政によりアンシャン・レジームが復活したわけではなかったが、この体制は反革命とアナクロニズムに彩られていた。ナポレオンの百日天下の後、多くの亡命貴族たちが帰還し、白色テロが繰り広げられた。政府は一八一五年七月にナポレオンの百日天下に荷担した将軍や政治家五七名を処罰の対象としたが、この処置は報復を助長するだけであったので、一八一六年一月には大赦令を出して、革命とナポレオン支配の責任者すべてに大赦を与えた。カトリックは国教の地位を認められたが、公認宗教の信仰の自由は取り戻し、王権の後ろ盾となった。一八一五年一月二一日（ルイ一六世処刑の日）に、ルイ一八世は、ルイ一六世とマリ・アントワネットの遺骸を王家の墓所であるサン・ドニ聖堂に移し、贖罪（しょくざい）のミサを行ったのである。

一八一五年八月末の下院選挙では、ユルトラ（過激王党派）が勝利し、臨時即決裁判所の設置を認めた法令など、一連の反動立法が成立した。しかし、議会の行き過ぎを恐れた国王は一八一六年九月に議会を解散、その年の

ルイ16世夫妻の墓（サン・ドニ大聖堂地下） ルイ18世により移された2人の遺骸がこの下で眠っている。この像は1816年にルイ18世により発注され、30年に完成した。

選挙でユルトラは敗北した。さらに、翌年二月に成立した新選挙法のもとで行われた一〇月の選挙では立憲王党派が多数を占め、自由主義的改革が推進された。しかし、一八二〇年二月に王弟アルトワ伯の次男のベリー公が暗殺されると、これを機会に、検閲の復活などの政治反動がおこった。ラ・ファイエットらの自由主義者たちは八月に蜂起を企てるが失敗、翌年一二月には初のユルトラ内閣が誕生し、カトリック教会との連携を強めた反動政治を推進した。一八二四年の選挙ではユルトラが大勝したが、選出された代議士の半数以上が亡命貴族であった。この年の九月にはルイ一八世が死去し、ユルトラ派の首領である王弟アルトワ伯がシャルル一〇世として即位した。

一八二一年より首相の座にあったヴィレールは、シャルル一〇世のもとで復古反動的政策を推進していった。政権のもとでカトリック教会は息を吹き返し、全国各地で伝道活動が行われた。だが、人々は、絶対王政期のように教会権力に権威や神秘性を認めたわけではなかった。一八二五年五月二九日、シャルル一〇世はランスで成聖式を行い、翌日には瘰癧病患者への治癒儀礼を行ったが、パリに帰還した王への人々の反応は冷ややかで、むしろ教会に批判的なムードがあった。政治の脱宗教化が引き返せないところまで進行していたのである。一八二五年には革命期に没収された教会や亡命者の財産を賠償する法案を成立させたが、これは逆に一〇〇〇万人以上の国有財産取得者の所有権を保障することになった。これにより没収財産の問題は解決し、王党派の攻撃材料とはならなくなった。こうしたなか、自由派が徐々に勢力を盛り返し、一八二七年一一月の選挙では与党となり、ヴィレールは辞任した。

その後、中道内閣を経て、一八二九年にシャルル一〇世がお気に入りのポリニャックを首相とすると、これへの不満が一気に高まった。一八三〇年一月三日にはタレーランやラ・ファイエットが後援する自由派の新聞『ナシ

1815年の復古王政の風刺画　太ったルイ18世の玉座は、連合軍兵士たちにより支えられている。先導するのはロシアのコサックで、手に持つろうそくの火はほとんど消えている。

オナル』紙が創刊され、編集者のティエールはイギリスの名誉革命を理想とし、「君臨すれども統治せず」という原則を打ち出し、オルレアン家への政権交代を主張した。三月に内閣を不信任とする決議が議会でなされると、シャルル一〇世は議会を解散したが、六、七月に行われた選挙では反政府派が勝利した。王は七月二五日に、憲章の緊急大権事項を根拠に、出版の自由の停止、新議会の解散、選挙人資格をより制限する選挙法改悪などを内容として七月王令を発布した。これに対して、七月二七日から二九日にかけてパリで蜂起がおこった（「栄光の三日間」）。ここにおいて、ブルジョワジー（改革派）と民衆が再び提携することとなり、ラ・ファイエットが復活した国民衛兵の総司令官となった。七月三一日にはラ・ファイエットとともにオルレアン公ルイ・フィリップがパリ市庁舎のバルコニーにあらわれ、民衆はこれに歓呼の声で答えた。シャルル一〇世は亡命を余儀なくされ、八月九日には下院が置かれていたブルボン宮でルイ・フィリップの即位式が行われて、七月王政が始まった。

シャルル10世（1757-1836） 画家アングルは伝統的な成聖式の装束で王を描いた。7月革命で失脚したシャルルは、イギリスからオーストリア帝国へと亡命し、プラハ城で暮らしていたが、その後アドリア海に近い保養地ゴリツィアへと移り、1836年にかの地でコレラに罹って死亡した。

2 七月王政

一八三一年の選挙法改正により選挙資格が拡大されたが、有権者は二〇万人程度にとどまり、復古王政と同様の制限選挙であった。しかし、背景となるイデオロギーは全く異なっていた。神授（しんじゅ）王権は否定され、緊急大権条項も廃止され、改正された憲章は王による統治の条件としての契約であった。また、革命

シャルル10世の成聖式 ルイ・フィリップは議会での宣誓により即位したため、1825年にランスで行われたこの式がフランスでの最後の成聖式となった。この時の国王の装束は現在、かつて大司教館だったトー宮殿の博物館に展示されている。

後に各地で民衆による反カトリック運動が吹き荒れたのを受け、七月王政は反教権主義を明白にし、体制は非宗教化していった。

自由派のブルジョワジーとパリ民衆との協同により成就した革命であったが、七月王政が成立すると、まず民衆が退けられ、革命の徹底化をめざす「運動派」も排除されていった。自由派はフランス革命を教訓として、民衆の直接行動を恐れ、「自由」と「平等」という革命の理念のうち、「自由」のみを採用した「抵抗派」により政権が担われていった。「抵抗派」内閣は、一八三一年末のリヨンの絹織工の蜂起や三二年のパリの共和派の蜂起を弾圧、結社法の改訂（三四年）や出版の自由の制限（三五年）により民衆運動を弾圧していった。

パリに入るルイ・フィリップ 1830年7月31日に白馬にまたがってパリのシャトレ広場に現れた光景。この絵では、革命のシンボルであった三色旗の復活とさまざまな階級の連合が描かれている。

七月王政は名望家体制といわれる。名望家とは地域社会のエリートで、「お偉方」として地域社会を支配するとともに、議員などの公職に就くことで国政とつながっている。彼らが国政と関係を持つのは、地域社会の利害を国政に接続することにより、自身の影響力を行使できるからで、彼らは特定の社会層の利害を代表しているわけではなかった。これは、法的に社団が解体しても、地域社会では共同体が残存しており、国家の統治においても、また地域社会の構成員が自身の要求を実現させるためにも名望家とのパーソナルな人間関係が必要であった時期の過渡的な現象であった。この時期を過ぎると、個々人は政党や労働組合などの各種団体と結びつくこととなり、名望家の存在意義が薄れていく。名望家支配の典型例は一九世紀前半のイギリスで、地主貴族たるジェントルマンが地域社会を束ねるとともに国政に進出し、ブルジョワとの社会的結合を推進しつつ産業化を推進した。

ルイ・フィリップ（1773-1850） 当時のオルレアン家はルイ14世の弟フィリップから始まる家系だが、父親のルイ（フィリップ・エガリテ）が革命期にルイ16世の死刑に賛成し、ルイ・フィリップ自身も革命戦争に従軍したため、ブルボン家からは憎悪され、公職から閉め出されていた。

七月王政期のフランスの名望家は、貴族、大地主、自由職業人（公証人、弁護士、医師、薬剤師など）、企業家などであったが、イギリスに比してその数は少なく、内部に不安定要因を抱えていたので、体制は安定していなかった。貴族とそれ以外のブルジョワは反目し合っており、ブルジョワ内でも「オート・バンク」と呼ばれた、金融業務を営み、政府と結びつく大ブルジョワジーに対して、商工業に直接投資をする中小ブルジョワジーは反感を持っていた。

貴族と結びつくことは論外であった政府は、ブルジョワ層と協同していくことになり、一方ではロートシルト（ロスチャイルド）家に代表されるオート・バンクと結合していく。他方、一八三一年三月の法律により市町村議会に選挙制が導入され、選挙資格を緩和して有権者を二八〇万人としたように、「民主主義の学校」である地方自治を通じて、中小ブルジョワジーの政治的能力を高める努力もなされた。

このような政策を推進したのがギゾーであった。彼は人々の教育により国民の一体性を形成しようとし、初等学校や中等学校における教育改革を推進した。また、「国民史構想」をかかげ、古文書学校や各種学会の設立などの歴史学の制度化や、国内の歴史建造物の調査と保存を行う歴史記念物委員会を設置した（一八三七年）。しかし、「金持ちになりたまえ。そうすれば選挙に加われるだろう」という言葉をのこし、勤労と節約により金持ちとなったものこそが政治に参加する能力を持つべきであると考えたギゾーは、政治的に未熟な中小ブルジョワや民衆に選挙権を与えようとはしなかった。とはいえ、好況にも支えられて一八四〇年以降にもギゾーの政治的イニシアチブは続き、一八四六年の選挙でも与党は議席を伸ばした。

この状況下では、反政府派が議会内で改革を実現することは難しく、彼らは一八四七年以降、「改革宴会」という選挙法改正運動を議会外で展開した。当時は政治集会が禁

ギゾー（1787-1874） 南フランスのプロテスタントの家系に生まれたギゾーは、1812年にパリ大学教授に就任したが、復古王政期より政治家に転じた。７月王政では、内相（1830）、文相（1832-36、36-37）となり、1840年には外相に就任して実質的に内閣を支配し、1847年に首相となった。

COLUMN

ヴェルサイユ宮殿「戦史の回廊」

7月革命で政権の座についたルイ・フィリップは、フランス絶対王政の象徴であったヴェルサイユ宮殿を美術館に改装することを決定した。宮殿は1837年より一般に公開されたが、そこは鏡の回廊などの絶対王政期の建造物とともに、フランス国民の歴史を展示する場となった。その中心は王族の居室があった南翼棟を長大な回廊（ギエルリー）に改造した部分で、クローヴィスからナポレオンに至るまでの著名な戦いの場面が描かれた絵画が飾られた。

ポワティエの戦い（732年、カール・マルテル）、ブーヴィーヌの戦い（1214年、フィリップ2世）、タイユブールの戦い（1242年、ルイ9世）、カッセルの戦い（1328年、フィリップ6世）マリニャーノの戦い（1515年、フランソワ1世）などを含む33枚の絵画により、フランスの歴史が描かれたのである。なかでもルイ14世（6点）とナポレオン（7点）の戦いは複数が描かれており、フランスの栄光の時代と戦争との関係がよくわかる。この「戦史の回廊」では、戦闘はたんなる国王の戦いではなく、フランス国民創出の戦いとして位置づけられているのである。新たに国民の歴史を描くことが必須であった、国民国家形成途上の７月王政期には、戦闘における敵の表象は、国民の一体感をもたらすものでもあった。

ドラクロワ「タイユブールの戦い」 この絵は1837年に完成し、サロンに出品された後、ヴェルサイユに収蔵された。

止されていたため、彼らは「宴会」と名付けた会食の形式で運動を展開し、当初の運動は有権者によるサロン的なものにとどまっていた。しかし、一八四六年末より進展した深刻な経済危機により、食糧価格が高騰し、中小企業の倒産が続出するなか、議会外の共和派も「宴会」に合流するようになり、選挙改革運動が急進化していった。このような広範な選挙権拡大要求に対しても、ギゾーは譲歩する姿勢を見せなかった。

3　二月革命と第二共和政

一八四八年二月二二日、パリの労働者街で改革宴会が開かれる予定を知ると、民衆騒擾の発生を恐れた政府はこれを禁止した。これを受けて主催者も延期を決定したが、急進派学生や共和派の活動家はこれを不服とし、デモを敢行して治安部隊と小競り合いを繰り返し、バリケードを築き始めた。翌二三日の朝には市内各所はバリケードで埋まり、パリの国民衛兵も改革派支持や非介入の態度を取った。ルイ・フィリップはギゾーを更迭して事態の打開を図ったが、同日夜にキャプシーヌ街でデモ隊と正規軍の衝突がおこり、数十名の死傷者が発生、これが火に油を注ぐこととなった。翌二四日には蜂起はさらにエスカレートし、民衆は市庁舎やテュイルリ宮を占拠した。正午過ぎにルイ・フィリップは退位し、七月王政が瓦解した。

二四日夜、デュポン・ド・ルールを首班とし、共和主義者による臨時政府が成立した。しかし、七月革命で革命の果実にありつけなかった労働者たちは、新閣僚に圧力をかけ、社会主義者のルイ・ブランと機械工のアルベールが臨時政府に加わることとなった。二五日には共和政が宣言された。政府は生存権や労働権を承認し、「国立作業場」と「労働者のための政府委員会（リュクサンブール委員会）」の設置を承認し、三月二日には憲法制定国民議会の選挙を普通選挙とすることを決定した。さらに同時期には労働時間を制限する法律と労働請負制を廃止する法律が出され、出版・集会・結社に関する制限も撤廃されて政治活動の自由が成立した。このような一連の改革は、「リュクサンブール委員会」を背景とした労働者の要求に政府が譲歩した結果であった。成立した共和政の基盤には、議会内の政治集団と労働者による民衆運動が併存しており、この両者のバランスに従って一連の改革がなされたが、両者の関係は決して安定したものではなかった。

三月五日に選挙制度を定めた政令が出された。二一歳以上の男子普通選挙で、有権者は七月王政末期の二五万人から九〇〇万人へと一挙に増加した。こうして臨時政府は四月二三日と二四日に選挙を実施した。投票率は

COLUMN

国立作業場と初期社会主義

産業化の波が本格的にフランスに訪れた19世紀には、経済的自由主義における自由放任は弱肉強食の論理であり、貧富の格差をさらに拡大させて貧困を固定化するとの批判がおこった。この問題への処方箋を提示したのが初期社会主義者たちである。彼らは社会的弱者の救済は個人の自助では不可能であり、何らかの社会的協同組織が必要であると説いた。フランスでの初期社会主義者の代表はサン・シモンで、彼は産業家や科学者などのエリートたちの先導による、搾取のない働く人々の連合としての、産業発展に最適な組織に国家を再編することを主張した。また、フーリエはファランステールというユートピア的共同体の建設による、搾取のない平等な社会を作ろうとした。

２月革命期に、史上初の社会主義者の閣僚となったルイ・ブランも初期社会主義者に分類される。彼は、1839年に出版した『労働の組織』のなかで、資本主義の悪である競争を抑止し，労働者の社会的地位を改善するため、国家の資金援助による労働者協同組合（「社会作業場」）を作ることを提唱していたが、これを実現しようとしたのが国立作業場であった。しかし、実現した組織は失業労働者に公共土木事業を割り当てて日当を支給するという失業対策機構に堕していた。

八四パーセントと高く、八八〇名の議員が選出された。普通選挙の実施は共和派にとっては悲願であったが、結果は彼らの期待を裏切った。共和派が確保した議席は一〇〇に過ぎず、中道派（「翌日の共和派」＝二月革命以降に共和派に鞍替えした者）が約五〇〇の多数を占めた。教会と地方名望家による選挙干渉やパリの急進化に対する反動などがその理由としてあげられる。臨時政府にかわり、五名からなる執行委員が任命されたが、そこには社会主義者はおらず、またもや民衆が切り捨てられたかたちとなった。

左翼を幻滅させた選挙結果に追い打ちをかけるように、議会は五月一二日に政治クラブが議会に請願を出すことを禁止した。共和派民衆クラブやリュクサンブール派の労働者たちは五月一五日にポーランド支援デモを行ったが、これが暴徒化し民衆は議会に乱入して臨時政府樹立を宣言した。だが、政府は反乱としてこれに対処し、蜂起は国民衛兵により鎮圧され、アルベール、ブランキ、バルベスらのリーダーが軒並み逮捕された。

六月二一日、政府は国立作業場の閉鎖を決定した。閉鎖の通知を受けた労働者たちは、二二日に絶望的な蜂起にふみきり、二六日にかけて治安部隊との激しい戦いが繰り広げられた。政府側の弾圧は徹底しており、反乱側は約四〇〇〇人の死者を出して敗北した。

この六月蜂起により、穏健派と共和主義者との調和が完全に消え失せた。穏健派にとっては社会の防衛と秩序の維持が最大の課題となり、正統王朝派とオルレアン派にカトリックが同盟して結成された右派の「秩序派」

C O L U M N

ナポレオン伝説

ナポレオンの生涯は彼を英雄とする伝説に彩られている。ダヴィッドの絵画が明確に示すように、ナポレオンは権力の座にあった時より、絵画や新聞などを通じて自己の神話化を図っていた。だがこれは、メディアの影響力に差があったとはいえ、ルイ14世なども行っていたことである。しかし、興味深い点は、1815年にナポレオンが没落した時には、「悪魔」などと称されて彼の評判が地に落ちたのに、その後また伝説が復活することである。その契機は1821年のナポレオンの死で、1840年に彼の遺体がパリへと帰った時にピークに達した。

ナポレオン伝説の特異性、それは彼がたんなる英雄であったことだけでなく、近代社会や国民国家フランス成立の立役者として理解されたことであろう。ナポレオンはフランス革命の諸原理を擁護し、国民の統合をもたらした。革命を経て一体化したフランス国民は、敵を倒して革命の原理を広めるために、彼のもとでヨーロッパ中に遠征し、数々の軍事的栄光を達成したのであった。復古王政を倒して成立した七月王政はナポレオンを称揚した。ヴェルサイユが博物館にされた時には、「戦史の回廊」のほかに、「1792年の間」、ダヴィッドによる「ナポレオンの戴冠」が置かれた「聖別の間」および七月王政の成立を描いた「1830年の間」が作られたのであり、ナポレオン時代は革命から七月王政へと至る歴史に欠くことのできない要素であった。

アンヴァリッドのドーム教会　ルイ14世治世下に老齢や負傷した兵士を収容する廃兵院附属教会として、建築家ジュール・アルドゥアン-マンサールにより設計され、1706年に完成した。地下墓所にはナポレオンとその兄弟や将軍の墓があり、今も訪れる者が絶えない。

との提携が進められていった。政権は議会から全権を委任されたカヴェニャック将軍が担い、憲法の制定作業が進められた。一一月四日に議会で憲法草案が採択され、いずれも普通選挙で選出される一院制の立法議会（立法権）と任期が四年で再選が禁止されていた大統領（行政権）によって権力が担われた。

新議会の選挙に先立ち、一二月一〇、一一日にまず大統領選挙が実施された。六人が立候補したが、有力視されていたラマルティーヌとカヴェニャックを破り、投票総数の実に七四パーセントの票を獲得し大差で勝利したのは、ナポレオンの甥、ルイ・ナポレオン・ボナパルトであった。共和派の労働者にとっては、『貧困の絶滅』の著者であり、六月蜂起の弾圧に荷担していないルイ・ナポレオンは相対的に魅力ある候補だった。農民にとってはナポレオン伝説の継承者であり、地方における名望家支配に対抗してくれる人物と思われた。さらに右派にとっては、御しやすい候補と映った。そのような、各層の思惑が合致して、彼が大統領に選出されたのだった。

大統領に就任したルイ・ナポレオンは、共和主義者を排除し、「秩序派」に組閣をさせた。共和主義者が多数を占めていた憲法制定国民議会はこれに反発し、議会の解散を拒んだが、政府と議会内右派の圧力に屈し解散。一八四九年五月に立法議会の選挙が行われた。選挙では右派を結集した「秩序派」が七五〇議席中四五〇議席を占め、左派の連合体である「山岳派」が二一〇議席、穏健共和派が約七〇議席で、選挙の結果は左右に両極化した。選挙の一か月後、秩序派政権がヴァチカンを支援してローマ共和国に干渉軍を派遣すると、山岳派はこれに抗議し、パリを中心に大規模なデモを組織した。六月一三日にはデモはバリケード戦にまでエスカレートするが、あっけなく鎮圧され、指導者が亡命するなどして、山岳派の議員団は崩壊した（六月事件）。こうして、第二共和政は、その制度が完成した直後に「共和主義者なき共和国」となってしまった。

勝利した秩序派政権は、クラブや集会、ストライキの禁止や出版統制、検閲の復活など、反動的な政策をとっていった。また、一八五〇年五月には選挙法を改定し、選挙資格に必要な同一居所への定住期間を六か月から三年に変更した。これは移動の多い労働者を標的とした措置で、これにより有権者数は約二八一万人減少し、パリでは労働者の四〇パーセントの選挙資格が奪われたのだった。このように我が世の春を謳歌していた秩序派にとって、ルイ・ナポレオンは御しやすい傀儡と映っていたが、徐々にルイ・ナポレオンは野心をあらわし、大統領と議会の対立が表

ナポレオン3世（1808-1873） 権威主義的な支配を行う一方で、『貧困の絶滅』で労働者に権利を与え、協同と教育と規律により彼らを立ち直らせることを主張した。その社会改良主義的な主張から、「馬上のサン・シモン」と称される。

面化していった。憲法では大統領の再任が認められていないため、ルイ・ナポレオンは自身の権力を永続化しようとし、直接国民に訴えるために全国を遊説し、選挙権の居住制限事項の撤廃を提起するなどして、民衆の味方であることをアピールした。

一八五二年三月の大統領選挙を前にルイ・ナポレオンは再選禁止条項の修正を議会に求めたが、否決された。そのため、一八五一年一二月二日に、大統領みずからがクーデタを実行し、パリを軍事制圧して戒厳令を布いた。翌日に立法議会は解散され、一八四八年憲法が廃止されて第二共和政は事実上崩壊した。ただちに憲法が起草され、一二月二一日から二二日の人民投票でこれが承認された。一八五〇年五月の選挙法は廃止され、民衆に選挙権が戻った。翌年一月に新憲法が成立、ルイ・ナポレオンは任期一〇年の元首の座についた。

4 第二帝政

一八五二年一一月二一日から二二日の人民投票で、元首を終身皇帝に変更することが九六・五パーセント以上の圧倒的多数で承認された。一二月二日に帝政が宣言され、ルイ・ナポレオン・ボナパルトは皇帝ナポレオン三世となった。第二帝政の国制では、議会である立法院は男子普通選挙で選ばれ、法律を討議して採決するが、法案を起草することはできず、行政権（内閣）を統制する権限もなかった。行政権は元首（皇帝）に集中されており、元首は人民投票によって国民に対して責任を負う以外は何ら制約も受けていなかった（その人民投票も一八七〇年に一度実施されただけだった）。第二帝政は、国民の投票という平等原理（デモクラシー）を前面に出しつつも、それが権威主義と結びつき、「自由」を圧迫するというのが体制の実態であった。七月王政以降の体制が、「自由」の実現を優先して、「平等」を制限選挙制により制限したのと対照的である。

だが、二〇年近い第二帝政の政治姿勢は、前半と後半で大きく異なっていた。一八六〇年までの時期は共和派に対する徹底的な弾圧や言論・出版の自由の抑圧など警察国家的な色彩が強いため、「権威帝政」と呼ばれている。この時期には政府に批判的な政治活動が行えず、一八五七年の立法院の選挙では当選した共和派はたった五人だった。また、教育政策や宗教政策では、王党派やカトリック教会との妥協が認められる。しかし、一八六〇年を境に自由主義的な政治改革が推進されていくこととなる。議会には法案の上程権が認められ、恩赦により共和派の指導者が帰国した。一八六三年の選挙では、共和派は一七議席を獲得した。また、一八六八年には出版の自由と集会の自由の規制が緩和され、新聞が発展して反政府ジャーナリズムが形成された。一八六九年の選挙では、共和派の議席は三〇となった。

「自由帝政」と呼ばれる体制への変化の背景には、経済発展があった。フランスにおける産業革命は、一八二〇年代から綿や絹などの繊維工業から始まったが、一八四〇年代よりそれが重工業へと波及していった。ナポレオン三世は三三社あった鉄道会社を六社に整理統合することで鉄道建設を推進し、重工業の育成を図った。第二帝政期に鉄道の営業キロ数は五倍近くに伸び、製鉄業や炭鉱業が躍進した。産業振興のためにはそれを下支えする金融の改革も必要であった。一八五二年にはクレディ・フォンシエ（不動産信用銀行）とクレディ・モビリエ（動産銀行）が設立された。クレディ・モビリエは、株式等で大衆の資金を広く集めて産業投資を行う新たなタイプの銀行で、この活動に刺激されて、オート・バンクも産業投資を推進した。一八六二年にはクレディ・リヨネが、翌年にはソシエテ・ジェネラルが設立されてさまざまな業務を行い、混合銀行と呼ばれたこれらの銀行は、支店網を国内に張り巡らし、国民の財産を預金として吸収し、産業投資や外国債への投資を行っていった。

権威主義的な第二帝政の性格上、外交関係に勝利し、「皇帝の栄光」を広く内外に知らしめることは重要で、ナポレオン三世は積極的に対外政策を展開した。一八五四年にはイギリスとともにクリミア戦争に参戦し、ロシアを撃破、パリ講和会議をリードして内外に威信を誇示した。ナポレオン三世は伯父の轍を踏むのを恐れたのか、イギリスとは友好関係を保ち、オーストリアに対抗する政策をとった。一八五九年四月にオーストリアがピエモンテに侵攻してイタリア独立戦争が始まると、ナポレオン三世はオーストリアに宣戦布告し、みずから軍隊を率いてイタリアに赴き、六月にソルフェリーノでオーストリア軍を撃破した。イタリア独立運動への支援は共和主義者たちの支持をもたらすことになったが、カトリックが政権から離れていくこととなり、一八六〇年代以降の自由帝政への転換の一因となった。

ヨーロッパ以外への進出も積極的に行われ、この時期にフランスはアジアやアフリカで植民地帝国の基礎を固めることとなった。一八五六年にアロー号事件がおきるとフランスはイギリスとともに中国に出兵し、一八六〇年の北京条約で外交上の特権を得た。一八五八年には日本と日仏修好通商条約を結び、江戸幕府を支援、インドシナ半島では五九年にアンナンを征服し、六二年にはコーチシナを併合、六三年にはカンボジアを保護国化した。一八三〇年のアルジェリア派兵以降、植民地化が最初に進展したアフリカでは、アルジェリア、セネガル、チュニジアに植民していった。一八六二年にはイギリス、スペインとともにメキシコに派兵、他の国が早々と撤退するなか、大軍を送ったフランスは六三年にメキシコ市を陥落させ、オーストリア皇帝の弟マクシミリアンを傀儡皇帝に据えてラテン帝国を設立した。だが、メキシコ民衆はゲリラ戦により強硬な抵抗を続け、アメリカ合衆国が撤兵要求をしたために、一八六七年に撤退、その結果、皇帝の威信が内外で低下した。

第二帝政の崩壊も外交問題に端を発した。普墺戦争に際して、ビスマルクはナポレオン三世のもとを訪れ、フランスの中立と引き換えにライン左岸地域の割譲をほのめかした。しかし、戦争後もこれは履行されず、プロイセンとの対立が深まるなか、スペイン王位継承問題が起こる。一八六八年にブルボン復古王政が倒れたスペインでは、候補者としてプロイセンのホーエンツォレルン家のレオポルト大公が選ばれたが、フランスの南にプロイセン系王朝ができることにナポレオン三世は強硬に反対し、これを撤回させた。交渉の過程でプロイセン王とフランス大使が会談したが、ビスマルクはその内容を改竄して、フランス大使の非礼とそれへの侮辱ととれる電報を公表した（「エムス電報事件」）。「大使の非礼」はドイツ世論を沸騰させ、大使への侮辱に激怒したナポレオン三世は一八七〇年七月一九日にプロイセンに宣戦布告した。フランス軍は、武器や兵站を入念に準備して、

第二帝政期のブルジョワ　ナポレオン1世の時代にナポリ王となったミュラ将軍の子孫たち。息子は1852年12月2日のクーデタにより、上院議員となった。

すでに大軍を動員していたプロイセン軍の敵ではなく、八月にはドイツ軍はアルザス・ロレーヌに侵攻、破竹の進撃を繰り広げた。スダンで包囲されたフランス軍は九月二日に降伏し、ナポレオン三世も捕虜となる。この報を受け、パリで九月四日に蜂起が起こり、第二帝政はあえなく瓦解した。

5 産業化とブルジョワの支配

イギリスと同様に、フランスでも初期の産業革命をリードしたのは綿工業であった。ナポレオンの大陸封鎖によって綿花供給が絶たれたために、綿工業が本格的に展開するのはそれ以降であった。主要な綿工業地域としては、炭鉱が近いため蒸気機関の利用が早くから進展し、一九世紀半ばには自動ミュール紡績機がかなり普及していた北部、農村工業と織布業が結びついていたノルマンディ、大規模な企業活動が展開されたアルザスがあった。

重工業の発展の端緒となるのが炭鉱業と製鉄業である。産業革命以前の伝統的な製鉄業は、各地で産出する鉄鉱石を木炭で熔解・製錬するもので、農具や職人の工具、鍋釜などの日用品を生産していた。産業革命によりイギリスで発明された近代的製鉄法は、コークスによる銑鉄、製錬および圧延の三工程を一体として行うものであったが、フランスでは近代的製鉄を行う大企業がなかなか成長せず、一九世紀半ばまで伝統的な中小製鉄業が主流であった。鉄の需要がそれほどなかったのである。だが、世紀半ば以降、鉄道建設により大規模な製鉄業が活性化してい

C O L U M N

ブルジョワジーの実力

パリ8区のオスマン大通り158番地にジャックマール・アンドレ美術館がある。館の建物は、19世紀後半に活躍した実業家、エドゥアール・アンドレとネリ・ジャックマール夫妻の邸宅である。

アンドレ家の出自は、15世紀にヴィヴァレーで公証人をしていたところまで確認できるが、その後、プロテスタントとなった一族は17世紀にはニームに移り、織維業で財をなした。1685年のナント王令の廃止後、一族はニームとジュネーヴとジェノヴァに分かれるが、銀行業を営むようになったジェノヴァの家系のドミニクが1798年にパリに移住した。ドミニクの息子エルンストとフランス銀行理事フランソワ・コティエの娘ルイーズとのあいだに1833年に生まれたエドゥアールは、陸軍士官となったが1863年に除隊。家業の銀行業を営むとともにガール県選出議員となった。しかし、第二帝政崩壊とともに政治活動からは引退し、1860年代より始めていた美術品のコレクションに専念した。彼の好みはイタリア・ルネサンス絵画で、毎年イタリアに出かけ、大量の美術品を買い付け、1875年に完成した邸宅を美術品で飾った。イタリア美術購入の勢いは、同時代のルーヴル美術館をしのぐほどであり、ウッチェロの「龍をうちのめす聖ジョルジュ」やボッティチェリの「聖母子像」など珠玉のコレクションを見ることができる。なかでも、1893年に購入されて階段室に飾られたティエポロのフレスコ画「ヴェネツィア総督に迎えられるアンリ3世」は圧巻である。邸宅とコレクションは、19世紀のオート・バンクの経済的実力をまざまざと見せつけている。

エドゥアール・アンドレ（1833-94）

パリ・ルアン鉄道 第二帝政期の機関車。経営にはイギリス人も参加しており、イギリス人が機関車を運転していた。

く。一八四二年に鉄道法が制定されると、第一次鉄道ブームがおき、レールなどの鉄道資材の需要が急増し、大手企業が発展し、一八五〇年代半ばにはコークス製鉄が木炭製鉄を凌駕した。第二帝政期にはナポレオン三世の政策により第二次鉄道ブームがおき、一八八〇年代には第三次鉄道ブームにより地方幹線網が整備され、全国ネットワークが完成した。

鉄道の発展はフランスに大きな経済効果をもたらした。第一には鉄道輸送により市場が全国規模へと拡大していったことで、北部の石炭や中南部の葡萄酒などがそれまでの地域市場を越えて、全国へと輸送されていった。物品の輸送が容易になったことは、工場の立地を容易にし、大手製鉄企業などの重工業産業がさらに成長した。これにより、伝統的な小規模製造業が衰退し、産業の再編が進んだのである。

こうして、産業化を開始したフランスであったが、一八七三年に西ヨーロッパは大不況に見舞われ、それが約二〇年間続いた。この時期にはまだ古い生産設備に多くを依存していた綿工業や、鉄道需要の一巡により需要が減衰していた製鉄業などに、不況は深刻な打撃を加えた。不況は逆に、資本の集中や産業の合理化をもたらし、世紀末には産業が再活性化していく。このような状況やさまざまな実証研究により、今日では、イギリスも含め、大規模な工場による大量生産という意味での産業革命の進展は今までに考えられていたよりも遅く、フランスではとくに一九世紀後半まで家内工業や職人の世界が残存していたことが指摘されている。

モネ「アルジャントゥイユの鉄道橋」（1874年） 機関車や鉄橋はモネに代表される印象派の画家たちが好んだテーマのひとつだった。

産業化の進展はローカルな名望家にかわり、ブルジョワジーを社会の支配的地位につけた。ブルジョワといってもその幅は大きく、社会を支配していたのはロートシルトのような金融資本家やシュネーデルのような産業資本家といった上層ブルジョワジーであった。その理由として、彼らはまず経済的な力を持っていた。資本力はもちろんのこと、労働者の団結が禁止され、社会立法により労働時間などが規制されていない時期には、労働者に対して圧倒的な権力を持っていたのである。さらに彼らは政治力も持っていた。上層ブルジョワジーは制限選挙制下での有権者であり、議員となる者も多く、議会に対して大きな影響力を持っていた。さらに、教育への関心の高いこの層は、子弟にエリート教育を施し、彼らが官僚となる例も多かった。高等教育を受けたブルジョワたちは、新たな産業への投資などのために必要であった知識へ

パリ万国博覧会（1867年） シャン・ド・マルスに巨大な産業宮が建築された。その周囲には世界各国の展示館があり、徳川幕府や薩摩藩が初めて出展した。現在、この場所にはエッフェル塔が建っている。

の関心も高く、彼らは知的側面においてもエリート層を構成した。そのため、一九世紀に影響力が増していった新聞や出版に投資する者も多く、文化的にも一九世紀社会をリードした。

　このように、彼らは大きな力を行使し、社会の主役へとなっていった。一九世紀はまさにブルジョワの世紀なのである。

　一七世紀の科学革命以降、科学技術が発展していったが、一九世紀のそれは、以前とは大きな違いがあった。一九世紀の科学技術の進歩は、非常に広範囲にわたっていたこと、技術が研究の段階から実用化の段階に移行したことがその理由である。産業革命による生産や交通の変化は、たんなる技術が進歩しただけではない。一九世紀の科学技術は、その成果が人々に新しい生活や価値観をもたらし、産業文明を成立させたのであった。産業文明が本格的に展開するのは、電気や自動車が実用化される世紀末であったが、すでに世紀半ばよりその傾向が認められる。なかでも、鉄は初期の産業文明の象徴であった。鉄道は人々のコミュニケーションに大変化を与えたが、その象徴はまさに、煙を上げて驀進する機関車であり、河川にかけられた鉄橋であり、印象派の画家たちが、駅や鉄橋を題材としたことは偶然ではない。また、産業文明の見本市として、ロンドンに遅れること四年、一八五五年に第一回パリ万国博が開かれた。主会場は「産業宮」と名付けられ、会期中に四〇〇万人以上が、産業展示物を集めたこの会場を訪れたのだった。この時の産業宮は伝統的な石造建築物だったが、一八六七年の二回目の万国博の産業宮は鉄骨とガラスが多用されていた。さらに、一八八九年の博覧会では、鉄の塔、エッフェル塔が建築されたのである。

　このような形成されつつある産業文明を担っていたのが、ブルジョワであり、彼らの文化が一九世紀後半には支配的な文化となっていった。ブルジョワジーの活動拠点はパリであり、パリを中心に新しい文化が発信されていった。この文化の特徴としてはまず、消費の拡大と消費スタイルの変化があげられる。一八五二年、アリスティッド・ブーシコーがパリ左岸に「オ・ボン・マルシェ」を開店させた。フランス最初のデパートである。これまでは物品は専門店に買いに行くことが普通であり、ブルジョワジーなどの裕福な者たちは衣服を専門店で仕立て、民衆は古着を買うというのが一般的であった。だが、新たに開店したデパートはこれとは全く異なる消費の殿堂だった。デパートでは何層もの広い店内に、衣類や装飾品、家具などさまざまな商品が展示され、消費を刺激するしくみが整えられていた。そして、既製品の生産や

「オ・ボン・マルシェ」のショー・ウインドウ 新たに出現した「デパート」には、消費を刺激するさまざまな仕掛けが盛り込まれていた。

薄利多売の戦略により、店名の「オ・ボン・マルシェ（お手頃価格で）」のとおり、商品の価格もこれまでよりは低かった。デパートは大当たりし、一五年あまりでパリにあと五軒開店した。人々が消費を楽しむ時代に入ったのである。とくに衣料品はこれ以降大きな変化を遂げ、流行の対象となって、さらに消費を拡大した。

　消費を拡大させるための産業も同時に発展した。たとえば、第二帝政期から始まった割賦（かっぷ）販売方式は、一八七〇年代に広く浸透しだし、消費の対象を労働者など、より下層へと広げていった。また、一八三〇年代からすでに拡大を開始した新聞、雑誌、書物などの印刷メディアも、部数の拡大とともに、政治や文芸を内容として知識人を対象としたものと、より広い層を対象としたものに分化していく。一八五四年にはパリの情報を伝える『ル・フィガロ』が発刊され、六三年にはより一般的な情報誌である『ル・プチ・ジュルナル』が創刊された。これらの雑誌は読者への販売以外に、広告をその収入源としており、その広告主がデパートなどの販売業であった。そのため、第二帝政の後半より広告代理店が活動を開始している。

　余暇の活用もブルジョワ文化の特色であった。大ブルジョワは伝統的な社交界に出入りしていたが、一九世紀には社交界での娯楽自体がより広く開放されていった。つまり、王侯貴族が楽しむものであった演劇やオペラ、バレエ、コンサートなどが多くの都市で演じられるようになり、市民の余暇の対象となっていったのである。一八七五年にシャルル・ガルニエにより設計されたオペラ座がパリに完成したように、多くの都市でオペラ座が建設された。また、革命期の一七九三年に、フランス王のコレクションを収めたルーブル宮を「諸芸術の中央美術館」とすることが決定され、「ミユゼ（美術館・博物館）」が整備されたように、一八〇一年からこれが公開されたのも一九世紀のことである。また、競馬場もブルジョワの社交場として登場してくる。こうした消費施設や余暇施設の整備とともに、パリでは「盛り場」が形成されることとなり、夜を楽しむブルジョワのために、レストランやキャバレーが開店していった。余暇の過ごし方としての旅行もブルジョワ層より始まり、鉄道会社がその宣伝を行った。第二帝政期にはブルジョワたちが余暇を過ごす選択肢として海辺が加わり、バスク地方のビアリッツ、ノルマンディのドーヴィル、南仏のニースなどで海浜リゾートが形成されていった。

　ブルジョワ文化は全体的には新たな生活様式をもたらすものであったが、価値観や美意識といった心性の面では、必ずしも果敢に新しいことを取り入れたわけではなかった。たとえば、ブルジョワたちは教育においては旧来のギリシア・ラテンの古典教育を重視しており、実用的な技術教育を低く見る傾向があった。自宅を建設する際にも古典様式の

ルーヴル改装を視察するナポレオン3世　ナポレオン3世のもとで北側の翼棟（現在のリシュリュー翼）が作られ、テュイルリ宮殿とつながれるとともに、建物全体の外装が改められた。改装後、1857年にルーヴルはあらたに「ルーヴル帝国美術館」として開館した。

石造建築を好み、エッフェル塔も建設当初はそれほど評価しなかった。彼らにとっての教養とは、アンシャン・レジームから続く貴族を中心としたエリート文化のものであり、それが変化するのにはまだ長い時間が必要だったのである。

産業化は都市化を促し、一九世紀には一般に都市人口が急増する。なかでもパリは増加がめざましく、一八四六年には人口が一〇〇万人を突破した。しかし、人口増に対して都市基盤の整備は遅れていた。中世以来の都市は狭い路地が多く、橋の上にも住居が建設され、日照に欠けた家屋が多かった。上下水道はほとんど整備されておらず、コレラなどの伝染病が蔓延した。そのようなパリへの労働者の流入は劣悪な環境の貧民街を拡大することとなった。為政者にとっては、貧民街の拡大は、不衛生な環境による伝染病の発生、犯罪の多発をもたらすものでしかなく、二月革命のバリケードの記憶を呼び起こすものだった。

そのため、ナポレオン三世は当時パリ市を管轄していたセーヌ県知事オスマンに命じ、パリ大改造に着手させた。オスマンはまず、市中心部にある曲がりくねった小路やシテ島の貧民街を一掃し、パリの中心を東西および南北に貫通する大通りを建設した。これに接続するかたちで、環状道路や鉄道駅から中心への道などを整備して、いくつもの街区を貫通する大通りを建設した。大通りの下には上下水道が整備された。上水道は約一六〇キロメートル離れたヨンヌ川より水道橋を築き、パリに送られる水の量を倍にした。

18世紀の橋上住宅　パリのノートル・ダム橋。オスマンによる改造前までは、橋の上にも住宅が建設されるのが一般的であり、それが空気の循環を悪くしていた。

セーヌ県知事オスマン（1809-91）　彼によるパリ改造は「オスマニザシヨン（オスマン化）」と呼ばれている。内閣との対立により、1870年1月にオスマンは自由主義者の首相オリビエによって解任された。ナポレオン3世の失脚はその9か月後である。

オスマンのパリ改造　幅員を拡張中のレオミュール通り（1865年頃）。左側が古い町並みで、右側が改造後の町並み。

C O L U M N

図版コラム　世紀末パリの商人たち

19世紀末になってもパリでは多くの人々が街頭で商売を行っていた。17世紀のもの（84、85ページ）と比較しても、変化していない部分が多いことが興味深い。日本と比べると、フランスでは、物質文明の変化は緩慢である。

くず屋（1900年）

牛乳屋（1899年）

家財道具屋（1899年）

下水道については、道路整備とともに整備した下水道をセーヌ川の両岸に沿って建設した大下水道に接続し、市外のセーヌ川下流で放水するようにした。道路の整備に伴い、住宅密集地域の再開発も行われ、高さやバルコニーの位置など、意匠をそろえた建築物が作られていった。

中心部では区画整理により新たな建物が建設され、家賃が高騰したために、下層民は改造後に戻ることができなくなった。これにより、ブルジョワと労働者が混じり合って居住していたパリで、社会階層による住み分けが進行した。中心部から西部をブルジョワ街が占め、そのまわりを東部から南北に労働者街が取り囲むかたちとなった。

オスマンのパリ改造は、国家の権威を示すバロック風都市の建設でもあった。オペラ座の建設やルーヴル美術館の増築など、モニュメントの建設も行われた。そして、新たに整備された直線道路は、すでに存在していたものも含め、これらのモニュメントを結ぶかたちで建設されたのである。パリでは広い道路の先では、パンテオン、バスティーユ広場の七月革命記念柱、凱旋門、オペラ座、東駅などのモニュメントが、アイ・ストップの役割を果たしている。こうして、オスマンのパリ改造は、パリをたんなる近代都市ではなく、フランスの首都としてふさわしい都市に変貌させたのである。

6 民衆世界の変貌

産業化に直面して民衆世界はどのように変化したのだろうか。今日の研究では、都市においても農村においても前近代的な民衆世界が、一九世紀になっても残存していたことが強調されている。

一九世紀前半には都市では、機械制大工場の建設というよりはむしろ、従来の小アトリエがネットワーク化することで産業規模が拡大した。そのため、第二帝政下でもまだパリなどでは職人的な労働者が主体であり、親方・職人的な労使関係も維持されていた。そのため、労働者たちは自身の差配で労働を行おうとし、日曜日が過ぎ月曜日となっても「聖月曜日」と称して出勤せず、仲間と居酒屋で過ごす慣行がみられた。このような慣行は、時間管理が何よりも重要な近代的な工場制度に反するものであった。

エッフェル塔　エッフェル社が手がけたこの塔は、金属産業の成果を示すために1889年の万国博覧会に際して建設された。当初は1909年に解体される予定であったが、軍事電波の発信という国防目的のために残され今日に至っている。

経営者側は労働者のモラル改善を求めるとともに、合理化を推進していった。合理化とは、工作機械の改善や生産方法の変化にとどまらず、管理部門と現業部門の分離組織化や分業の進展、作業の手順などの生産工程の改善である。これらの合理化は、与えられた作業工程において機械を使いこなす熟練を労働者に求めはしたが、それは従来までの原料から完成までを担当する職人的熟練とは異なっていた。そのため、この合理化は労働者の自律性を低下させることになり、紛争など、さまざまなかたちでの抵抗が発生した。

一方では彼らは労働組合を結成し、労働条件の改善を求めることになる。とくに一八八四年に労働組合が合法化されると、この方式は正式のルールとなっていく。他方、機械化による就業環境の変化や都市改造による労働者地区の形成は、労働者同士の相互扶助など古い共同性を突き崩すこととなり、労働環境においても労働者が個人として存在する傾向を強めていった。そのなかで、労働者たちは、単調な管理された労働に対しては職人としての価値を見いだすことができなくなった。彼らは労働を生活の糧を得る手段でしかないと割り切り、むしろ非労働時間とそこにおける消費を重視し始めるのである。

農村世界においても、近代的な価値観の到来は遅かった。農民の生活は太陽の動きや天候に依拠しており、農事暦も季節の移り変わりという自然のリズムが基本となっていた。農民たちの祝祭空間にも革命記念日のような上からの祝祭が侵入するが、伝統的な祭礼が農作業と密接に関係しているかぎり、それらを捨て去ることもなかった。また、一九世紀半ばにはまだ、出産や子供の誕生後のお祝いや結婚式、葬儀などは個人（家族）のみならず村全体の祝祭として実施されていた。「夜の集い」が存続していた地方も多かった。医療慣行や衛生の概念に関しては、近代医学とは異なる、呪術的な民間療法が存続していた場合も多い。

だが、一九世紀における社会の変化は、農民たちに彼らが住むローカルな世界を超えたより広い世界を体験させることとなり、それが農村の世界を変化させていった。普通選挙の導入は農村に外部の政治をもたらし、新聞や通信販売、鉄道による大都市への旅行は、新たな情報とともに新たな文化をもたらした。兵役に服した農民は、そこで国民教育を受けるとともに、全く違う世界を体験し、農村に帰還して新たな文化を広めた。さらに決定的なのが、初等教育の普及である。子供たちは六歳頃学校に入学し、統一的なカリキュラムによる教育を受けることになり、合理性や科学を重視した教育は、農村のローカルな世界を徐々に解体していった。

こうして、一九世紀末には、エリート文化が民衆文化を飲み込んでしまう。

オルセー美術館　もともとは1900年の万国博開催にあわせて、オルレアン鉄道によって建設された駅舎だった。ホテルも併設している豪華な建物は、第2次世界大戦前には本来の目的では使用されなくなり、1986年に19世紀美術の殿堂として生まれ変わった。

パリのバリケード（1871年3月18日）　パリ民衆は国民軍の大砲を奪い、ティエールの政府に立ち向かった。パリの各所にはバリケードが築かれ、つかの間の自治空間が出現した。写真はフォーブール・サン・タントワーヌの光景。

第11章
CHAPTER

第三共和政の成立

1 パリ・コミューンと第三共和政の成立

　スダンでのナポレオン三世降伏の報を受けて、一八七〇年九月四日にパリで蜂起がおこった。市庁舎で共和政が宣言され、レオン・ガンベッタやジュール・フェリーなどの共和主義者により、「国防政府」が成立した。国防政府は戦争継続の方針をとったが、プロイセン軍にパリを包囲され、戦況は絶望的であった。政府は徐々に講和へと向かい、翌年一月二八日に暫定休戦が実現した。講和条約締結のためには国会の開催が必要であったため、二月八日に国民議会選挙が実施され、王党派勢力が圧勝した。ボルドーで開催された国民議会は、二月一七日に七月王政期に首相を務めたティエールを「フランス共和国行政長官」に指名し、ティエールは二六日にアルザス・ロレーヌの割譲や五〇億フランの賠償金支払いを含む仮講和条約に調印した。三月一日にはプロイセン軍がパリに入城したが、地域ごとに自治組織を結成して抵抗の姿勢を強めていたパリはこれに刺激されて、国民衛兵中央委員会を結成した。

　三月一八日にティエールは正規軍に命じてパリ国民衛兵の武装解除を行おうとしたが、住民がこれに反発し、指揮官の将軍ふたりが銃殺された。ティエールはただちにパリを捨て、ヴェルサイユに政府を移したため、パリの実権は国民衛兵中央委員会が握ることとなった。三月二六日には選挙が行われてパリ・コミューン議会が成立、執行権と行政権を兼ねた史上初の労働者の自治体（政府）が誕生した。二八日には市庁舎前でパリ・コミューンの成立が宣言された。

　多くの革命派が議員に選出され、新聞などにより社会主義的な主張も活発であったが、実態としてはむしろ民衆蜂起の伝統を持つパリにおいて権力の空白が生じたために、民衆が偶発的に権力を掌握したという色彩が強い。それがゆえに、コミューン内部での路線対立も激しかった。一方で、ヴェルサイユの政府がこのような運動を容認するはずがなく、五月二一日にはヴェルサイユ軍がパリ市内に突入し、市街戦が展開された。コミューン兵はテュイルリ宮や市庁舎に火をかけつつ抵抗を続けたが、ヴェルサイユ軍の弾圧は徹底しており、二八日には三万人以上の死者を出して、コミューンの抵抗は終わった。

一八七一年八月に初代大統領に就任したティエールは、政治体制の問題を一時棚上げし、国家の再建に努めていった。が、前年九月四日に共和政が宣言されたものの、議会の主導権は王党派が握っており、先行きは不透明であった。一八七三年三月に賠償金の支払いと占領ドイツ軍の撤退に合意した後、ティエールが共和政をめざしていることが明らかになると、王党派議会は五月二四日にティエールを辞職に追い込み、パリ・コミューン鎮圧軍を指揮したマクマオン元帥を大統領に就任させ、政変の仕掛け人だったブロイ公が首相に就任した。そして、王党派から共和派まで、各派の思惑が乱れるなかで、国制を定める作業が進み、一八七五年一月から七月にかけて一連の「憲法的法律」が成立した。できあがった体制は、王党派内部の分裂により、共和派とオルレアン派が提携するかたちで成立した。つまり、オルレアン派の意向により、終身議員からなる上院の設置と七年任期の大統領に下院解散権と法案発議権など強力な権限が与えられた。その一方で、政体は明確に共和政であるとされ、普通選挙による下院にも大きな権限が与えられた。

パリ市庁舎　ルネサンス様式のパリ市庁舎は、パリ・コミューンにより焼失してしまった。現在の市庁舎はその後に復元されたものである。

翌年の下院選挙では共和派が圧勝し、大統領マクマオンは穏健共和派のジュール・シモンを首相としたが、シモンが県知事や司法官に共和派を登用していくと、一八七七年五月にこれを罷免、下院の意向を無視し、ブロイ公に組閣を命じるとともに下院を解散した。しかし、一〇月の選挙で共和派が過半数を維持し、一八七九年一月に上院で王党派が過半数を割ると、マクマオンは辞任し、穏健共和派のジュール・グレヴィが大統領となり、ヴァダントン内閣が成立した。ここにおいて、名実ともに共和派の政権が成立した。また、グレヴィは下院解散権の棚上げによって議会主義の原則を尊重することを約束した。これにより、議会が大統領に優越する第三共和政の原則が確立したのだった。

この後、一八九〇年代末まで政権を掌握したのは、ジュール・フェリーやレオン・ガンベッタを指導者とする穏健共和派であった。その左翼にはクレマンソーを中心とする急進派がおり、急進派は穏健派のことを「日和見主義者（オポルチュニスト）」と呼んだ。しかし、穏健派はこの語を「時宜（じぎ）にかなった行動を取る者」と肯定的意味合いで使用し、共和主義的自由、反教権主義（世俗主義）、植民地拡張を三本柱とする政策を着実に推進していった。一八八一年には言論の自由が保障され、八四年三月には労働組合の結成が認められた。同年四月には地方自治の制度改革がなされ、パリを除く全市町村を同格の自治体（コミューン）とし、その自治を大幅に拡大した。

しかしながら、こうして改革が進むにつれて、オポルチュニストたちはその成果を保持しようと保守化していった。この傾向を批判したのが議会内最左派の急進主義者たちで、一八八五年一〇月の下院選挙では、右翼が議席を伸ばす一方で、急進派も発言力を拡大した。この選挙の結果、一八八六年一月には急進派クレマンソーの強い支援を受け、共和主義者のブーランジェ将軍が陸軍大臣に任命された。将軍は軍の近代化を推進する一方、炭鉱争議でのスト参加者に共感を示し、対独強硬策を主張した。この姿勢がオポルチュニストの政策に不満を持つ国民に受け入れられ、「復讐将軍」としてブーランジェ人気が高まった。これに危険を感じた政府は、彼を陸軍大臣から更迭したが、このことがかえって彼への共感を高め、右翼から左翼まで政権に不満を持つものがこぞって彼を礼賛した。ブーランジェは憲法改正のスローガンを掲げて補欠選挙のたびに立候補し、当選するたびに辞退を繰り返し、国民の感情をあおっていった。一八八九年一月のパリの補欠選挙で彼が圧勝

オスマンの改革以前のパリ中心部（1845-50年頃）

ルーヴルから見たセーヌ左岸　初代芸術橋の向こうにマザランが建設した学士院の建物が見える。左側がシテ島。遠景の高い建物は、右からサンジェルマン・デ・プレ教会、サン・シュルピス教会、パンテオン、ノートル・ダム大聖堂、サン・ジャック塔。

シテ島から見たセーヌ右岸　橋がポン・ヌフで、左手奥に見えるのがルーヴル美術館。ソルボンヌなど、左岸が文教地区として形成されたのに対して、右岸は商業地区として発展していった。

すると、運動は最高潮に達し、支持者たちはクーデタの敢行を彼に迫った。しかし彼は動かず、運動は急速にしぼみ、彼の亡命とともに事態はあっけなく収束した。

体制へのもうひとつの危機が、ドレフュス事件だった。一八九四年九月軍事情報がドイツに漏れていることが露見し、軍諜報部は参謀本部のアルフレド・ドレフュス大尉を逮捕し、軍事裁判で終身流刑を言い渡した。これは冤罪であったが、ドレフュスが当時ドイツ占領下にあったアルザス出身のユダヤ人だったために、確証もないままに逮捕されたのだった。だが、一八九六年には軍内部に真犯人がいることが判明、再審請求の動きがおこるが、軍首脳部や政府は軍の威信が傷つくことを恐れて取り合わなかった。こうしたなか、作家のエミール・ゾラが『オーロール』紙上に「私は弾劾する」という公開質問状を掲載すると、国論を二分する議論がわきおこった。左翼知識人や学生らが結成した「人権同盟」を核とし、急進派や社会主義者からなる「ドレフュス派」は人権擁護は共和政の根幹にかかわる問題であるとし、王党派やカトリックからナショナリスト、反ユダヤ人種団体が参加する「反ドレフュス派」を攻撃した。一八九九年に行われた再審は両派の妥協の産物で、ドレフュスは有罪とはなったが、大統領がただちに特赦を与え、世論はおさまり、事件は収束した。

ドレフュス事件はフランスの政界に再編をもたらした。右翼ナショナリストへの対抗のため、一九〇一年に「急進共和・急進社会党（急進社会党）」が結成され、共和主義者が中道的国民政党に大同団結した。社会主義者も一九〇五年に統一社会党に結集し、議会主義に合流していく。一九〇二年の総選挙で「共和派連合」が圧勝したように、反対勢力は、サンディカリストと右翼ナショナリストなど、社会的影響力が低い左右の過激派のみとなった。唯一、議会主義に包摂されずに危険な存在であったカトリック勢力も、一連の立法により公的な世界からの退場を迫られていった。

このことは、革命以降の王政、立憲王政、共和政、帝政という革命の進行を再現するような政体の転換を経て、ようやく共和主義がフランスに定着し、それにより国民統合が達成されたことを意味している。一九世紀半ばからの産業化の進展により、フランスでは中間層が増加した。一九一一年にまだ人口の五六パーセントを占める農民層と半独立的な熟練工という従来の中間層に加え、ホワイトカラーに代表される新中間層が加わったのである。中間層は、社会的上昇をとげようとするが、そのためには彼らにとって有利な原理が必要であり、それが共和主義であった。共和主義の源泉はフランス革命の「人権宣言」にあり、「自由」と「平等」がその中心である。一九世紀に、人々は両者のバランスをいかにとるかという問題に直面し、さまざまな政体を採用してきた。

だが、一九世紀末になると、中間層の利害に合致するように、両者のバランスが調整されていった。すなわち、社会の基本構成員は中間層を中心とした勤労者であり、彼らは所有（財産）により個人の独立（自由）と尊厳（人権）が保障されなければならない。そのため、すべての人が財産の形成にアクセスできるように、国家は機会の平等を保障しなければならない、というのである。この理念のもとに、政府は、名望家などの伝統的な権力者や教会の影響力を排除して、政治的権利の平等や教育機会の平等を実現する政策を推進したのだった。

そして、この共和国モデルの形成にあたっては、国家に対する人権の擁護運動であったドレフュス事件が決定的に重要な役割を果たしたのであり、これ以降のフランスでは、人権が非常に重要な価値として定着していく。また、このような動きは、政治のスタイルも変えていった。「ドレフュス派」として活動を行ったのは地方の小ブルジョワであったように、この時期には一八世紀に成立した「公論」の世界が中間層にまで広がっていった。一九〇一年の急進社会党の成立は、このような状況の組織化をめざしたものであり、政党の組織的な活動とプロパガンダにより、中間層を政治の場に進出させることとなった。これにより、地域社会においても名望家支配が終焉し、大衆政治時代が到来したのだった。

政治の実権を握った急進社会党は、この後左右両派からの攻撃にさらされることとなる。一九〇四年にジャン・ジョレスがあらゆる社会主義者の機関誌として『ユマニテ』を創刊し、同年に第二インターナショナルがフランスの社会主義者の統一を呼びかけたことをきっかけに一九〇五年に統一社会党が結成され、議会内で急進社会党に対抗した。フランスの労働運動は伝統的に議会と距離をおいて固有の社会変革路線をとるサンディカリズムの傾向が強く、議会主義へと走る社会党に不満を持つ者たちは、一八九五年に「労働総同盟（CGT）」を結成した。CGTは一九〇六年にアミアン憲章を採択し、国家には頼らず、ストライキなどの直接行動により労働者自身による労働者の解放をめざすサンディカリズム路線を採択した。CGTの運動方針はフランスの労働運動の特色となり、大規模なゼネストによる直接行動主義は、現在においても健在である。シャルル・モーラスを理論的指導者として一八九八年に創立された「アクシオン・フランセーズ」は、従来の右翼の王政主義にナショナリズムを接合したものであり、反共和主義、反議会主義の立場を取った。彼らは革命がもたらした個人主義を諸悪の根源とし、ナショナリズムによる国民共同体の再生を主張し、ユダヤ人や社会主義者を「異国人」として排撃した。これ以降、ナショナリズムや愛国主義はむしろ、右翼により担われるようになっていく。

すべて、あるいはほとんどすべての市町村で日常的にはフランス語が話されない
50%以上の市町村でフランス語が日常的には話されない
相当数の割合の市町村が日常的にはフランス語を話さない
日常的にはフランス語を話さない市町村がまとまって存在している
方言の存在が指摘される
正確さに欠ける

1863年の公教育省の調査　南部を中心にフランス語を日常的には話さない県の存在が確認できる。この調査では、3万7510の市町村のうち、8381市町村（22%）でフランス語が全く話されていないことが判明した。7歳から13歳の学童では、11%がフランス語を全く話さず、48%がフランス語を書けなかった。
出　典：Eugen Weber, *Peasants into Frenchmen: The Modernization of Rural France, 1870-1914* ,1975.

軍事面でヨーロッパ最強の陸軍を自負していたフランスにとって、一八七〇年に新興国プロイセンに敗北し、アルザス・ロレーヌを奪われたことは、大きな衝撃だった。そのため、第三共和政下での外交政策の基軸は「対独復讐」となった。ドイツに対する強硬な発言をしたブーランジェ将軍が「復讐将軍」として国民の喝采を浴びたのは、こうした政策の浸透を示していよう。ビスマルクが宰相の座にあってフランスを孤立化させる外交政策を展開している時には、対独復讐は画餅（がべい）でしかなかったが、一八九〇年にビスマルクが宰相を辞任すると、風向きが変わっていった。フランスはまずロシアに接近し、一八九四年に露仏同盟を成立させた。一九〇二年にはイタリアと秘密政治協定を結び、〇四年には英仏協商を成立させて、逆にドイツ包囲網を形成していった。これらの外交により当然のようにドイツとの関係を悪化させた。ドイツは二回にわたり、フランス領であったモロッコの民族自決運動に介入したが、フランスはいずれもモロッコにおける権益を確保し、最終的にはこれを保護国化した。ここにおいては、植民地の獲得と対独復讐が同義となっていき、国内の反独感情が高揚した。政府も対

独戦争を視野に入れた政策を推進し、一九一三年には兵役期間を二年から三年とした。ジョレスをはじめとする社会主義者は反戦運動を展開したが、共和派はこれに追随しなかった。

2 フランスにおける国民国家の形成

第三共和政における国民統合原理が共和主義であったことはすでに述べたとおりだが、現実のフランスは、第三共和政成立期にもまだ地域的多様性が強く残存していた。言語については日常語として標準フランス語を使用していない人々は南フランスや周縁部を中心に人口の半分近くに及んでいた。革命期に均質な国民空間を作り出す努力がなされたが、それがまだ達成されていなかったのである。そのため、第三共和政では、みずからの政府の正統性を示し、共和制のもとに国民を統合し、国民国家を完成させるために、さまざまな努力がなされたのである。

革命との関係では、第三共和政は革命理念の継承者を自認し、フランス革命の出来事を顕彰し、国民の記憶に刻みつけようとした。一八七九年には「ラ・マルセイエーズ」が国歌となり、翌年にはバスティーユ襲撃の七月一四日が国民の祝日とされ、同日にパリ・コミューンで処罰された人々に大赦が与えられ

サクレ・クール教会 普仏戦争での敗北により打ちのめされた国民の心を癒そうと、1870年に計画され、国家の援助を受けて建設された。19世紀は、非宗教性（ライシテ）が推進される一方で、リヨンのノートル・ダム聖堂（1872年建設開始）、ルルドの奇跡（1858年）など、カトリック再興の動きも存在していた。

た。一八八四年から市町村庁舎の建設が義務づけられるが、そこには「自由・平等・友愛」の文字が刻まれたのだった。また、一八八〇年代より共和国を象徴する「マリアンヌ」像が急速に普及していった。革命一〇〇周年の一八八九年には、三部会開催の五月五日に合わせてパリ万国博覧会が開会され、封建的特権廃止の八月四日には、三人の革命家の遺骸がパンテオンに移され、九月二一日にはヴァルミの勝利が祝われた。革命期に行われた地名の変更も実施され、全国各地で「共和国通り」や「共和国広場」が生まれ、ガンベッタ、ユゴーなどの著名人や共和主義者の名前も地名となった。

反教権主義も共和主義による国民統合の重要な要素だった。政府はカトリック教会を標的とし、その社会的支配力を抑止する施策をとった。一八八〇年にはキリスト教の安息日である日曜日における労働の自由を承認し、八四年のナケ法により、復古王政期の一八一六年に再び禁止された離婚を合法化した。議会の開催時に行われていた祈りも廃止された。

共和主義と反教権主義の浸透において、もっとも重要な施策が教育であった。なぜならば、国民国家の完成のためには共和主義的世界観を持った「新しい人間」を育成する必要があり、そのためには青少年の教育からキリスト教的世界観を取り除く必要があった。そして、教育改革は共和主義の陶冶という意味では世俗化を必要とし、均質な国民の創造という点では義務化とそれを担保する無償化を必要としていたのである。このようなプログラムはすでに革命期に提出されていたわけだが、その実現には紆余曲折があった。

革命の終了以後、教育は相変わらず教会の手の中にあった。教育を世俗化するためには、まず世俗教師を育成する必要があったが、これが開始されたのが、七月王政下一八三三年のギゾー法だった。この法律では、人口五〇〇〇人以上の各市町村に初等学校の開設を義務づけるとともに、師範学校の設立が定められた。だが、初等学校では聖職者を教員として雇用することも認められていたため、むしろ修道会の教育への進出をもたらした。二月革命直後には、公教育相カルノーは初等教育に無償・義務教育の原則を導入する法案を出すが、保守派の反対にあって廃案となった。そして、一八四九年の六月事件により秩序派が議会でイニシアチブを取ると、彼らは翌年にファルー法を制定した。これは聖職者証明で教師への就任を可能としたもので、カトリック勢力の巻き返しだった。以降、カトリックの公教育への浸透が強化されていき、農村では師範学校出の「田舎（世俗）教師」と「村の司祭」が農村の日常的な規範をめぐって対立し、争うこととなった。

第三共和政に入ると、この状況が一変した。一八八一年から八二年に制定されたジュール・フェリー法は、国家による学校教育の全面的把握を目的としたもので、初等教育に「無償・義務・世俗化」の三原則を導入した。これにより修道会系学校は私立学校に転換させられ、世俗系学校の優越が確立した。また、農村における「教師」と「司祭」のヘゲモニー争いにも決着がつき、小学校教師は「共和国の新しい司祭」として教育を推進していった。国語（フランス語）は公民の共通語を教育することであり、「単一にして不可分」な共和国の基礎であった。また、歴史や地理の授業は、

読書をする2人の子供　1890年のリトグラフで、「私は読める」と表題がつけられている。国民教育にとってフランス語の読み書きは最重要な課題であった。

共和国の時間的・空間的把握により共和主義的公民を教化し、理科や算数の学習は迷信の払拭による科学的世界観の育成に貢献した。さらに、遠足や給食、学校貯蓄などの行事は、倹約や公衆衛生、集団的規律などの生活規範の体得をもたらしたのだった。さらに、教師たちは、農業指導、予防接種、公衆衛生、反アルコール・キャンペーンなどを通じて、農民への教育も行ったのである。

　兵役も国民の形成と密接に関連していた。一八世紀以降のヨーロッパでは、古代ギリシアの重装歩兵についての理解より、参政権と国防の義務をセットで考える傾向が存在していた。実際、革命の時に市民軍として形成された国民衛兵は、九一年体制のもとでは、能動市民（選挙権保有者）のみが参加することができた。また、一九世紀以降、戦争の遂行のために大量の兵士の動員が必要となるにつれ、いかに国民を兵役に就かせるのかということが問題となった。

　一七九八年に徴兵制を導入し、二〇歳から二五歳の男子は徴兵名簿に記載され、必要に応じて軍隊に召集されることとなった。フランスはこの体制下でナポレオン戦争を戦ったが、国民国家が未形成で人々のフランス人意識が希薄な時期には、徴兵忌避者が続出した。人々は何のために戦わなければならないかわからなかったのである。こうしたなか、政府は軍人の理想化などにより国民の軍隊への取り込みを推進した。一八〇二年の創設から第一帝政の終了までのレジオン・ド・ヌール勲章の受章者の九〇パーセントが軍人であったように、これは国家にとっての軍人の重要性を示す制度となり、年金が付随していたため、国民にとっても軍人となって戦功を立てる意味が与えられたことになる。また一八三二年からは職業軍人に年金（軍人恩給）制度が導入され、永年勤続年金と傷痍年金および遺族年金が制度化された。遺族年金の額が傷痍年金よりも少ないことから、この制度は遺族というよりは本人の働きに報いる制度だった。

　だが、農村を中心に、兵役逃れは多く、妻帯者は免除されていたために結婚をしたり、男の子を女子として出生届をするなどの例があった。このような兵役制度の不浸透から、一九世紀前半には少数の人間に長期間の兵役を課す方向が認められる。一八一八年が六年間、一八二四年が八年間で一八五五年になって七年間に短縮されるように、フランスの兵役期間は同時期の諸外国よりも圧倒的に長く、代理制度もあったために、兵役に就くのは同世代の一〇パーセント未満であった。確かに、兵士の質も問題であり、一九世紀後半にはプロフェッショナルを中核とした少数精鋭論（専門性：長期の兵役期間）と国民皆兵論（平等性：短期の兵役期間）とのあいだで論争があり、軍部はむしろ少数精鋭論を支持していた。

　しかし、第三共和政になり共和主義が優勢になると、平等論が優勢となっていく。一八七三年には、知識人を中心として広範な特別免除が認められるかわりに、代理制度が廃止された。だが、しだいにすべての男子が兵役に就く一般兵役義務への要求が高まっていった。この理由には、平等性の重視だけではなく、軍隊の規律は、権威への尊敬を育成するとの、兵役の教育効果の重視もあった。こうして、一八八九年には三年間の義務兵役制が導入された。兵役期間は一九〇五年に二年となったが、大戦が近づく一三年には再び三年となった。その後、制度変更が加えられつつ、義務兵役制は二〇〇一年まで続いた。

　同一民族により形成された国民国家が基本的な単位となっていく一九世紀には、ヨーロッパでは「国民」とは何かということが大問題となった。同じ民族が分裂状態にあると認識されていたドイツ、イタリアや、自民族が他国や他民族の支配下に置かれている地域においては、その民族があるべき国民国家を形成することになり、「民族」という単位と「国家」という単位を一致させようとするナショナリズムが主張された。しかし、フランスの場合には国民国家の領域形成自体は絶対王政期に実現されており、革命期の国民概念は民族というよりはむしろ、身分などによる差別がなく平等の権利を持つ国家の構成員のことを示していた。

　その後、国民や民族に関してはさまざまな

パンテオン　もともとは18世紀に聖ジュヌヴィエーヴに献堂する教会として建設が開始されたが、革命の時、1791年にフランスの偉人たちを祀る墓所とすることが決定された。祖国への奉仕を国民の理想とし、その顕彰により国民統一を推進しようとした。

議論が行われ、時期によっては民族としてのフランス人が重視された場合もあった。たとえば、第二帝政期の一八五九年にポール・ブロカを中心に「パリ人類学会」が設立された。この団体は、一八六四年に政府より「公共的な利益に資する団体」として認められたが、規約によると、学会は諸人種の科学的研究を目的とし、種の概念の研究、つまり「人種」を科学的に定義することを目的としていた。このために、彼らは形質（自然）人類学により、生体観察（髪の毛の色や眼の虹彩の色）と死体観察（骨格の計測）を行ったが、これは失敗した。科学的に民族や人種を定義することは不可能だったのである。

こうしたなか、第三共和政期には革命期の概念が再確認された。一八八二年にエルネスト・ルナンはパリ大学で「国民とは何か」と題する講演を行い、「国民の存在は……日々の人民投票である」と述べた。彼の考えによれば国民とは人種や言語、宗教などによって先天的に規定されるものではなく、国家理念への同意によって人々が自発的に選択・形成するものであった。現在でもフランスの国民意識の基底にはこの原理があり、一八八九年には国籍法が改正されて、「フランスを出生地とする子供」にも国籍が与えられた（生地権の原則）。

だが、国民国家形成の過程で、身分的、共

パリ中央市場　古くなった市場の改築が第二帝政期に実施された。これも鉄材を多用した建築物である。

同体的原理が否定され、国家のなかには「フランス人」しか存在しないという原理ができると、貧富の差など、さまざまな社会対立を含む人々を統合する手段として、上からのナショナリズムも必要となった。そこでは学校教育が重要な役割を果たし、共通の言語や歴史の教育を介して、国民意識が植え付けられていったのである。そして、この場合に人種的な国民意識が全く利用されなかったわけではない。たとえば、百年戦争でイギリスと戦い、最終的には処刑されたジャンヌ・ダルクを救国の乙女として教育したように、歴史教育においては、「民族の歴史」が重視されたのである。さらに、世紀末から右翼がナショナリズムを標榜した時、この国民はむしろ「土地」や「血」に根ざしたものであった。このように、フランスにおいても国民の定義は難しい。

また、国民意識の浸透は、国民の実態が何を示すのかが明確でなくても、均質的な国民という幻想を人々に植え付けることとなった。そのため、一九世紀末には、国内の異端者を排除する偏狭な愛国主義をも生み出した。ドレフュス事件に見られるような反ユダヤ主義はその典型であろう。フランスにおける理念的国民と実体的な国民の問題は、今日の移民問題にも色濃くその影を落としているのである。

3　結社法と政教分離法

第三共和政期に制定され、その後の歴史の展開に大きな影響を与えたものに、結社法（一九〇一年）と政教分離法（一九〇五年）がある。

すでに見てきたように、フランス革命の担い手たちは、アンシャン・レジームにおける社団や同職組合などは国家と個人とのあいだに存在し、私的利害を代弁するものとしてその解体をめざした。一七九一年のル・シャプリエ法では、営業の自由に背反するとの理由で労働者の団結が禁止されただけではなく、連帯にもとづく相互扶助など、あらゆる種類の結社（アソシアシオン）が禁止されることとなった。その後、ナポレオン刑法典（一八一〇年）の結社罪、一八三四年の反結社法においてアソシアシオンの結成は常に国家による制限の対象となっていった。しかし、このような政策は民間の協会や団体の発展を妨げ、民間の結社による広範囲な活動により国家が支えられていたイギリスとの差を生んでいた。また、禁止にもかかわらずさまざまなかたちでの労働者の「結合」は存在してはいたが、法的に団結が認められない労働者は雇用主に対して圧倒的に弱い存在であり、労働者の団結権を求める声も多かった。

こうした流れのなか、第三共和政は従来の方針を改め、結社を容認する方向に進んだ。一八八四年にはヴァルデック・ルソー法を制定し、職業による結社の自由を認め、労働者や雇用主が職業的な組合を作ることが認められた。これにより労働組合が形成されていくことになり、この一〇年後には組合形成の自由が公務員にも認められた。この流れの帰結として、一九〇一年に結社法が制定され、「ふたりまたはそれ以上の人びとが、利益を分かち合うのとは異なる目的において、それぞれの知識や活動をともにするという契約」として、結社全般が公的に認められた。これにより、政党や労働組合が政治や社会においてより重要な役割を果たしていく。ただしこの法律では、宗教結社は例外とされ、修道会の設立には認可が必要で、修道士が教育に携わることも禁止された。そのため、この法律の適用を巡り、国家と教会とのあいだで対立が生じることとなる。

一九〇二年六月に首相に就任したコンブは、反ドレフュス派に荷担したカトリック教会との対立姿勢を強め、結社法を厳格に適用して、無認可修道会やそれが運営する学校の多くを解散・閉鎖させるとともに、多くの修道会認可申請を却下した。一九〇四年には修道会士を私立学校を含めたあらゆる教壇から排除する修道会教育禁止令を発した。ここにおいて、教育の世俗化が完了したことになる。こうした流れのなかで、共和政における教会の位置づけを定めたのが、政教分離法で

第二帝政期のオテル・デュー病院　病人は聖アウグスティヌス会修道女たちにより看護されている。修道会による病院の運営は中世以来の伝統であるが、ここでも以降は世俗化が進んでいく。

1899年のデモ　自由経済のもとでは労使は個人として対等の立場で労働の契約を結ぶこととなっていたが、現実には被雇用者である労働者の立場は弱かった。そのため、しだいに彼らの団結権が認められていくが、それは全ヨーロッパにおける趨勢だった。

あった。ここでは、国家および地方公共団体の宗教予算が廃止され、教会財産の国家による収用、聖職者の政治活動の禁止などが定められた。これにより、信仰は私的領域に限定されることとなり、一八〇一年の政教協約が廃棄されるとともに、国家制度内に教会を位置づけるガリカニスムも解体された。一九〇四年の法律によりヴァチカンとの外交関係が断絶したように、教会の反発は激しく、教会財産目録の作成のために官憲が修道会や教会に立ち入ろうとした時には、聖職者たちはバリケードを作って抵抗した。

このような抵抗にあい、法律の厳格な適用が見送られ、無認可修道会の活動再開が黙認されていった。また、修道系の学校が世俗系私立学校に衣替えし、そこで修道士が学校を運営する例も見られた。だが、この法律により「ライシテ＝非宗教性」、すなわち、公共の場所には宗教を持ち込まないということが国家原理として浸透していくことになる。今日のムスリムのスカーフ問題も、この原則と関連しているのである。

地下鉄の工事　1903年10月18日にイタリア王の一行がオペラ座前の地下鉄工事現場を訪れた光景。地下鉄は都市交通のあり方を一変させた。

C O L U M N

工業化と移民

産業革命が本格的に展開した19世紀後半、フランスは大量の労働者を必要とするようになり、移民受け入れ国となった。この時期の移民はベルギーやイタリア出身の出稼ぎ単身男性が多かった。ベルギー人は北部の炭鉱や工場で働き、イタリア人は南仏の鉄道建設やアルプスの道路建設に従事した。フランスの移民受け入れの背景には人口問題がある。世紀末のフランスは他の国よりも出生率が低く、人口の伸び悩みを移民によって補うことが求められた。そのため、労働力不足に悩む経営者、兵員不足を懸念する軍、外国人労働者との競争を避けたい労働者の思惑が一致し、移民を同化させ、国籍を与える方針が打ち出された。1889年の国籍法はその結果である。義務教育（1881～82年）や一般兵役義務（1889年）が同化を促進する制度として取り入れられた。1889年の国籍法に、帰化フランス人には10年間選挙権を与えない条項があったように、同化には一定の時間が必要ではあったが、それでも人権宣言に代表されるフランスの原理を受け入れれば、人はフランス人になることができると考えられていた。

第１次世界大戦での人口減もあり、このような移民政策は維持され続けた。しかし、第2次世界大戦後にヨーロッパ圏からの移民が減少し、かわってアルジェリア人などの非ヨーロッパ系の移民が増加すると、新たな移民問題が発生した。宗教（カトリック）や言語の面で同化のハードルが低かったこれまでのベルギー人やイタリア人の移民に比べ、彼らは宗教などの文化的な背景が全く異なっていたため、19世紀の楽観的な同化政策では対応できない面が多かったのである。

そして現在に至っても、有効な移民政策を実施できないことは、今日のフランスの問題である。フランスには公的な人種統計が存在しない。なぜならば、「単一で不可分」の共和国には「フランス人」と外国人しかいないからである。そのため、移民向けの大学入学枠を設けるなど、アメリカで行われているアファーマティブ・アクションをとることができないでいる。1981年からは教育優先地域(ZEP)を設定し、重点的に予算を配分する措置を行った。「人種」や「出自」を基準とできないために、より普遍的な居住地域を対象とした政策をとらざるをえなかったのだが、そのために移民グループを直接の対象とした政策になっていないとの批判もある。

第12章 CHAPTER

現代のフランス

1 第一次世界大戦の衝撃

一九一四年六月二八日にサライェヴォ事件が発生し、七月二八日にオーストリアがセルビアに宣戦布告をした。戦争は同盟関係を導火線のようにして世界大戦へと発展し、フランスも八月一日に総動員令を発し、三日にドイツに対する戦争に突入した。一九一四年春の総選挙では平和主義をとる社会党と急進党が勝利したが、皮肉なことにこの議会のもとで戦時体制が可決された。八月四日にポワンカレ大統領のもとに、戦争中の政争を停止し、挙国一致により対独戦の勝利をめざす「神聖連合（ユニオン・サクレ）」が結成され、社会主義者二名を含む内閣が誕生した。

塹壕戦　西部戦線では、前線すべてにわたり両軍が塹壕を掘り、膠着状態になった。写真は第一次世界大戦で最大の犠牲を出したヴェルダンの戦いの終了後の状況。

政府は短期戦で戦争が終了すると考えていたが、このもくろみは外れた。ドイツ軍はまずベルギーを攻略し、続いてフランス北部に侵入したが、九月のマルヌの戦いで敗退し、西部戦線の戦いは膠着（こうちゃく）状態に陥った。大量の動員により軍需物資の消費は予想以上となり、独仏とも一〇月には平時備蓄をすべて使い切ってしまった。これに戦争の長期化が加わり、戦争の帰趨（きすう）は軍需品生産の拡大に左右されることとなった。戦争はこれまでのように軍隊だけのものではなくなり、国民全体が戦争遂行に向けて動員される、「総力戦」となった。

このため、政府は社会党のトマに国家主導型経済を組織させた。施策は動員された熟練労働者の後方の工場への配置、民間工場での軍需物資の生産、勤務時間をのばすためのサマー・タイム制の導入などに及んだ。一九一八年には、小麦や鉄鋼、石油などの部門別に関連企業を集め、輸入や売却、売却時の価格設定を国家指導のもとに行う企業連合体が組織されるいっぽう、パンや砂糖は配給制となった。戦争遂行のために、経済的自由主義の原則が棚上げされたのである。戦争の遂行は国家支出の急増をもたらし、戦時公債の発行と外国（おもにイギリスとアメリカ）からの借款に依存した。そのため、戦争終了時には巨額の財政赤字が積み残されることとなる。また、動員による労働不足により、従来は男の職場とされてきた領域への女性の進出が見られた。

ヴェルサイユ条約　各国の代表が集まり、ヴェルサイユ条約が起草された部屋。現在はヴェルサイユ宮に隣接するホテルの大広間となっている。天井近くの壁面のプレートに、この部屋のかつての歴史的役割が記されている。

　戦争が長期化し始めると、社会党やCGT内部に神聖連合を批判する勢力が形成され始めた。一九一七年になると、国民のあいだでも厭戦気分が蔓延し、物価高に抗議して賃上げを求めるデモが頻発、前線では兵士の士気が低下し、五月から六月にかけて、攻撃命令の拒否など、兵士たちの不服従の行動が発生した。これが政治危機につながり、九月には社会党が政権から離脱して神聖連合が崩壊した。この危機に際して、一一月には七六歳のクレマンソーが首相に返り咲き、陸相を兼任した。「猛虎」クレマンソーは戦地を訪問するなどして徹底抗戦を呼びかけ、これが功を奏してフランスは態勢を立て直すことができた。

　一九一七年は第一次世界大戦の転換点であった。ロシア革命により東部戦線ではロシアが離脱したが、四月にはアメリカが参戦した。アメリカの参戦は、公債や借款のかたちでのアメリカ資本の流入の増大をもたらし、フランスはそれによりアメリカの工業製品や農産物を購入し、物量面でドイツを凌駕していった。ドイツはアメリカ軍が本格的に展開する前に決着をつけようと、東部戦線から移動した兵員を加えて、一九一八年三月に西部戦線で大攻勢をかけた。ドイツ軍はパリ北方六〇キロメートルの地点まで迫ったが、英仏連合軍はペタン総司令官のもとでこれに耐え、反撃に成功した。そうしたなか、休戦交渉が進展し、一九一八年一一月に、パリ北方のコンピエーニュの森で休戦協定が結ばれた。

　一九一九年六月にヴェルサイユ講和条約が結ばれるが、交渉の過程でフランスは対独復讐と国家の利害をむき出しにし、ドイツの弱体化により、安全の保障とフランスの威信の回復を実現しようとした。この結果、ドイツに対してはアルザス・ロレーヌの返還、ライン左岸の非武装化、軍備削減、莫大な賠償金支払いが定められた。

2 世界恐慌と人民戦線

第一次世界大戦でフランスは約一四〇万人（動員数の約六分の一）の戦死者を出し、戦争による出生数の減少とあわせ、一九一一年には約四〇〇〇万人であった人口が一九二一年には三八八〇万人へと減少した。勤労世代における人口欠損は労働力問題を引き起こし、それが移民の増加となってあらわれていく。また、北部工業地帯を中心とした地域が戦場となったことにより、農業や工業の生産が減少し、産業に深刻な打撃を与えた。

戦後の政府の課題は安全保障と経済問題であったが、それはいずれもドイツ問題へと収斂した。つまり、ドイツによる復讐を防ぎつつ、ドイツからの賠償金により経済復興を果たすのである。一九一九年一一月の選挙では、国民ブロックを形成した保守派と中道派が勝利した。保守層の躍進の背景には労働者の実質賃金の低下による労働争議の頻発があった。社会党員やCGT組合員の数は増加したが、ストライキはいずれも挫折した。これには、当時の左翼運動の転換が影響している。ゼネスト至上主義のサンディカリズムでは状況への対処が困難であり、労働運動のさらなる組織化が求められていた。だが、一九一九年に革命ロシアの後押しで結成されたコミンテルン（第三インターナショナル）は、各国に共産党の設立を呼びかけ、それがフランスの社会主義勢力を二分することとなった。フランス社会党からは左派が離脱し、一九二〇年にフランス共産党を結成した。CGTも分裂し、共産党系の「統一労働総同盟（CGTU）」が組織された。

しかし、国民ブロックの政策も安定せず、短命の内閣が交代するなか、一九二二年にポワンカレが首相兼外相に就任した。翌二三年、ドイツの賠償金支払い不履行を理由として、ポワンカレはベルギーとともにルール地方に出兵し、これを占領した。しかし、この行為は国際社会で非難されるとともに、サボタージュなどのドイツ国内での「受動的抵抗」により実利を得ることもできず失敗した。この失敗によりインフレと財政悪化が生じたため、ポアンカレはデフレ政策に転じ、増税と公務員の削減を計画した。すると、これが左翼ブロックの結集をもたらし、社会党と急進社会党の左翼連合が結成され、一九二四年の総選挙に勝利した。首相となった急進社会党総裁エリオは、ルールからの撤兵やソ連の承認など緊張緩和政策を推進した。左翼連合の時期には経済発展が見られたが、従前からの国家財政の赤字は解消せず、フラン価が下落を続けていた。エリオ内閣は財政危機問題への対応に失敗し、一九二五年四月に上院の反対を受けて崩壊した。その後、一五か月で六つの内閣が交代するという状況下で、左翼連合は有効な政策を打ち出すことができず、一九二六年七月には第四次ポワンカレ内閣が成立した。

ポワンカレは六人の首相経験者を集め、社共を除いた「国民連合（ユニオン・ナシオナル）」内閣を結成した。ポワンカレは財政再建を最重要課題とし、増税と公務員の削減、短期債権から長期債権への転換などにより財政健全化をめざした。公債処理に関しては、独自財源による国防債券管理公債償還金庫を設置して、信用回復に努めた。これにより、フランは急速に回復

犬の調教師　1930年代のパリの光景。大道芸の伝統もフランスでは長く続いた。調教師は傷痍軍人であろうか。

した。

安全保障問題に関しても、この時期は転換点となった。ルール占領という強硬策が破綻した後、一九二五年に外相に就任したブリアンは、国際協調による対独融和策を推進した。一二月にはロカルノ条約が締結され、ラインラントの現状維持が合意される一方、条約にもとづき翌年九月にドイツが国際連盟に加盟した。一九二八年八月には、ブリアンとケロッグ米国務長官の提唱による不戦条約が、一五か国により調印された。国際紛争の解決の手段としての戦争を否定したこの条約は、実効性の問題はあったが、経済発展とともに戦争の危機が遠のき、安定を取り戻した国際社会の状況を示すものではあった。

このような相対的安定期も世界恐慌の到来とともにおわりを告げた。一九二九年一〇月のニューヨーク・ウォール街での株価大暴落を発端として発生した世界恐慌がフランスに深刻な影響を与えたのは一九三一年になってからだったが、同時に発生した農業危機とともにフランス経済に深刻な打撃を与え、その回復は他国よりも遅く、工業生産に至っては完全に回復する前に第二次世界大戦に突入することになる。経済危機は一九三五年の税収が二九年のそれの三分の二というように、深刻な租税収入の減少を引き起こし、財政状態は深刻となり、ドイツによる賠償金支払いの停止やドイツの再軍備に対抗しての軍事支出の増大がそれに拍車をかけた。一九三二年に成立した急進社会党内閣はデフレ政策をとっていたが景気はいっこうに回復しなかった。こうしたなか、一九三三年一二月に、急進社会党の閣僚が関与する金融疑獄であるスタヴィンスキー事件が発覚する。これに反応を示したのが右翼で、アクシオン・フランセーズらの極右勢力は二月六日にパリでデモを行い警官隊と衝突、死者一五人と負傷者約一五〇〇人を出す、パリ・コミューン以来の大暴動となった（「二月六日事件」）。これにより急進社会党のダラディエが退陣し、ドゥーメルグによる国民連合内閣が成立した。

一九三三年にドイツでヒトラー政権が誕生した後に発生した二月六日事件は、左翼勢力にとっては「ファシズム」による議会制への攻撃と映った。そのため、一九三四年六月にまず共産党が路線転換し、社会党に統一行動を呼びかけた。七月二七日には社共間で統一行動協定が結ばれた。しかし、この統一戦線は大衆的規模に拡大しなかったため、共産党は一〇月に「自由と労働と平和の人民戦線」

共産党のポスター（1936年） ナチズムの勃興はコミンテルンの戦略を転換させ、合い言葉も「ファシズムに対する人民戦線」へと変化した。このポスターでは「家族が幸福であるためには、共産党に投票せよ」と穏健なイメージが前面に出されている。

構想を打ち出し、中間層を取り込むため、急進社会党に反ファシズム連合への結集を呼びかけた。急進社会党は最初これを黙殺したが、翌年五月の仏ソ相互援助条約の締結や国民連合内での勢力の後退、極右勢力の蛮行などが急進社会党の態度を変えさせ、七月には政党や労組一〇組織の代表からなる人民連合全国委員会が結成された。翌年一月には「人民連合綱領」が発表され、参加政党はこれを掲げて三六年の総選挙に臨んだ。結果は、社会党が初めて第一党となるもので、六月四日に党首のレオン・ブルムが社会党員として初めて首相に就任し、反ファシズム連合である人民戦線内閣が成立した。ブルム内閣は、有給休暇法、週四〇時間法、義務教育年限の一年延長などの改革を行った。労働時間の短縮は、労働者の要求でもあったが、雇用の創出による失業者の減少も目的としていた。その他、フランス銀行の民主化（理事会の改革）や右翼同盟四団体の解散、小麦公社の創設など、七三日間で一三三の法案を成立させ、改革を推進していった。

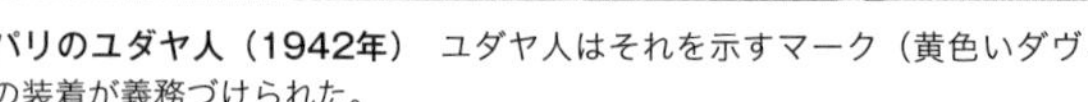

パリのユダヤ人（1942年）　ユダヤ人はそれを示すマーク（黄色いダヴィデの星）の装着が義務づけられた。

　しかし、成立直後から政権は不安定であった。一九三六年七月一七日にスペイン内戦が勃発したが、あくまでも国内のファシズム（右翼同盟）への対抗をめざして結成された人民戦線にとっては、国外のファシズムへの対応は想定外であった。スペイン人民戦線政府の要請により、ブルムは支援に傾くが、右派の反対に直面して八月一日に不干渉を決定、これが左派の態度を硬化させた。失業問題も改善せず、大規模公共事業と軍備増強策によるフランス版ニューディールも不発に終わり、景気はいっこうに改善しなかった。そのため、一九三七年二月にブルムはラジオ演説で改革の「一時休止」を宣言、「ブルムの実験」は終わりを告げ、彼自身も六月に辞職した。その後も人民戦線連合は維持されるが、もはや実態を持たず、一九三八年四月にダラディエ内閣が成立すると、社会党が入閣を拒否、一一月には急進社会党が離脱して、人民戦線は最終的に解体した。

　一九三〇年代はじめのフランス外交は、二〇年代のブリアン外交を踏襲し、対独協調と国際連合の枠内での国際協調路線をとった。この方針はヒトラー登場直後にも変化しなかった。一九三五年の再軍備宣言や翌年のラインラント進駐にもフランスは抗議声明を

ドイツでの就職を斡旋する事務所　1943年のパリの光景。

ユダヤ人の連行　ロワレ県の強制収容所に送られるユダヤ人たち。1941年5月、パリ、オーステルリッツ駅。

出しただけであった。これには、戦争を避けたい国内世論と、反共主義が大きく影響している。つまり、「スターリンかヒトラーか」という選択を迫られた時、右翼はもちろん反共左翼もヒトラーを選択したのである。かくして、一九三八年には英仏はナチス・ドイツとミュンヘン協定を結び、ドイツに対する宥和政策がピークに達した。このことは、結果としてはドイツの暴走をもたらし、ドイツは一九三九年三月にミュンヘン協定を反故にしてチェコ・スロバキア全土を占領、九月一日にはポーランドに侵入し、第二次世界大戦が始まった。フランスは九月一日に総動員令を発し、三日にはドイツに宣戦布告したが、一九四〇年五月まで西部戦線では軍事行動が発生せず、「奇妙な戦争」が続いた。

3　第二次世界大戦とレジスタンス

一九四〇年五月一〇日、ドイツ軍はベルギー・オランダ・ルクセンブルクの三国に電撃的に侵攻し、一三日には防衛線を突破した。戦線が破られた連合軍は総退却となった。政府は六月一〇日にパリの無防備宣言をしてボルドーに移動。一四日にはドイツ軍がパリに無血入城した。政府内ではレノー首相らの戦争続行派とペタン副首相らの休戦支持派が対立し、一六日にレノーが辞任、ペタンが戦争続行派を排除して、六月二二日に休戦が成立した。ドイツは英仏遮断と工業地帯確保のため、北海と英仏海峡の沿岸部と北部工業地帯を立ち入り禁止地区とし、アルザス・ロレーヌをドイツに併合した。残りの地域については、パリを含む北部を占領地区としてドイツの直轄統治下におき、南部を自由地区とし、各地区間の往来を禁止した。七月一〇日にヴィシーに避難していたペタン政府が国民議会を招集、そこで全権がペタンに委任され、「フランス国（エタ・フランセ）」の新憲法制定が決定された。これにより、七〇年続いた第三共和政が崩壊した。

ヴィシー政権には教会・保守派から労組出身者まで第三共和政から排除されていたものたちが結集し、敗戦の原因を、今や古くさくなった第三共和政の体制に求めた。ペタンは「国民革命」を提唱し

ドイツ軍によるレジスタンスの逮捕（1943年）

たが、これは共和政の伝統である人権、反教権主義を否定するものだった。ペタンは「自由・平等・友愛」のかわりに「勤労・家庭・祖国」をスローガンとし、伝統回帰をめざした。学校では宗教教育が復活し、青年の教化組織として、労働実習を課す「フランスの仲間」と「青年錬成所」が設けられた。家庭に関しては、大家族が奨励され、主婦の役割と母性が強調され、家庭科が女子に必修となった。産業では労使協調的なコルポラシオン（同業組合）が編成された。農民は農業同盟組合への加入を義務化され、各産業部門には一九四〇年八月に組織委員会（CO）が設けられた。COの設置により労働組合や経営者団体が解散させられ、COは政府による統制のもとで、生産や価格決定、企業の運営方法を管理した。これにより、国家のテクノクラートと企業経営者による国家主導型の介入経済が目指され、それは戦後フランスの改革プランの土台となった。

　休戦協定により、ヴィシー政府は対独強力を義務づけられた。内容は、占領費として一日四億フランの支払い、熟練労働者のドイツへの移送、航空機の共同生産など多岐にわたったが、もっとも象徴的なものが「ユダヤ人狩り」であった。一九四〇年一〇月と翌年六月にヴィシー政府はユダヤ人の身分に関する法律を出し、公職からの追放や公共の場所への立ち入り制限、企業の所有の放棄などが強制された。さらに、一九四二年四月にラヴァルが権力の座に返り咲くと、占領地区と自由地区でフランス警察による「ユダヤ人狩り」が行われ、二万人を超えるユダヤ人が逮捕された。彼らはパリ北東部のドランシー収容所に送られ、そこから列車でアウシュビッツへと移送された。

　対独協力に並行して、レジスタンス運動も徐々に形成されていった。ドイツ軍への抵抗運動は当初、散発的に始まった。国内においては、社会党系の「北部解放」、キリスト教民主系の「闘争」、労組の「解放」、徴兵忌避の若者による「マキ」などがあったが、最大勢力は共産党組織だった。彼らはドイツ軍将兵などに対する攻撃を敢行し、それに対してはドイツは拘禁されている「人質」の殺害などの報復で対抗した。海外ではドゴールによる自由フランスがイニシアチブを取った。フランスの敗北によりイギリスに亡命したドゴールは、一九四〇年六月一八日のBBCのラジオ放送で抗戦の継続をフランス国民に訴え、兵力の結集を呼びかけた。八月にはチャドや赤道アフリカを支配下に治め、自由フランスとして徐々に国家機構を整備していった。

ドイツ軍守備部隊の交代　1941年のパリ、シャンゼリゼ通り。

ドイツ占領下のパリ　リヴォリ通り。奥に見える建物がルーヴル、右側がテュイルリ公園。

だが、一九四〇年五月の緒戦の戦功により将軍になったばかりのドゴールは、まだ無名の軍人でしかなく、連合国側もなかなか彼をフランスの代表と認めようとしなかった。そこでドゴールは、国内のレジスタンス運動を組織化し、それを自由フランスの指導下におこうとした。一九四二年一月に、自由フランスのなかに情報行動中央局（BCRA）をおき、情報の収集や国内レジスタンスへの物資供給を行い、抵抗組織への影響力を増していった。同時に、腹心の部下ジャン・ムーランを自由地域に派遣した。ジャン・ムーランは南部の有力組織を結合した統一レジスタンス運動（MUR）を形成、さらにドイツ軍占領地域の運動も結集し、レジスタンス全国評議会（CNR）の組織化に成功し、一九四三年五月には彼を議長としてCNRの第一回会合がパリで開催された。

パリの解放　1944年8月26日。米英ソの国旗が掲げられている。パリ、シャンゼリゼ通り。

パリの解放　1944年8月。

六月三日には、「フランス国民解放委員会（CFLN）」が組織された。一〇月から一一月にかけて、委員会が改組され、政党とレジスタンス組織の代表が加えられ、内外の抵抗組織が統一された。ドゴールが委員会の議長となり、彼は名実ともにフランスの代表となった。一九四四年六月二日に、解放委員会は共和国臨時政府を名乗った。六月六日には連合軍がノルマンディに上陸、八月一九日にはパリでレジスタンスの蜂起がおこり、二四日にはドゴール派のルクレール将軍が指揮する部隊がパリに入城し、翌二五日にドゴールがパリに帰還、フランスは解放された。ドゴールは臨時政府の首班として、秩序の回復と国家の再建に取り組んでいった。

4 戦後のフランス

戦後復興の過程において、政権についたレジスタンス勢力は石炭、電気、ガス、フランス銀行など基幹部門の国有化を推進した。経済運営においては、ヴィシー政権の「組織委員会」を引き継ぎ、国家が主導的な役割を果たした。一九四七年一月には「第一次経済計画（モネ・プラン）」が始まり、生産水準を四年間で一九二九年の水準の二五パーセント増まで引き上げることを目標として、石炭、鉄鋼などの基幹産業六部門に優先的に資金がまわされた。モネ・プランはアメリカによる「ヨーロッパ経済復興援助計画（マーシャル・プラン）」の受け皿となり、年平均成長率が五パーセント台という「繁栄の三〇年」が始まる。

一九四五年一〇月の選挙では、第一党が共産党、第二党がカトリック民主派を主体とする「人民共和運動（MRP）」、第三党が社会党となり、ドゴールはこの三党で連立内閣を組織した。ドゴールは内閣の弱体化がもたらした戦前の国政の混乱が敗戦を招いたとの認識にたち、憲法を改正して執行権を強化しようとしたが、連立三党がこれに反対したため、翌年一月に突然辞任した。以降、「三党体制」により政権が運営されていくが、そのため、一九四六年一〇月に新憲法が採択されて第四共和政が始まるが、その内容は婦人参政権が追加された程度で、第三共和政と大差がなかった。

だが、その「三党体制」は不安定化する。戦後、レジスタンスで中心的な役割を果たしたことで大衆的支持を獲得した共産党は、武装革命路線を捨て、CGTなどの組織基盤を活かして組織を急拡大した。冷戦の勃発を背景として、MRPや社会党は東欧型のクーデタがおこることを恐れ、共産党の弾圧に乗り出し、一九四七年五月に共産党は政権から離脱した。また、すでに政権を去ったドゴールが、一九四七年四月にフランス人民連合（RPF）を設立し、議会制の打倒と憲法の改正、対米自立などを掲げた。RPFは保守派の不満層を吸収し、同年一〇月の地方選挙で大躍進を遂げた。つまり、政権は左右からの強力な反対に直面することになり、議会内の対立も手伝って、徐々に無力化・不安定化していった。

この時期、戦後体制の構築をめぐって、さまざまな国際問題が発生し、それへの対処がまた、政権の運営を難しくさせた。フランスは戦後体制の構築に関し、アメリカから距離を置きヨーロッパを統合することをめざし、一九五〇年に「シューマン・プラン」を提示した。一九五一年にはそれが「ヨーロッパ石炭鉄鋼共同体」として六か国により批准され、

COLUMN

仏独対立、フォッシュ元帥の客車

フランスの北部コンピエーニュの森に1両の客車が保存されている。「フォッシュ元帥の客車」と呼ばれるこの客車は、19世紀から20世紀の仏独対立を象徴している。

普仏戦争に敗北し、ヴェルサイユ宮でドイツ帝国が成立したことは、フランスに強烈な衝撃と屈辱を与え、ビスマルクによるフランス包囲網を打ち破り、ドイツに復讐をすることが、以降の対外政策の中心となった。それが成就したのが第1次世界大戦の勝利で、1918年11月11日に連合国との休戦協定が締結されたのが当時フォッシュ元帥の司令部として使用されていた「フォッシュ元帥の客車」であった。客車はオリエント急行の車両も手がけたベルギーの「ワゴン・リ」社が1913年に製造したもので（n° 2419D）、もともとは食堂車だった。戦後、客車は返却されたが、クレマンソーの命で国家に寄贈された。1921年4月27日にアンヴァリッドの中庭に展示され、1927年には、戦勝記念施設が作られたコンピエーニュに移された。

1940年6月にフランスがドイツに降伏した時、休戦協定にはヒトラーみずからが出席した。ヒトラーは保存されていた「フォッシュ元帥の客車」を博物館から引っ張り出し、第1次世界大戦の休戦調印が行われたのと同じ場所に設置して協定の調印式を実施したのだった。その後、客車はドイツに持ち去られ、国内で展示されたが、ドイツの敗戦が決定的となった1945年に、今度はフランスによってこれが使用されることを恐れたヒトラーの命令により破壊されてしまった。

そのため、現在展示されているものは、1913年に製作された同型車両を改造して1918年の状態を再現したものである。

ベルリンへと移送される客車

五七年には「ヨーロッパ経済共同体（ＥＥＣ）」が結成されるなど、経済面での統合が進んでいく。しかし、安全保障面ではドイツの再軍備をめぐり、国論は二分された。

植民地問題では、フランスは当初は強硬な姿勢を取った。フランスにとっては、植民地化とはその地域の文明化にほかならず、植民地の独立運動はフランスによる文明化を否定するものとして抑圧する必要があった。第四共和政発足時には、左翼も含めてこの帝国主義の大義を疑う者はいなかったのである。しかし、現地では反抗がおこる。ヴェトナムでは日本の敗戦後にヴェトナム独立同盟がハノイで蜂起し、ホー・チ・ミンを大統領として独立が宣言された。フランスは自治を認めるが、国内世論に突き動かされて翌年にはヴェトナムを攻撃、インドシナ戦争が勃発した。フランスは大軍を送り込むが、最終的には一九五四年五月のディエン・ビエン・フーの戦いに敗北し、翌年にはヴェトナムは独立した。

ヴェトナム独立の気運はアフリカへと飛び火し、一九五四年一一月にはアルジェリアで「民族解放戦線（ＦＬＮ）」の蜂起が発生、独立戦争が始まった。アルジェリアでは一〇〇万人の白人入植者（コロン）が九〇〇万人の現地人を支配しており、コロンたちが強硬に独立に反対していた。そのため、フランス政府の政策は二転三転し、それがいずれの勢力にも弱腰と映った。そして、一九五八年五月一三日にアルジェで「フランスのアルジェリア」を求めるコロンを主体に蜂起がおきたが、これにＦＬＮ鎮圧を行っていたアルジェリア派遣軍が合流して反乱軍を形成、クーデタ状況となった。二四日には反乱軍はコルシカに進駐し、本土襲撃をうかがう構えを見せた。パリでは反乱軍のパラシュート部隊が降下するとの噂が流れ、国内は騒然とした。反乱軍はドゴールに政権を担うように求め、ドゴールも首相就任を受諾した。

六月にドゴールは挙国一致内閣を組織し、彼が提案した新憲法が国民投票で承認され、第五共和政が始まった。第五共和政の国制の特徴は、執行権の強化だった。国民により直接選出される大統領は、首相の任免権と議会の解散権を持ち、国民投票を実施することもできた。第五共和政の成立は、これまでの共和政＝議会中心主義という原則を否定したのである。

アルジェリア植民地の維持を期待されて政権についたドゴールだったが、しだいに独立容認に傾き、一九五九年には自治権を容認、六一年の国民投票でこの方針が認められると、翌年三月のエヴィアン協定でアルジェリアの独立を承認した。世界規模での植民地独立運動の高揚のなか、ドゴールはその在任中にほぼすべての公式植民地を放棄することになる。

OASのポスター　OASはアルジェリア戦争時代（1954年-62年）に存在した極右民族主義者の武装地下組織。1961年のこのポスターは、市民たちに武装抵抗を呼びかけている。

1958年6月1日に国民議会で首相に選出されたドゴールは、6月4日にアルジェで演説を行い、「諸君の気持ちを理解した」と述べた。写真はこの演説を聴くために集まった群衆。

ドゴール（1890-1970） フランスの独自性を強調したゴーリスム(ドゴール主義)は、ドゴールの退陣後もフランスの政策に影響を与え続けた。写真は、アルジェリアでの反乱にたいし、1961年4月に演説するドゴール。

ナショナリストとしても名高いドゴールの政策の基本は、フランスの威信の回復であった。それは外交・軍事・経済の面で実現される必要があり、共通する原理としてフランスの自立確保が追求された。外交面では、一九六〇年にはフルシチョフをパリに迎え、自身も六六年にモスクワに赴くなど、ソ連と接近するとともに、六四年には中華人民共和国を承認し、東西両陣営どちらにも偏ることのないフランスをアピールした。アフリカの新興諸国との関係を通じ、第三世界の民族自決を支持したのもフランスの威信のためであった。また、冷戦のもとで米ソに比肩する影響力を持つためには、軍事力の裏付けが必要であった。そのため、フランスは核開発を推進し、一九六〇年には原爆実験に成功、六三年には米ソの核独占に反対して核実験停止条約の調印を拒み、六六年には水爆実験に成功した。同年にNATOの軍事機構からの脱退を宣言し、ヨーロッパにおけるアメリカの軍事的イニシアチブに反対した。

経済政策に関しては、ドゴール期は大きな転換期だった。ドゴールは一九五八年一二月に、エネルギー資源の開発、公共投資の拡大、フランの安定などの新経済政策を発表した。なかでも、産業の近代化は急務で、一九六二年より実施された「第四次経済計画」では、大企業への集中投資と部門別の構造改革が推進され、集中・合併の産業政策が開始された。一九六〇年には第一次農業基本法を定め、経営規模の拡大と生産性の向上が追求された。これらの経済改革は、中小農民や小商店主などの古い中間層や中小企業を淘汰するものであり、彼らは政権に抗議を繰り返した。植民地を喪失したフランスはヨーロッパ市場への依存度を増すこととなった。ドゴールはヨーロッパでの経済統合の流れは、自国の利益となる限り受け入れ、一九六七年にEECを発展的に解消し成立したヨーロッパ共同体（EC）でも主導的な役割を果たした。しかし、ヨーロッパ統合により国家主権が侵される事態にドゴールは徹底的に反対した。

議会政治の重要度が低下するなか、ドゴールの近代化を実施したのはENA（国立行政学院）や理工科学校出身の高級官僚たちであった。フランスでは大学とは別に「グラン・ゼコール」と呼ばれる少人数でエリートを養成する学校が存在し、官僚や専門技術者を

5月革命　既存の体制に対する若者の反抗は、この年にフランスのみならず、世界各国で爆発した。写真は1968年5月13日のデモ隊（パリ、ダンフェール・ロシュロー広場）。写真提供・PANA通信社

養成している。一九四五年に設立されたENAは、文系の官僚養成機関として機能し、第五共和政期より卒業生が重要な地位を占めていった。彼らは省庁の影響下にある大企業の幹部に天下りし、同窓生のネットワークを駆使して産業を指導していった。また、グラン・ゼコールのひとつである高等師範学校を卒業後、リセ教員を経てドゴールの官房長官となっていたジョルジュ・ポンピドゥーが一九六二年に首相に抜擢されたように、ドゴールと関係が近い官僚が、議員経験のないまま閣僚や官僚に抜擢される例もあった。自由と平等の国フランスは、一面ではこのようなエリートたちにより支配される国でもある。

　ドゴールの改革は「ナショナル・チャンピオン」と呼ばれる、業種で圧倒的な競争力を持つ企業を育成することにより国富を増そうというものであった。そのために賃金は抑制され、雇用が拡大されたわけではなかったので、国民の暮らし向きは上昇しなかった。その一方で人々のあいだに高学歴化は進んでおり、官僚支配とともに閉塞感が広まっていた。この時期、これを打ち破ろうとしておこったのが、一九六八年五月の「五月革命」である。パリの学生たちがまず反乱をおこし、これに労働者層が加わり、大規模なデモが連日繰り広げられ、ゼネストが発生した。彼らは政権に対して「参加」や「自主管理」を求めたのである。ドゴールは議会の解散でこの危機を乗りきったが、翌年の国民投票に敗北し、一九六九年四月に辞任した。

　ドゴールが去った後、首相を務めたドゴール派のポンピドゥーが大統領となった。ドゴールほどのカリスマ性を期待できないポンピドゥーはむしろ党組織を固め、現実的な政策を推進した。一九七三年には、ドゴールが「アメリカのトロイの木馬」であるとしてその加盟を拒否していたイギリスのEC加盟を実現させ、アメリカとの協調も深められた。ポンピドゥーは在任中の一九七四年四月に病死し、彼のもとで蔵相を務めた独立共和派のジスカールデスタンが大統領となり、国家管理の緩和や自由化を進めるとともに、妊娠中絶の合法化をはじめとする女性の権利の拡大を行った。「ドゴールなきゴーリズム」の時代、大統領の影響力が低下するなか、政党が再編された。なかでも左翼勢力の伸長が顕著であった。一九七一年にミッテランが社会党の実権を奪うと、彼は共産党と政府共同綱領を締結し、社共連合が成立した。これに対して、ジスカールデスタンのフランス民主連合（UFD）とドゴール派が右翼の極となり、中道政党がそのどちらかに吸収されていき、小党乱立だったフランスの政党制は二大政党制に近い形へと変化していった。

　なかでも社会党の躍進は顕著で、一九八一年の大統領選でミッテランはジスカールデスタンの自由主義に対抗し、財政出動と所得再配分政策を提唱して戦いに勝利した。第五共和政初の社会党大統領の誕生である。当時の西側先進国は、レーガンやサッチャーのように、国家による経済介入を主張するケインズ主義を放棄し、自由競争にもとづく「小さな政府」に転換していたが、フランス国民は逆にミッテランの「大きな政府」を選択した。

権利を与えないという原則が確立していく。この論理として、「文明化」していない現地住民に選挙権を与えないのは未成年者にそれを与えないのと同じであるとの主張がされた。

新たな植民地帝国の中心はアルジェリアだった。「第二期植民地帝国」の先鞭となったアルジェリアはフランス本土から近く、19世紀から20世紀にかけて移民受け入れ国であったフランスとしては例外的に、フランスからの入植者も多かった。また、1889年の国籍法はアルジェリアにも適用され、アルジェリア生まれのヨーロッパ系入植者の子孫は、出身地域に関係なくフランス人となることができた。アルジェリアのヨーロッパ系住民は第二次世界大戦後には100万人にせまり、フランス本国をまったく知らない大量の「フランス人」が、「フランスのアルジェリア」を求めて独立に反対したのだった。

しばしば指摘されることだが、植民地分割時の人為的な国境線がアフリカなどでの紛争の原因となった。これは中東地域でも同様で、今日の中東問題の遠因となっている。第一次世界大戦中の1916年5月にイギリスの中東専門家マーク・サイクスとフランス外交官フランソワ・ジョルジュ＝ピコにより、中東地域のオスマン帝国領の分割を取り決めた秘密協定が交わされた（サイクス・ピコ協定）。これによるとシリア、アナトリア南部およびイラクのモスル地区がフランスの勢力範囲とされ、シリア南部と南メソポタミア（現在のイラクの大部分）がイギリスの勢力範囲とされた。

第一次世界大戦中には、フサイン・イブン・アリー（フサイン＝マクマホン協定の当事者）がアラブ独立のために4人の息子たちとともにオスマン帝国と戦った。彼は1916年に一時独立を勝ち取り、イラク・シリア・アラビア半島を含む大アラブ王国の樹立を構想するが、サイクス・ピコ協定のためにこれは認められなかった。その後、次男のアブドゥッラーはヨルダン王となり（この王朝が現在まで続く）、三男のファイサルは1920年にシリア・アラブ国王となるが、フランス・シリア戦争により、シリア・アラブ王国は占領され、ファイサルは亡命。その後イギリスによりイラク王に据えられた。シリア・アラブ王国は現在のシリアとレバノンを含むが、これにヨルダン、パレスティナおよびイスラエルを加えた地域は歴史的には「大シリア」と呼ばれる地域で、人類文明の揺籃の地として、政治的・文化的な一体性を持っていた。これがヨーロッパ列強の都合で人為的に分割されたのであり、そのことが今日の中東情勢を難しくしている。いわゆる「イスラム国」は、列強による植民地分割によって形成された現在の中東の状況を「サイクス・ピコ体制」として否定している。

このような過去の「遺産」とともにフランスは現在でも独立を主張するニューカレドニアなどの多くの植民地や海外県を抱えており、植民地問題は現在進行形の問題でもある。さらに、植民地の過去をどのように歴史として記憶していくのかということは、旧植民地出身者たちの社会統合ともかかわる重要な点である。

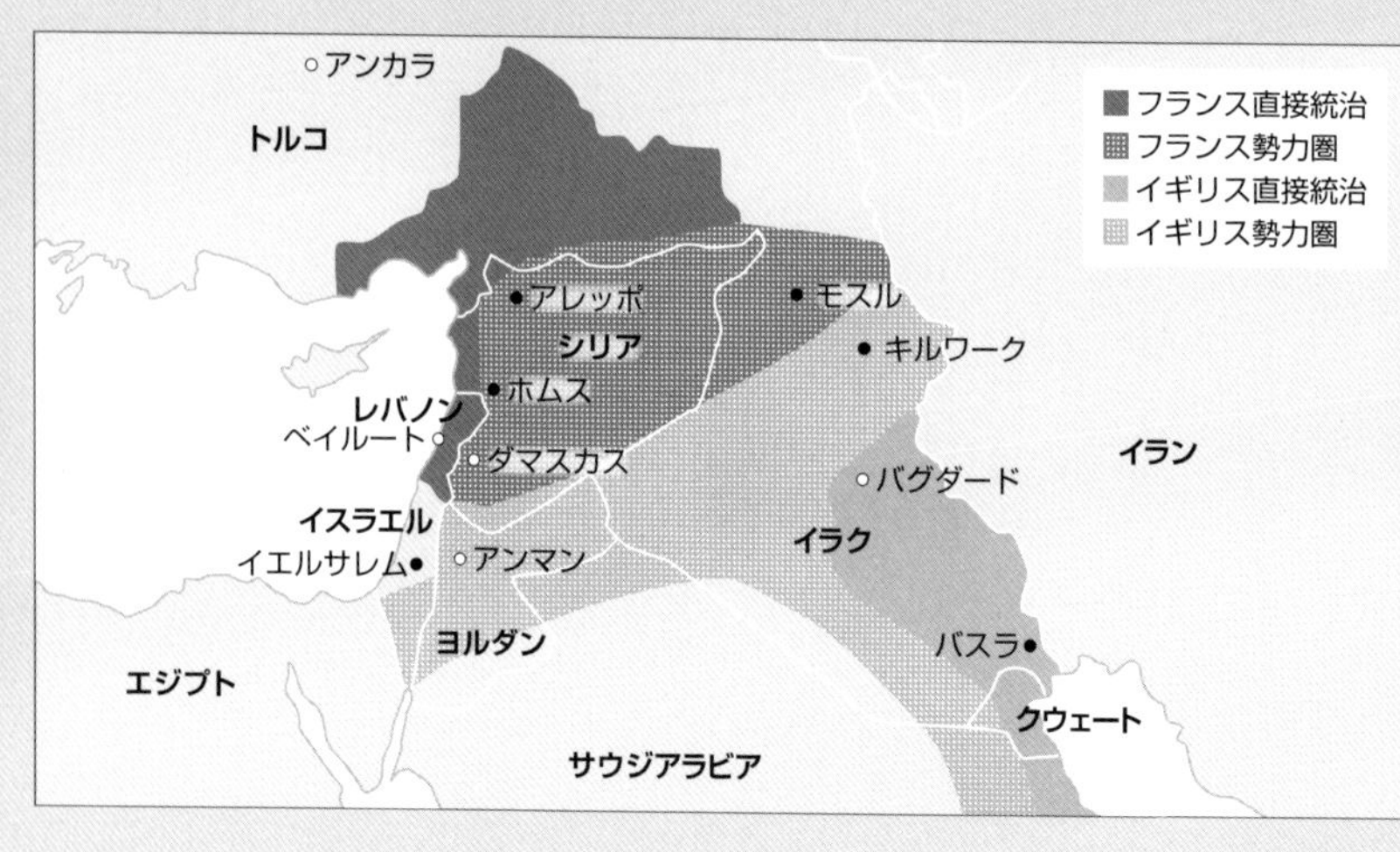

サイクス・ピコ協定によるオスマン帝国領の分割
協定による分割と、それを前提とした国家形成は、古くからの文化や宗派分布を考慮しておらず、その後の中東情勢を非常に不安定なものにした。国名と国境線は現在のもの

フランスと植民地

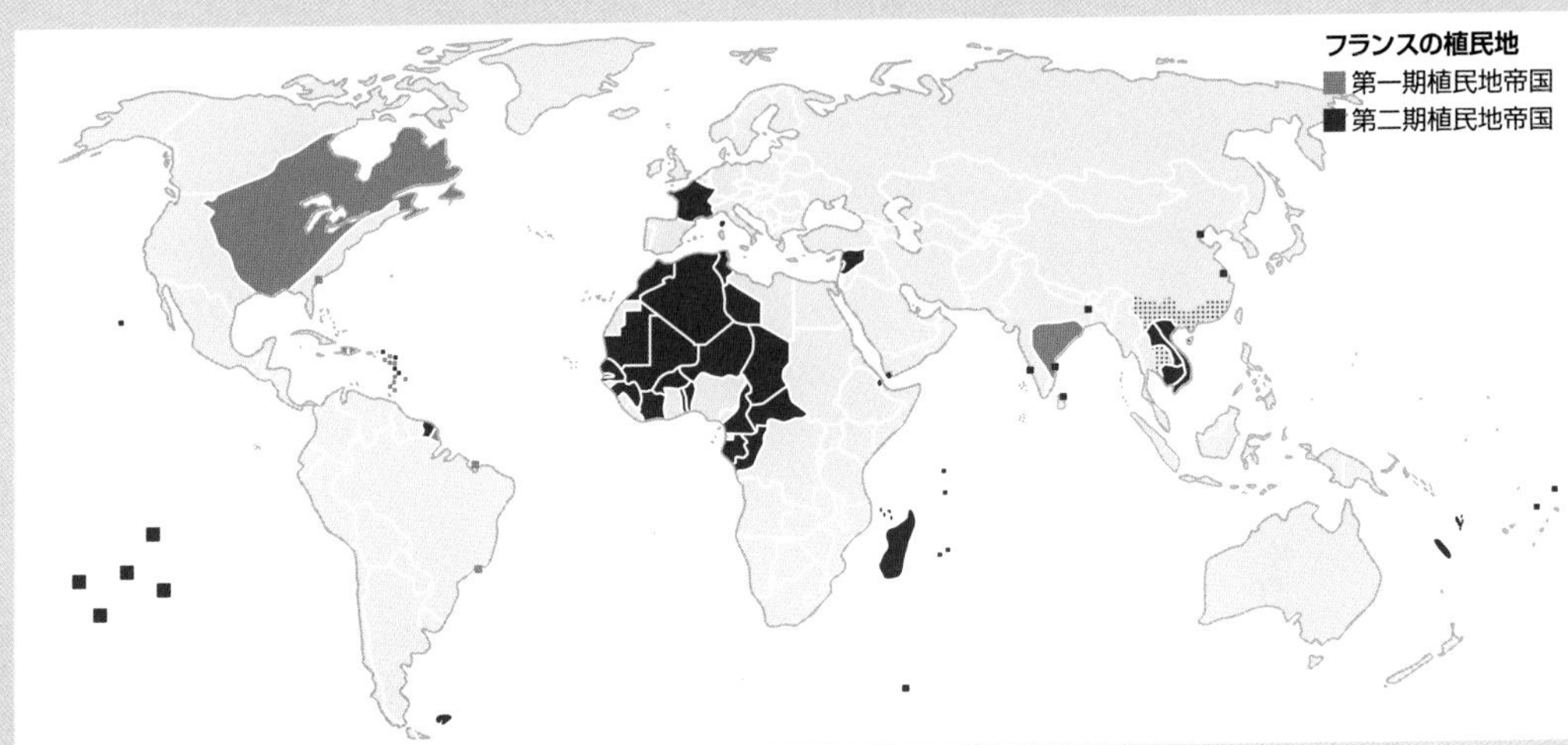

20世紀前半にかけて、フランスはイギリスに次ぐ植民地帝国を形成した。植民地の問題はフランスにとってはもちろん、今日の世界にも大きな影響を与えている。

フランスの植民地が本格的に建設されたのは17世紀以降で、フランスはカリブ海から北米南部（ルイジアナ）、インド（ポンディシェリ）、南米のギアナやアフリカ東岸の島嶼（とうしょ）などを獲得した。しかし、のちに「第一期植民地帝国」と呼ばれるこれらの地域の領有は長続きしなかった。18世紀にフランスとイギリスが敵対して戦った戦争では、植民地も戦場となった。その結果、七年戦争（1756-1763）を終結させたパリ講和条約では、フランスはインドの大部分とカナダ、およびミシシッピ川以東のアメリカ大陸を失った。当時フランスに最も利益をもたらしたのは、「カリブの真珠」とも称されるサンドマングの砂糖とコーヒーだったが、この地域はハイチ革命により1804年に独立し、「第一期植民地帝国」は崩壊した。

その後、1830年のアルジェリア派兵を境として、フランスはふたたび植民地の拡張に向かった。しかし、現地民の抵抗は激しく、アルジェリア征服が完了したのは1848年だった。ナポレオン3世の時代にはメキシコ攻略には失敗するが、ニューカレドニアを植民地化し、サイゴンを占領してインドシナ支配の拠点を築いた。フランスの植民地が最も拡大したのは第三共和政期で、仏領ポリネシアの領有、インドシナでの支配領域の拡大とともに、ベルリン会議（1884-85）後にはアフリカ分割に積極的に関与し、西アフリカの大西洋岸と東側のジブチから内陸へと向かい、スーダンでの連結をめざした。この他にもアフリカではチュニジア、モロッコ、マダガスカルも植民地化した。第一次世界大戦での勝利は、フランスにドイツ領だったアフリカのトーゴとカメルーンをもたらし、国際連盟の委任統治領としてシリアとレバノンも支配下に置いた。この時点でフランス植民地はその最大版図（はんと）を形成した（「第二期植民地帝国」）。

植民地拡大を牽引する理論は「文明化」であった。フランスではアルジェリア征服が完了した1848年に、プランター（農場主）などよる奴隷の使用が廃止され「文明国」しての様相が整った。その結果として、奴隷制など「野蛮」な状態にある現地社会を「文明化」することがフランスの使命であり、これが植民地獲得を正当化する論理となった。また、この考え方は植民地住民への待遇にも利用された。植民地の先住民はフランス国籍を有している点では「フランス人」だった。しかし彼らには選挙権に代表される政治的権利や民事的

C O L U M N

トゥルーズ市庁舎に設置されたクレシュ・ド・ノエル（2003年）

並立する状況から国家が独立するためには、国家が管理する公的領域から宗教を排除することが必要であり、それによって初めて信仰の自由が確立されるという論理である。

その後、ライシテの問題はおもに私立学校への国家補助やその教育内容をめぐって展開したが、1989年にオワーズ県のクレイユという町の公立中学校でイスラム教徒のスカーフをかぶって登校した生徒が構内に入ることを拒否される事件がおきた（スカーフ事件）。禁止した校長の言い分は、スカーフはイスラム教徒であることを示すデモンストレーションであり、公立学校での着用はライシテの原則に違反するということだった。これ以降、ライシテと学校での服装の問題をめぐって教育界や政界で論争が起き、2004年に「公立学校における宗教的シンボル禁止法（反スカーフ法）」が制定され、「これみよがし」のシンボル着用が禁止された。この法律の対象はすべての宗教であり、原理的には十字架などのキリスト教のシンボルも対象となり、これらの着用の禁止を指導する教員も存在する。

「創世記」を用いて宇宙の誕生や生命の成り立ちを教育することが許されないように、国民の「不可分性」を実現するために、しばしばライシテの名のもとで個別的な自由が制限されるのは道理である。ある場面で個人の思想信条の表現を制限しても、国家の公平性を担保して平等な国民を形成することをフランスは選んだ。「ライシテ」はフランス国民を成り立たせているルールなのである。

だが、ライシテの議論が、かつてそれがカトリック教会を標的としていたように、現実には戦後に存在感を増してきたイスラム教徒を主たる対象としている面も否めない。サルコジ政権のもと2010年には個人の自由を侵害するという国務院の意見にもかかわらず、公共の場所でのブルカ（顔全体を覆うベール）の着用を禁止する法律が制定された。この問題をめぐってはパキスタン系のフランス人女性が2013年に欧州人権裁判所に提訴を行ったが、2014年に治安上の理由というフランス政府の主張を認め、合法とする判決が出された（同法ではフルフェイス・ヘルメットなども規制の対象となり、「覆面禁止法」は他の国でも制定されている）。この他にもスカーフを着用して働きたいと主張する女性が職場を解雇される事例が発生するなど、イスラム教徒の服装をめぐってはさまざまな問題が発生している。

また、ライシテの原則にはダブルスタンダードが存在することも確かである。クリスマスや聖母被昇天祭の日（8月15日）など、フランスで11ある祝日のうち6つがキリスト教と関連している。フランスでは教会を中心に、クリスマス前にクレシュ・ド・ノエル呼ばれる、キリストの生誕を表したジオラマが飾られるが、2015年11月の同時テロのあと、市庁舎などの公共の場所でのクレシュの展示について議論がおこり、中止した自治体も存在した。展示を擁護する議論には、クレシュは美術館に飾られる宗教画と同じであるという主張があったが、十分な説得力があるのだろうか。

歴史的に考えると、ライシテは「信仰と無信仰」や「共和国とイスラム」といった単純な二項対立の問題でないことがわかる。ライシテはフランス共和国の原理の根幹であるがために、それをめぐってさまざまな問題がおこっている。

ライシテとムスリムのスカーフ

現代のフランスを特色づける原理として「ライシテ」がある。「政教分離原則」や「俗権主義」などと訳されるこの言葉は、憲法で規定される国の基本原則である。

1958年に制定されたフランス第五共和政憲法（現行憲法）の第一条には「フランスは、不可分、非宗教的、民主的かつ社会的な共和国である。フランスは、出自や人種あるいは宗教による区別なしに、すべての市民の法律の前の平等を保証する。フランスは、すべての信条を尊重する」とある。ここでは人はその宗教による区別なしに法の下で平等であることと信仰の自由が謳われており、「非宗教的（ライック）な共和国」という部分が、まさに「ライシテ」の原理を示している。

この原理は19世紀における国家と教会との闘争のなかで形成されてきたものだった。アンシャン・レジームでは、カトリック教会は国家の内部に組み込まれていたが、19世紀には両者の分離が図られた。だが、これは容易に達成できるものではなく、まずは国家による宗教の管理が行われた。1801年にナポレオンと教皇ピウス7世との間で結ばれたコンコルダート（政教協約）は、国家による司教の任命権や、教会の国家への経済的依存を認めると同時に、カトリックを国家唯一の宗教であるとはしなかった。このことは、一方ではローマ教皇の影響力を削減し、教会の国家への統制を強化する役割を果たしたが、他方ではカトリック教会に公的な地位を与えることとなり（ただし、プロテスタントやユダヤ教にも同様の地位が認められた）、教育現場などを中心に、修道会（コングレガシオン）が大きな影響力を持つに至った。

このカトリック勢力に反対する反教権主義の声も大きくなり、普仏戦争の敗北などの国家的・社会的危機の原因をカトリック教会に求める意見が噴出した。第三共和政期にはカトリックと王党派が手を結んで共和派と対立し、それが激しい政治闘争へと発展した。そして、本文で述べたように、1901年の結社法から1905年の政教分離法への流れのなかで、ライシテの原則が確立したのだった。

ライシテの原則は一方ではカトリック勢力への攻撃を目的としていたが、その論理はそれほど単純ではない。戦後のドゴール派の政治家モーリス・シューマンは「国家のライシテとは、国民全体には認められていないあらゆる権威に対し、国家が独立していることを意味する。この独立性によって、国家は公平であることができる」と述べている。さまざまな宗教的権威が

政教分離法への反対：1905年に政教分離法が施行された後、政府による教会の財産目録の作成が行われた。写真は、1906年3月６日に、ピレネー地方のエルセという小村で、調査に来た役人に対して反対する声明を読み上げる司祭。村人たちは熊芸のために飼育している熊を教会の戸口に連れてきて抵抗した。

5 激動の世紀末

ミッテラン政権は発足当初は公約に従い、国有化や社会保障関連支出の引き上げをし、賃上げと財政拡大により景気の浮揚を図った。だが、これが政府支出の増大を招いて財政赤字が拡大、対外収支も悪化してインフレと企業業績の悪化をもたらし、結局失業者が増大した。政府内にはさらなる財政出動とフランの切り下げにより危機を回避すべきとの主張もあった。だが、フランスは一九七九年に発足したEMS（ヨーロッパ通貨制度：為替相場の変動幅を平価の二・二五パーセント以内に抑える）に加入していたため、これ以上の切り下げのためにはEMSから離脱する必要があった。議論のすえ、ミッテランはEMS残留を選択し、大規模な緊縮財政へと転換したため、「大きな政府」の実験は失敗に終わった。

こうして、一九八二年六月にはドロール財務相により財政金融政策の引き締めと物価と賃金の凍結が選択された。産業政策では国家介入によるナショナル・チャンピオンの育成は放棄され、補助金の削減や国有企業株式の売却などを通じて、市場原理の導入が図られた。鉄鋼や石炭などの構造不況産業では企業の閉鎖や人員の整理などの合理化策がとられた。そのため、これらの産業の労組を支持母体とする共産党はこれに反発して政権から離脱した。

一九八六年三月の総選挙で、戦後初めて大統領与党が下院で過半数を獲得することができず、ミッテランはドゴール派のシラクを首相に任命した。「保革共存政権（コアビタシオン）」の実現である。この初の試みは、首相は内政、大統領は国防と外交を所管することにより、それほどの混乱もなく機能した。両者の棲み分けはその後、憲法慣行として定着していき、大統領の任期中でも総選挙の結果により政権の交代が生ずることになる。シラク内閣は一九八六年八月に民営化法を成立させ、金融・通信・石油・総合電機等の民営化を進めた。民営化企業の株式は国有の銀行や保険会社、政府系特殊金融機関が取得して、外国資本による支配を防いだ。また、利子率の自由化などによる金融規制の緩和、個人や企業に対する大幅な減税、解雇規制の緩和や変形労働時間の拡大などによる労働市場の弾力化などが推進された。だが、この急激な改革政策は国民の反発を買うこととなり、一九八八年の大統領選挙ではシラクを破ってミッテランが再選された。

再選の時にミッテランは再国有化も民営化も行わないと公約し、「国父」イメージを醸

1984年9月22日のヴェルダンのドゥオーモン要塞跡にある無名兵士の墓の前で手を握るミッテランとコール。Ⓒdpa/時事通信フォト

マーストリヒト条約(欧州連合条約)の調印。これ以降、ヨーロッパの経済・政治状況は大きく変化することとなった。©ANP/時事通信フォト

成することで選挙戦に勝利した。その後、政権は中道色を強めていくが、これは社会主義陣営の動揺から崩壊という世界的な流れのなかで、左右の対立が徐々に選挙の争点から後退しはじめたことを意味していた。経済政策では左右いずれの党派でも民営化や規制緩和による自由主義への流れに抗することはできなくなった。

このことは、「繁栄の三〇年」を支えた「一国ケインズ主義」の限界を示していた。フランスは雇用の保証と社会保障政策の充実により福祉国家を形成するとともに、ディリジスムと呼ばれる国家主導型の経済運営や公共セクターの拡充を目指し、それによって戦後の繁栄を達成してきた。一九六〇年代より始まったヨーロッパ共通市場の形成は、ナショナル・チャンピオン企業に市場を提供し、「フランスのためのヨーロッパ」がフランスの利益に貢献したのだった。しかし、一九七一年のニクソン大統領によるドルと金の交換停止(ニクソン・ショック)によるブレトン＝ウッズ体制の崩壊、それによる国際金融の変動相場制への移行、国境を越えてヒト・モノ・カネが移動する経済の国際化は、フランスにこのような政策を採らせる余地を狭めていった。

経済政策の転換は、ヨーロッパ統合の問題とも関連していた。ミッテランは「一国ケインズ主義」により危機を迎えた経済を建て直すために、近隣諸国との協調のもとで統合政策を実施し、市場規模の拡大と国際化により危機を打開しようとした。これは新たな「フランスのためのヨーロッパ」の創出という意味を持ち、フランスが統合を牽引(けんいん)することで、ヨーロッパ政治での主導権を握ると同時に、域内経済の自由化に合致するようにフランスの産業構造を近代化することもめざしていた。

ヨーロッパ統合を推進するためにはドイツの経済力が不可欠であり、ミッテランはドイツとの関係の改善に努めた。一九八四年九月二二日には、第一次世界大戦の激戦の地、ヴェルダンでの追悼式典にミッテランがドイツのコール首相を招いた。ミッテランはフランスの国家元首として初めてコンサンヴォワにあるドイツ人戦没者墓地を訪れ、その後の記念式典では両首脳が手をつなぎ、独仏の和解を象徴したのだった。こうして、一九八六年の欧州単一議定書、一九九二年のマーストリヒト条約と、ミッテランはコールと連携し、ヨーロッパ統合を推進していった。しかし、マーストリヒト条約批准のための国民投票の賛成票が五一パーセントであったように、統合はエリート主導で行われ、農業地域など統合の負の側面が懸念される地域や社会階層を中心に、統合への懐疑(かいぎ)が残り続けることになる。

第二次ミッテラン政権では、一九九二年の地方選挙での社会党の大敗北をうけて、一九九三年にバラデュール内閣による第二次保革共存政権が誕生した。バラデュールは、市場や企業活動への規制をある程度実施する「秩序あるリベラリズム」を目指したが、結局は問題が先送りされただけだった。

一九九五年の大統領選挙では「三度目の正

直」でシラクが当選を果たした。社会党のジョスパンも健闘したが、この選挙のもうひとつの特色が、国民の政治への要求の多様化であった。極右の国民戦線（FN、一五パーセント）をはじめとして、共産党（八・六パーセント）、極左トロツキストの「労働者の闘争」（LO、五・三パーセント）、エコロジスト（三・三パーセント）などに第一回投票は分散した。そのなかで、決選投票には残れなかったものの、ルペンが率いるFNが大きな存在感を示した。

FNは一九七二年にジャン＝マリ・ルペンが極右勢力を糾合することで結成されたが、結成一〇年ほどは泡沫政党にすぎなかった。この状況が変化したのが一九八四年の欧州議会選挙で、FNは一一パーセントを獲得し、あなどれない政治勢力となっていった。FNのスローガンは「フランス人のフランス」であり、初期にはフランス社会の退廃や高失業率の原因を移民や外国人に求め、これらを糾弾することにより票を伸ばした。党首のルペンは、一九八八年以降の四回の大統領選挙でいずれも一〇パーセント以上の票を獲得した。

シラクの政策の基本には自由競争があったが、最優先課題は雇用問題だった。国家財政による雇用促進策が図られたが、就任六か月で財政状況の深刻さが露見し、緊縮財政路線へと転換した。このことの背景には、一九九七年末までに財政赤字をGDPの三パーセント以内（九四年は五・六パーセント）に抑えるという欧州通貨統合達成のための条件があった。こうして増税と公務員や社会保障費の削減などの措置がとられたが、当然これは国民の反発を買うこととなり、ゼネストなどの激しい抵抗運動が発生した。シラクは一九九七年には任期を繰り上げて抜き打ちで国民議会選挙を実施したが、これが裏目に出て社会党が第一党となり、ジョスパンを首相とする第三次保革共存政権が発足した。ジョスパンは移民規制の緩和や国籍法の改正を行い、賃金カットを伴わない週労働時間三五時間法（時短法）や若年層を対象とした雇用促進策を推進し、雇用問題の改善にも取り組んだ。ジョスパン内閣の時期には、経済が回復基調にあり、失業者数も低下へと転じた。

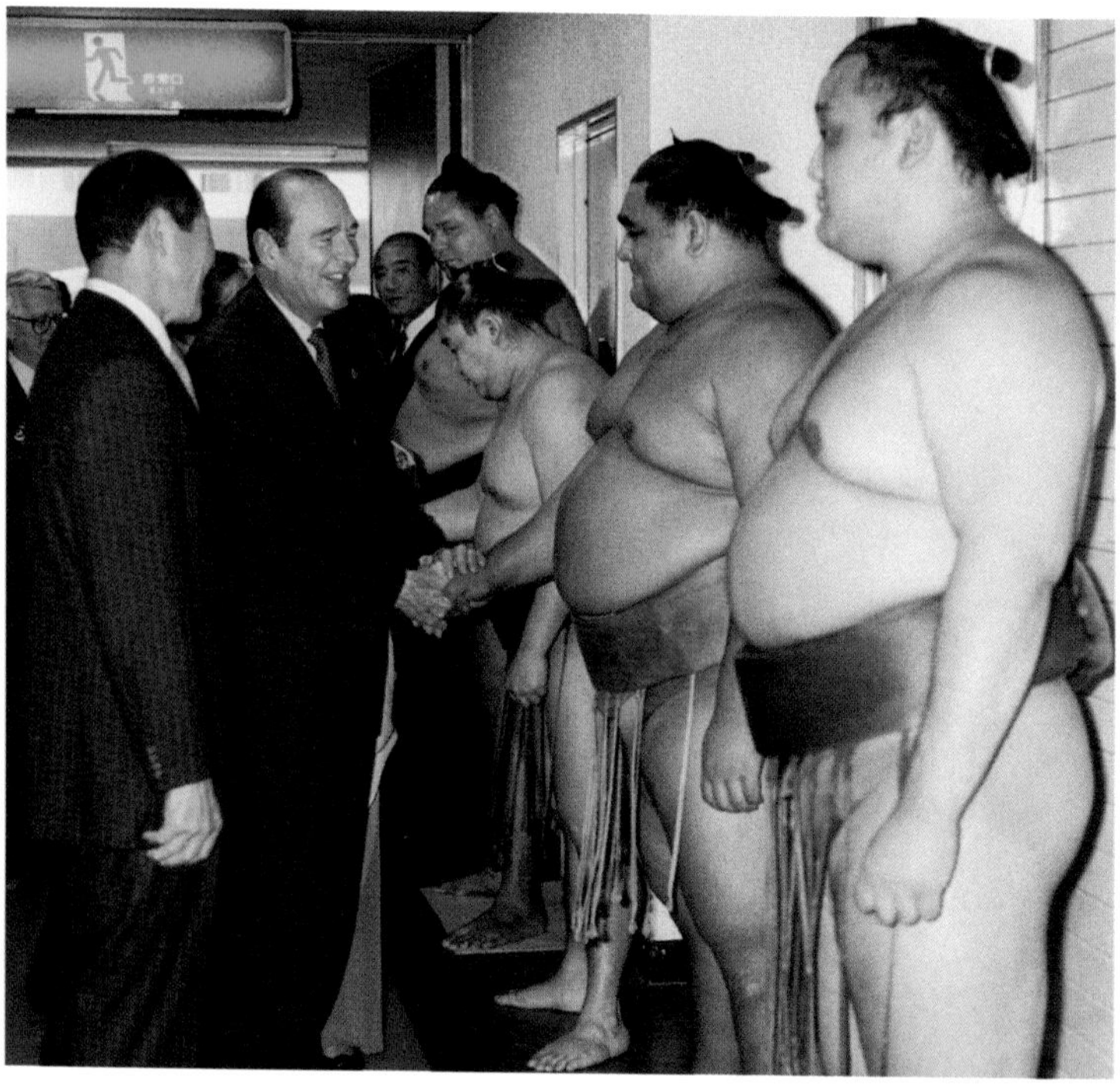

だが、単一通貨ユーロ導入を前に、フランスの国内政策は確実にヨーロッパ統合の影響を受けるようになった。独自の雇用政策の推進による国家支出の増大は財政赤字を拡大させたが、赤字幅には統合による限度が課せられていた。一九九八年六月には欧州中央銀

シラクは日本好きでも知られていた。写真は1996年に来日した際に大相撲九州場所を観戦した時のもの。日本相撲協会の境川理事長、横綱、大関らの出迎えを受けている。
ⓒ時事

行が発足し、各国は為替・金融政策の自主性を失うこととなり、これが国内政策への足かせにもなった。また、統合に耐えうるように国内の経済や産業の強化を図るために、ジョスパン政権下でも民営化による構造改革が推進された。

フランスの政権担当者たちは、ヨーロッパ統合を梃子として国内の構造改革を推進する選択をしたわけだが、国際的にも統合政策推進の理由があった。ひとつはすでに述べた、フランスがヨーロッパでの主導権を確保することで、もうひとつがドイツの扱いだった。一九八九年にベルリンの壁が崩壊し、九一年には統一ドイツが発足するが、フランスはドイツの経済的・軍事的強大化を危惧した。そのために、ヨーロッパ統合を深化させ、そこにドイツを組み込むことにより、「強いドイツ」の暴走を食い止め、加えてドイツの経済力を統合に利用しようとしたのだった。だが、フランスのもくろみから外れていくかたちで、その後のヨーロッパ統合は進んだ。

冷戦崩壊後、かつて社会主義政権下にあった中東欧諸国の取り扱いが問題となるなかで、一九九六年にはコソボ紛争が勃発し、一九九九年よりNATOが軍事介入を行った。そのため、EU体制内に中東欧地域を組み込むことにより、これらの地域の安定化を図る方針が取られた。いわゆるEUの東方拡大が志向されたわけで、その結果加盟国が拡大していった（二〇一五年末で二八か国）。フランスはもともと少数の国による先進的な制度をEUに望んでいたが、加盟国の増加は合意形成を困難なものにした。また、東方拡大によって歴史的にこれらの地域への影響力が強いドイツの発言権が強まる可能性も出てきた。「フランスのためのヨーロッパ」どころでは

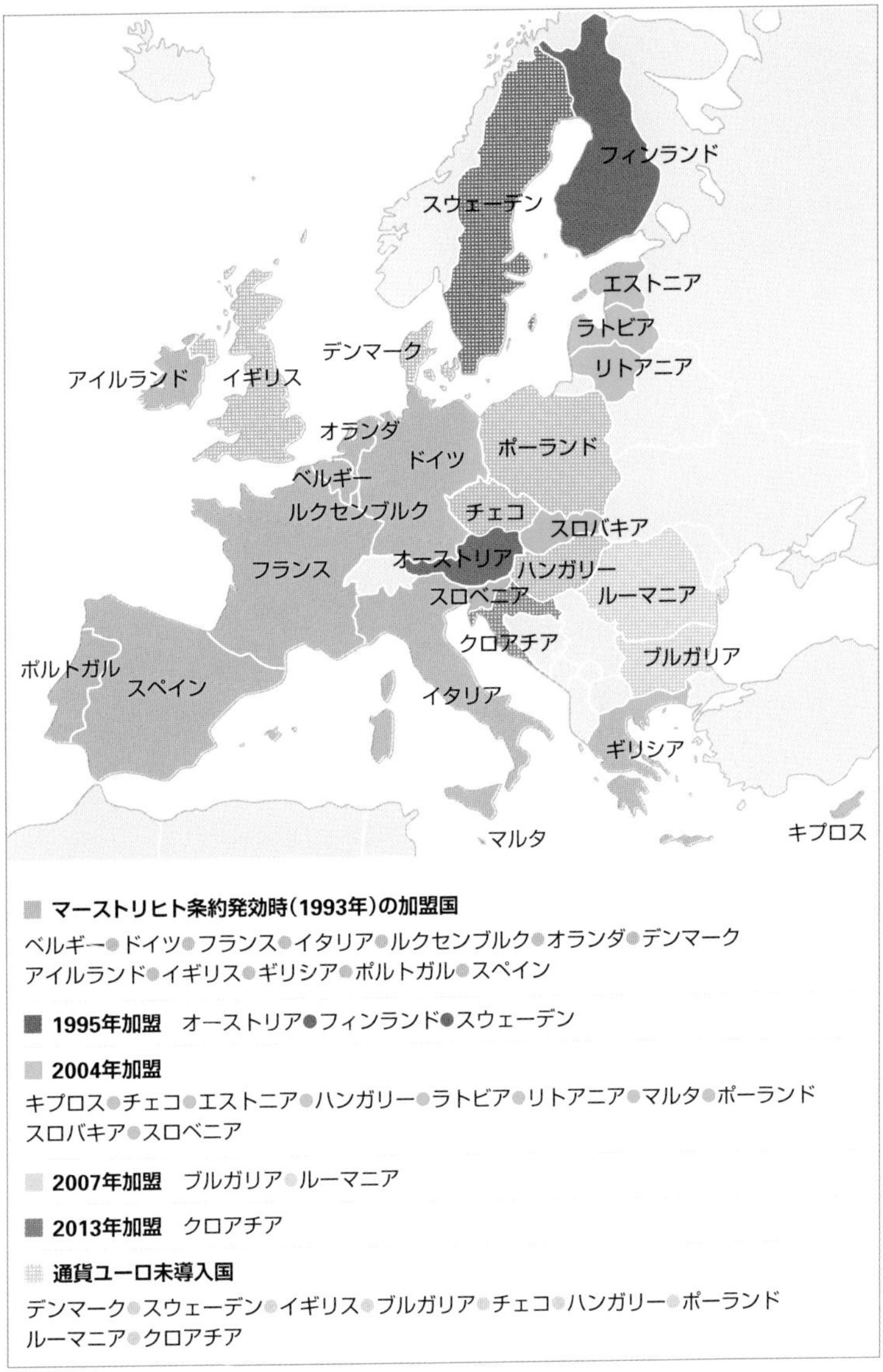

フィンランド
スウェーデン
エストニア
ラトビア
リトアニア
デンマーク
アイルランド
イギリス
オランダ
ドイツ
ポーランド
ベルギー
ルクセンブルク
チェコ
スロバキア
オーストリア
ハンガリー
フランス
スロベニア
ルーマニア
クロアチア
ブルガリア
ポルトガル
スペイン
イタリア
ギリシア
マルタ
キプロス
マーストリヒト条約発効時（1993年）の加盟国
ベルギー●ドイツ●フランス●イタリア●ルクセンブルク●オランダ●デンマーク
アイルランド●イギリス●ギリシア●ポルトガル●スペイン
1995年加盟　オーストリア●フィンランド●スウェーデン
2004年加盟
キプロス●チェコ●エストニア●ハンガリー●ラトビア●リトアニア●マルタ●ポーランド
スロバキア●スロベニア
2007年加盟　ブルガリア●ルーマニア
2013年加盟　クロアチア
通貨ユーロ未導入国
デンマーク●スウェーデン●イギリス●ブルガリア●チェコ●ハンガリー●ポーランド
ルーマニア●クロアチア
EU加盟国の拡大

なく、かえってフランスがヨーロッパに埋没する事態が生じたのである。

6 二一世紀のフランス

二〇〇二年の大統領選挙は大波乱となった。下馬評では、第二回投票に進むのはシラクとジョスパンであったが、一六・八六パーセントを獲得してシラクに次いで二位に付けたのは、FNのルペンだった（決選投票ではシラクが勝利）。FNは二〇〇四年三月の地域圏議会選挙（第一回）でも保守票を取り込み、一四・七パーセントを獲得した。このことは、FNが単に移民排斥や人種差別を支持する層だけでなく、より広範な社会層を一定程度取り込んだことを示している。フランスでは、自由化に伴う社会的格差の拡大により、失業や雇用問題を焦点として、社会的な「強者」と「弱者」の対立が先鋭化していた。FNはこの「弱者」を取り込むかたちで伸長したのであり、貧しく近代化が遅れた地域の男性を中心とした、社会に不満を持つ層がFNの支持者の中心だった。これらの社会層は、かつて社共を支持していた層であり、この現象を「左翼ルペン現象」と呼ぶ分析もある。

選挙に勝利したシラクはラファランを首相に任命し、治安・移民問題、医療保険や年金改革のための財政再建、雇用の回復などを政策課題とした。しかし、年金改革や分権化、大学改革はいずれも大きな抵抗にあって頓挫し、失業者数は増大した。こうしたなか、二〇〇五年五月の欧州憲法条約の批准をめぐる国民投票で批准が否決された。

ヨーロッパ統合をめぐるエリート内での論点は、ひとつは統合においてフランスの国家主権をどの程度貫徹させるかということであり、ここでは統合そのものに反対する意見もみられた。もうひとつが、統合には賛成だがそのあり方を問題とするもので、英米流の自由主義偏重を警戒し、完全雇用と社会的市場経済を原則とする「社会的なヨーロッパ」を求める意見があった。

だが、より広い社会層を見ると、批准反対の背景には、国内の社会的不満があった。一九九九年八月にアヴァロン県のミヨ市で農民たちが建設中のマクドナルドを襲撃した事件が起こったように、グローバル化やEU拡大は雇用や生活水準の低下をもたらすとの不安が、統合の進展により不利益を被る危惧を人びとに抱かせたのだった。EUの東方拡大を背景に、「ポーランド人労働者がフランスに押し寄せる」といった危機をあおる言説が反対派によって叫ばれたりもした。

国民投票の失敗によりラファランに代わり、ド・ヴィルパンが首相となったが、その直後の二〇〇五年一〇月にパリ郊外で警察に追われた移民系の少年ふたりが感電死する事件が起きた。それをきっかけに暴動が相次ぎ、郊外地域に夜間外出禁止令が適用されるまでに至った。この事件の背景には、移民と貧困の問題が存在する。大都市周辺に居住する移民層の失業率は高く、就業者の多くは単純労働に従事し、その賃金水準も低い。問題解決にはまず貧困問題、次いで移民の社会的な統合の問題の解決が不可欠である。

2005年の暴動は、移民系の住民への治安組織の対応も問題となった。パリ西方100キロメートルのエブルーの繁華街で警察官からボディーチェックを受ける青年（2005年11月9日）。
ⒸAFP=時事

だが、フランスの共和主義が移民の統合を難しくしている側面がある。国籍法の生地権に示されているように、「人はフランス人として生まれるのではなく、フランス人になる」のだが、そのためのルールが「共和主義」や「共和国の価値」である。フランス人になるためには、「単一で不可分」という共和国を成り立たせているルールを守る必要があるため、共和主義を信奉するフランス人は、このルールとは相容れない文化には不寛容となる。その結果、共和主義原理のもとでは文化的多元主義が排除される傾向が強い。社会的統合とは、「フランス文化」へのある程度の同化を意味している。だが、このことが移民第二世代以降を中心にアイデンティティーについての問題も引き起こしている。かつてのヨーロッパからの移民とは異なり、彼らにとっては共和主義の同化圧力はみずからの文化への抑圧と感じられるのであり、それゆえに共和主義は彼らを社会の周縁に追いやるのである。移民を中心とした、社会統合に成功していない貧困層の存在は、彼らの疎外感とともに、さまざまな社会問題の背景となっている。

ド・ヴィルパンも雇用の拡大を第一の課題とし、二〇〇六年一月には初期雇用契約の創設を発表した。これは、従業員数二〇人以上の企業が二六歳未満の若者を雇用する際、二年間は理由を示さずに自由に解雇できるというもので、労働市場を柔軟化させて若年層への雇用機会を増大させることを狙いとしていた。しかしこれは若者の大反対に遭い、結局法案は撤回された。フランスは他国で採用されている柔軟な雇用形態の採用へと進むことができず、その点ではグローバル化に乗り遅れている。こうして、政権に対する逆風が吹き荒れるなかで、二〇〇七年の大統領選挙が実施された。

決選投票は国民運動連合（保守）のサルコジと初の女性大統領候補ロワイヤル（社会党）で争われたが、移民制限や新自由主義を掲げて極右票の取り込みに成功したサルコジが大勝利を収めた。選挙で「もっと働いてもっと稼ごう」と述べたサルコジは、自由競争原理による社会や経済の活性化をめざし、社会保障政策を提示する一方で二〇〇七年七月にはいわゆる「減税パッケージ（一括減税計画）」を定め、富

雇用が不安定になることを危惧した若者達は2006年の初期雇用契約に反対し、街頭でデモを繰り広げた。フランスでは法案が出るとそれに反対する者たちが街頭で大規模な反対運動を実施し、それによって法案が廃止されたり修正されたりする例がよくある。議会外での政治運動は、フランス革命以来の伝統でもある。ⒸEPA=時事

裕者への優遇措置と超過勤務手当の引き上げ（引き上げ分の減税と社会保障費の免除）、相続税や住宅取得時の減税により景気の浮揚を図った。しかし、財政赤字や政府債務の悪化に比して思うように経済は回復せず、購買力も上昇しなかった。そのため、翌年の四月には早くも支出削減策が採られた。

この年の秋にはアメリカのリーマンショックを引き金とする世界的な金融危機が発生し、サルコジはネオリベラリズム政策から経済ナショナリズムへの転換を余儀なくされた。経済危機に直面したフランスの大企業への財政投融資政策を行い、一一月には政府系金融機関による「戦略投資ファンド」を用いて二〇〇億ユーロの支援を行った。翌年には雇用の危機が深刻化し、反政府デモが相次ぐなか、サルコジは二月には景気浮揚策として一〇〇〇件に及ぶ公共投資プロジェクトを計画して、その財源を財政出動に求めた。

リーマンショックは税制体質が脆弱な南ヨーロッパ諸国に打撃を与え、ギリシアを筆頭とした諸国のデフォルトの可能性がユーロ危機へと発展した。サルコジはこの時、ドイツのメルケル首相と強い絆で結ばれた交渉を重ねて危機に対処した。このことにより独仏関係の緊密化が進展するとともに、ドイツの「競争的ディスインフレーション政策」をモデルとした緊縮財政策の優先をサルコジが受け入れることとなった。フランスのエリートたちはヨーロッパ統合の必要性は理解していたが、それを実現するために国内の構造改革を行おうとすると強い反対に遭い、改革が徹底しないということを一九八〇年代以降繰り返してきた。サルコジの緊縮財政策も大きな転換というわけではなかった。また、グラン・ゼコール出身のエリート官僚や政治家による企業支配というディリジスムの伝統も放棄されておらず、EUとフランスとの関係は複雑なものでありつづけている。

リーマンショック後、サルコジ人気は低調へと向かったが、そのなかで改革も実施された。二〇一〇年には年金改革法案が可決され、年金の支給年齢の延長が決められた（この結果、拠出期間も長期化）。また二〇〇九年六月には「積極的連帯所得手当」という日本の生活保護に似た制度が導入されたが、必ずしもうまく機能しなかった。移

2009年11月11日に初の独仏共同の第1次世界大戦休戦記念式典がパリで開かれ、メルケルとサルコジが一緒に無名兵士の墓に献花した。ドイツモデルを追求したサルコジの時期は、独仏関係が戦後最良であったとされ、両首脳の関係の緊密さは、「メルコジ」と称された。
ⒸAFP=時事

民政策については、二〇〇七年に移民省を設置し、移民が家族を呼び寄せる場合にはフランス語の能力証明を課すなど、入国のハードルを高くするとともに、不法移民を雇用した者への制裁の拡大、偽装結婚の刑罰を重くするなど、取り締まりも強化した。

二〇一〇年には中東諸国で「アラブの春」と呼ばれる民主化運動が進展したが、それに伴って大量の移民（難民）が発生した。チュニジアとリビアからの移民の多くはイタリアに入国したが、ヨーロッパ諸国が調印しているシェンゲン協定によれば、彼らはイタリア入国後には自由にフランスに入国できる仕組みとなっていた。サルコジはこれに反発し、二〇一一年四月にはイタリアとの鉄道網を閉鎖し、協定の見直しを提案した。結局フランスが妥協し、イタリアの発行する滞在許可証を認めたが、ここでもEUとフランスの政策の間に齟齬があった。その後、「イスラム国（IS）」を原因とする難民についても、同じ問題が発生した（ハンガリーやドイツなど）。

2015年12月7日、地域圏議会選挙第一回投票の翌日に記者会見をするFN 2代目党首のマリーヌ・ルペン。彼女の姪のマリオン・マレシャル-ルペンは2012年の総選挙で当選し、22歳で最年少の国民議会議員となった。ⒸAFP=時事

二〇一二年の大統領選挙では、サルコジは再選されず、社会党のオランドが勝利した。この選挙での争点は、かつてのようにイデオロギーや「大きな政府」対「小さな政府」といったものではなく、緊縮財政を優先するサルコジと雇用拡大を優先するオランドといった路線の違いでしかなかった。そのため、第一回投票では両者の得票率はともに二〇パーセント代後半と僅差であり、むしろFNの躍進（一七・九パーセント）を印象づけた。FNは二〇一一年に党首がジャン＝マリ・ルペンから娘のマリーヌ・ルペンへと世代交代し、二〇一一年三月の県議会選挙で大きな躍進を見せていた。マリーヌ・ルペンは移民排斥という単一政策政党からの脱却を図り、単純な排外主義や父親の掲げた「小さな政府」を標榜することをやめ、ネオリベラリズムやグローバル化に反対して、フランス型の福祉国家モデルを擁護した。そして、ユーロから離脱してフランスの財政主権を取り戻すことを主張した。この政策転換が、保守や社会党によって切り捨てられたと感じる社会的「弱者」やヨーロッパ統合に疑問を持つ層を引きつけることとなった。FNの政策の実現性には多くの疑問が呈されているが、閉塞する社会状況のなかで、このようなポピュリズムが一定

の国民を引きつけているのも事実である。

　オランドはサルコジ政権下の緊縮財政策を転換し、公務員増大や雇用増、中小企業助成などによる成長戦略をとる一方で、富裕層への増税によって財政均衡の実現や社会保障費の捻出を行おうとした。だが、公約の実現は容易ではなかった。年間一〇〇万ユーロを超える高額の所得に対して、富裕税の税率を最高七五パーセントに引き上げることをオランドは就任後に提案していたが、二〇一二年一二月の憲法裁判所の違憲判断のために、成立した内容では、税負担の対象を個人から企業に変更し、二年間の時限措置となった（一五年一月に終了）。

　改革が予定通りに進まず、景気浮揚の兆しが見えないなか、財界は人件費の高さと労働規制の強さを問題とし、人権費の削減と労働市場の柔軟化をめざしていた。これに対し、労働側は雇用と労働条件の改善を要求していたが、二〇一三年一月に両者の合意が成立し、六月に「雇用安定化法」が施行された。そこでは、解雇規制の緩和が図られた一方で、従業員代表機関の権限強化などもなされた。雇用は前世紀末より政策の最重要課題であり続けたため、労使のどちらかを一方的に利する改革を実施することは困難となっていた。

　経済成長や雇用の目標が達成されず、財政赤字の深刻さも増したことを受けて、政府は政策転換を余儀なくされた。オランドは二〇一四年一月の記者会見で企業活動の活性化を優先する方針を示し、社会保障料の企業負担の軽減や法人税控除の拡大に舵を切り、その代償として企業側には雇用増の数値目標を設定させる責任協定の締結を述べた（三月に大筋合意、ただし数値目標は見送り）。「弱者」を保護する社会党政権としては雇用の確保や社会保障も重要であるが、生産の縮小がフランス経済の問題であるとして、オランドは供給側（サプライサイド）への対応を優先する政策へと転換をしたのだった。

　グローバル化やEU内での経済統合に対応するためには、フランス企業の国際競争力を高めねばならず、工場の国外移転を防ぐた

シャルリ・エブド襲撃事件をうけて、2015年1月11日に行われた「共和国の行進」に参加し、ドイツのメルケル首相らの各国首脳に囲まれて行進するオランド大統領。
ⒸAFP=時事

めには企業負担の軽減や雇用の柔軟化が必要であるとの認識が、現在では左右を問わず共有されている。二〇一四年八月に発足した第二次ヴァルス内閣では、「経済・産業・デジタル大臣」に投資銀行役員経験者のエマニュエル・マクロンが任命され、経済改革に取り組んだ。彼は二〇一四年一二月に「経済の機会均等・経済活動・成長のための法律案（マクロン法）」を議会に提出した。法案の成立に際して、ヴァルス首相は党内からの反対にも遭ったため、「表決なしの採択法」を利用して、国民議会の議決を経ることなしに同法を可決させた。「フランス経済の閉塞を打破する」という目的をもつこの法律では、日曜営業の拡大がよく知られているが、深夜営業の拡大、長距離定期バス路線開設のための規制や運転免許取得規制の緩和、公証人などの司法分野の専門職に関する規制緩和（事務所の新規開設の自由化など）、雇用規制の緩和など多岐にわたっている。今後この法律に沿って、具体的な施行令が出される予定で、二〇一六年初頭には解雇規制の緩和が検討されている。

経済政策が多難ななか、二〇一五年にはパリで大規模なテロが二回発生した。最初が一月の風刺新聞『シャルリ・エブド』の本社襲撃事件で、これと同日に起きたパリのスーパーマーケット立てこもり事件とを合わせて一七名の死者が出た。その後、テロ計画が散発的に実行されようとしたなか、一一月一三日の夜にパリ市内とサン・ドニで複数の銃撃事件が発生し、少なくとも一三〇人の死者が出た。一一月の事件では「イスラム国（IS）」が犯行声明を出しており、フランスでは非常事態宣言が布告された。

二回のテロを受けて、「なぜフランスが狙われるのか」という議論がなされているが、原因は単純ではない。「サイクス・ピコ協定」に象徴される植民地主義の問題、共和主義とイスラム原理主義の相反、ライシテを理由としたイスラム教徒への抑圧、フランスによるシリア空爆など、いずれも関係のある事例であるが、それだけでは説明できない。

そこで、より底流にある事実に目を向けてみると、そこには社会統合と貧困の問題が存在している。移民社会がテロリストの温床であるとの指摘もあるが、移民たちはライシテの原則のもとで世俗的な教育を受けており、毎日欠かさずに礼拝をするものはむしろ少数派で、彼らが日常的にイスラム原理主義に接しているわけではない。

イスラム教やイスラム教徒の存在をテロの理由とすることは間違っており、むしろ移民

エマニュエル・マクロン。1977年生まれ。名門アンリ4世高校卒業後、高等師範学校入学試験には失敗するが、パリ第10大学、パリ政治学院を経て2002年にENA(国立行政学院)に入学した。卒業後、会計監査官として勤務するが、2008年に休職をしてロスチャイルド銀行に入行。副社長まで昇進した後、2012年に大統領府副事務総長としてオランドの側近となった。ENA卒業生に代表されるエリートたちは、今日でも政界と産業界に多大な影響力を持っている。©AFP=時事

社会が置かれた社会状況が根底の問題として存在している。移民二世や三世たちは、貧困の連鎖や差別のなかでフランス社会の中に自分たちの居場所を見つけられない状況にある。そして、経済的・文化的に疎外感を持つ者たちが、何らかの偶発的なきっかけでシリアへと向かうケースが発生する。その意味では「イスラム国」への参加は必然ではなく、状況の産物でしかない。異なる選択肢があれば、彼らはそれに身を投ずる可能性もある。本来テロは政治問題に付随する行為である。しかし、今日のフランスでは、テロは社会問題と密接に関わっている。

問題解決の可能性のひとつが、文化的多元主義を深化させて新たなフランスを構築することかもしれないが、これには障害が多い。フランスの歴史的伝統や共和主義の原理は移民たちに同化を強制しており（一九九二年の憲法改正では、「共和国の言語はフランス語である」という条文が加えられた）、エリートたちの共和主義への信頼も多様性の認識に対してはマイナス要因である。さらに極右とそれに影響される人びとの動向もある。二〇一五年一一月の同時テロ直後に実施された一二月の地域圏議会選挙の第一回投票では、改選される一三地域圏の六つでマリーヌ・ルペンが率いるFNが一位となった。全選挙区でのFNの得票率は二八パーセントで、共和党・中道派の二七パーセント、社会党の二三パーセントを抑えてトップとなった。

7 マクロン政権

オランドの支持率はテロのあとには一時的に上昇したが、その後はみるみるまに低下していき、二〇一六年一〇月には四％（『ルモンド』紙の調査）という、一八四八年に大統領制が誕生して以来、最低の支持率を記録した。原因としては、二〇一四年の政策転換が「左からの自由主義ショック」をもたらしたことが大きい。そして、この政策転換をめぐり、金融・労働規制の緩和（新自由主義）を主張する右派と伝統的な福祉政策（富の再配分）を主張する左派の対立が激しさを増し、社会党の指導力も低下していった。

翌二〇一七年は大統領選挙の年であり、前年より候補者をめぐる動きが活発化した。オランド政権で「経済・産業・デジタル」大臣を務めていたマクロンは、景気低迷や社会的格差拡大に対し独自の解決策を打ち出すという理由で八月に大臣を辞任、一一月一六日に大統領選への立候補を表明した。大統領選挙の場合、従来の左右両陣営では、候補者の一本化のために予備選挙を実施するが、一一月には中道・右派の予備選挙が実施され、元首相のフランソワ・フィヨンが選出された。

こうしたなか、支持率が低下したオランドの去就が注目されたが、一二月一日に彼はテレビ演説で、「十分な支持を得られない恐れがある」として、不出馬を表明した。現職の大統領が二期目の選挙に出馬しないのは、一九五八年に第五共和政が発足して以来、初めてのことであった。翌年一月の左派の予備選挙では、オランド政権の元首相マニュエル・バルスが有力視されていたが、元国民教育相のブノワ・アモンが勝利した。アモンはベーシックインカムなど、より左翼色の強い政策を打ち出しており、「左からの自由主義」が批判されることとなった。

これにFNのマリーヌ・ルペンを加えた四人のうち、大幅な歳出削減と企業向けの大型減税を合わせた経済改革を主張する共和党のフィヨンが最有力候補とみられていたが、一月下旬に勤務実態のない妻に給与を支払っていたとの不正疑惑が浮上すると支持率が低下していった。マクロンは、すでに二〇一六年に自身の政党「前進！」を結成していたが、右派でも左派でもないと自己の立場を規定し、既存政党からは距離を保っていた。

選挙は四月二三日に行われ、第一位がマクロン（得票率二四・〇一％）となったが、三位のフィヨン（同二〇・〇一％）を押しのけて僅差で二位となったのはマリーヌ・ルペン（同二一・三〇％）だった。五月六日に行われた決選投票では、マクロンが二位のルペンに大差をつけて勝利した（得票率は六六・一％と三三・九％）。フィヨンのスキャンダルに加え、社会党が

左派をまとめきれなかったこともマクロンに有利に働いた。第一回投票で、五位のアモンを抜いて四位に入ったのは、社会党員から急進左派に転じたジャン＝リュック・メランションだった。決選投票では国民の反ルペン志向によりマクロン票が上積みされたが、白票と無効票の合計が八・五六％と史上最多となり、両者ともに拒否する層（左派）の存在が印象づけられた。

二〇一六年は、六月の国民投票によりイギリスでEUからの離脱が選択され、一一月にはアメリカで自国第一主義を掲げるドナルド・トランプが大統領に当選した。これを受けて、フランス大統領選でもEUとの関係がひとつの争点となった。EUの断固維持を主張するマクロンに対して、第一回投票二位のルペンと四位のメランションはともに離脱の可否を決める国民投票の実施を公約としており、両者の得票の合計はマクロンのそれを上まわった。

既存党派に属さないマクロンは、超党派で組閣を行い、首相には共和党のエドゥアール・フィリップ、外相には社会党のジャン＝イヴ・ル・ドリアンを任命し、二二人の閣僚のうち一一人を民間から登用した。第五共和政発足当初は、大統領の任期は七年だったが、二〇〇〇年の国民投票により五年に短縮された。そのため、二〇〇二年より大統領選挙と国民議会（下院）選挙が同時期に行われるようになった。大統領選後の六月に実施された総選挙では、マクロンが選挙直前に結成した「共和国前進！」（「前進！」を改称）が、協力政党の民主運動と合わせて三五〇議席を獲得し、国民議会の六割を占めて大勝、議会での基盤も獲得した。

マクロンはまず、対テロ対策の強化や環境規制の強化（「気候計画」の発表）など、世論の支持が得やすい政策を実現し、八月からは「労働法典」の改革に着手した。ここでは、失業対策などによりセーフティネットを強化する代わりに、解雇規制の緩和や企業減税により個人や企業の経済的自由を拡大して経済を活性化することがめざされていた。分配よりも成長を重視する市場寄りの姿勢や、富裕税廃止などが金持ち優遇との批判を受け、マクロンの支持率は低下したが、強力な議会基盤に支えられて、労働市場改革を実現させた。

二〇一八年に入ると、二月に国鉄改革案が発表された。これは、年間三〇億ユーロの赤字を生みだす構造を改革するために、非解雇、定年退職年齢、年金制度、無料鉄道利用といった鉄道職員の優遇措置の段階的縮小や鉄道事業の競争力強化をめざすものだった。だが、この改革が最終的には国鉄の民営化をめざしていると懸念した組合が一斉に反発、ストとなった。ストは四月三日から六月二八日までの三か月間に三六日実行され、五日のうちの二日間はストという事態となった。最低運行保証制度というものがあるため、すべての列車が運休したわけではなかったが、ある日には、TGV（高速鉄道）の八割が運休というように、多くの人々が影響を被った。だが、ストに対する世間の目は意外と厳しかった。政府は、国民の支持が十分に得られていないと見ると、六月一四日に国民議会で改革案を可決させた。

三月には「学生の進路指導および学業の成功に関する法（ORE法）」が成立し、大学入学における志願者の選抜を合法化する方針が示

ジャン=リュック・メランション。1951年生まれのメランションは、2008年に社会党を離脱して左翼党を創設。欧州議会議員を務めるなか、講演やテレビ出演で有名となり、2012年の大統領選挙に左派戦線候補として立候補した（第4位）。ルペンとは異なる政策で新自由主義下で困窮化する層にアピールする彼は、この時期以降、国民の一定の支持を集め続けている。写真提供：Alamy / PPS通信社

COLUMN

ポスト・ナショナリズムの歴史

20世紀末からの独仏和解に象徴されるような、ヨーロッパ各国の関係の緊密化は、過去の歴史像の見直しを引き起こし、これまでとは異なる状況がさまざまな場で生じている。

ひとつは戦争墓地や戦争記念碑である。1984年にミッテランのドイツ人戦没者墓地訪問が話題となったのは、それがドイツのための施設だったからである。戦没者墓地は国ごとに整備され、国家のために戦って命を落とした兵士たちを顕彰する聖なる記憶の場であった。しかし、今日ではヴェルダンの戦いの激戦地で、フランス兵を顕彰しているドゥオーモン要塞にはフランスの国旗のほかにドイツとEUの旗が翻り、第一次世界大戦開戦百周年に際して、納骨堂には「ここにドイツとフランスの兵士が眠る」と刻まれた石碑が設置された。

戦争・軍事博物館も、かつては軍事技術や敵国への勝利を喧伝しナショナリズムの涵養を目的としていたが、今日ではその内容が大きく変化しつつある。フランスのソンム県ペロンヌ市にある「大戦歴史博物館」では、戦争の展開や勝敗のような、かつて重視された展示よりも、戦時下の生活や戦争の悲惨さなどを通じて第一次世界大戦が社会史的・文化史的観点から扱われ、英独仏三国の状況が全く対等に展示されている。

2006年に高等学校向けの独仏共通歴史教科書が出版されたように、一国史を超えた歴史像や過去の記憶をいかに作り出していくのかという試みがヨーロッパでは進んでいる。

ペロンヌ市の「大戦歴史博物館」の展示。奥の棚の三段部分で、同じテーマを扱った英独仏の事例が対等に展示されている。展示全体では過度の説明が避けられ、来館者が自身でその意味を考えるよう配慮がされている。

2018年11月14日にパリに現れた「黄色いベスト」参加者。「黄色いベスト」は基本的に郊外の運動なので、パリでの抗議活動への参加者たちは毎週末、列車に乗ってやってきた。日本ではフランスのデモというと略奪の画像が流されるが、それはごく一部で、「黄色いベスト」参加者の多くは節度を保っていた。

された。それまでは、バカロレア(大学入学資格)を取得した生徒は望む大学に入学できた(あくまでも建前で、事実上の選抜は存在している)。そのため、この法律がフランスの国是のひとつである「平等」に反し、社会的格差を拡大するとして、学生たちがデモとストライキを行い、キャンパスが封鎖される事態となった。三月のボルドーに始まった封鎖は四月にはパリにも波及し、最終的には十数大学が封鎖されたが、政府の反応は強硬で、四月末までにすべての封鎖が警察によって解除された。

秋になって急浮上したのが、燃料税増税問題である。フランスは地球温暖化対策として、炭素税と内燃機関への燃油税の段階的引き上げを政策としていた。だが、原油価格の上昇も手伝い、燃料価格が高騰していたさなか、マクロンが一一月一一日に翌年一月一日から燃油税を引き上げることを発表したため、これに我慢ができなくなった人々は、一一月一七日に大規模な反対運動を展開した。「黄色いベスト」(ジレ・ジョーヌ)と呼ばれるこの運動は、SNSにより拡散されて全国的な運動となった。一七日の参加者は二八万人にものぼり、人々は車載が義務づけられている蛍光色の黄色いベストを着て、全国約二千か所で道路の封鎖などを行って抗議をした。翌週の二四日には今度は全国からパリをめざすという呼びかけがなされ、シャンゼリゼにやってきた人々が暴徒化して警官隊と衝突した。週が明けた二七日の午前にマクロンは原発の削減などを含む総合的な環境対策を発表し、そのなかで原油価格により税率を変動させる(価格を一定にすることをめざす)方式の実施を述べたが、それでも人々は納得せず。運動が続いた。

燃料税増税は象徴的な問題でしかない。運動の参加者は、「エリートたちは世界の終わり(環境問題)について語るが、われわれは月末について語る」と述べており、運動の主体である郊外に住む白人はグローバル化(EU化)がもたらした格差の拡大に不満を抱いている。そうしたなかで、マクロンの政策がエリート主体、「金持ち優遇」とうつり、参加者は富裕税の再導入や最低賃金の引き上げなどとともに、マクロンの辞任を要求した。格差社会へのアンチテーゼであるこの運動は伝統的な「左右の対立」ではなく、「上下の対立」がメッセージであり、反エスタブリッシュメントという色彩も強い。

マクロンは一二月一〇日にテレビ演説をし、平和なデモ参加者を「まじめな怒りであり、正当な権利の要求する人たち」として、運動への一定の理解をみせ、燃料税増税を撤回するとともに、最低賃金の引き上げなど予算措置を発表した。さらには翌年一月より八〇日間にわたって、大統領自身がフランス全土で自治体の長と会って議論するな「国民的大討議」を実施すると表明した。この措置は一定のガス抜きにはなったが、マクロンへの不満が解消されたわけではなかった。また、「黄色いベスト」はSNSを介した自然発生的な運動で、明確な指導者がいるわけではなく、ひとつに組織されていなかった。そのため、組合との交渉でストやデモを終結させるといった、従来の方法を採ることもできず、二〇一九年にも抗議活動は散発的に続いた。

こうして訪れた小康状態は年末に一変した。フィリップ首相は九月に、二〇二〇年夏までに年金改革の成立をめざすと発表した。その主眼は現在四二種ある公的年金制度を一本化することである。フランスの年金支出はGD

P比で約一四%と大半の欧州諸国を上回っており、このため二〇二七年までに満額支給開始年齢を現行の六二歳から六四歳へ引き上げるとともに、特別制度の廃止、支給額の算定方法をポイント制とすることなどが示された。特別制度とは、特定の職種を対象とした保険料率や年金支給の条件の特例であり、たとえば国鉄やパリ交通公団（RATP）の職員（運転手など一部）は五二歳、警察官や消防士は五七歳で年金の受給が可能となっている。特別制度の廃止方針が明らかになると、対象の職員を支持母体とする労組が反発し、一二月五日より無期限のストライキを実施した。パリでは地下鉄の大部分の路線が閉鎖され、TGVも軒並み運休となるなど、交通を中心に大混乱が発生した。今回は一般市民の支持もあり、このストは一月二〇日まで七週間続き、ジュペ内閣（一九九五年）の時の五週間を上回り、史上最長となった。それでも、年金関連法案は、一月二四日に閣議に提出され、二月一七日から国民議会での審議が始まったが、新型コロナウイルスの感染爆発により、年金改革は凍結されることとなった。

外交については、グローバル化がもたらす課題への対処を、ヨーロッパ統合の深化とEU改革によって実現することが政権の基本姿勢である。二〇一七年九月の「ヨーロッパのためのイニシアティヴ」演説（ソルボンヌ演説）では、共通防衛予算の導入や共同介入部隊の設置によるEUの防衛力強化、移民問題に対応するEUレベルの組織の設置、ユーロ圏共通予算とユーロ圏財務相会議の導入などを提案した。改革を優先する姿勢のため、マクロンはEUへの新規加入には消極的であり、二〇〇五年より議論されているバルカン諸国の加盟も実現しておらず、ウクライナの加盟も不透明である。

年金制度改革に反対するデモ（2019年12月19日）。「年金ポイント制に対して、みんなで戦おう！」と書かれている。CGT（一般労働組合連合）は、国鉄労働者の加入数が最も多い組合である。フランスは労働組合中央組織（日本の連合のようなもの）が5個あるが、CGTは結成が1895年と最も古く、最大勢力である。写真提供：Alamy/PPS通信社

このEU改革のためにはドイツとの提携が不可欠である。そのため二〇一九年一月には、ドイツとの間で「アーヘン条約」を締結し、共同安全保障と共通外交の推進、共通経済政策の検討など、従来からの協力関係を確認した。だが、諸国間の温度差もあり、EU改革はマクロンが考えるようなレベルで進展しているわけではない。

二〇一四年にロシアがウクライナ南部のクリミア半島を併合した後、ウクライナ東部では親露勢力がロシアの支援を受けて武装蜂起し、政府軍との武力衝突が激化していった。戦闘の拡大を避けるために、フランスはドイツとともに二〇一五年二月に仲裁を行い、四カ国首脳会談で停戦が合意されたが、効力を発揮せず、内戦状態が続いた。二〇一九年一二月には、マクロンはメルケルともに仲裁役となり、五月に就任したウクライナのゼレンスキー大統領とロシアのプーチン大統領をパリに招き、両者の会談を実現させた。マクロンはロシアによるヨーロッパ地域の不

安定化を常に懸念しているが、二〇一九年八月にエリゼ宮で行われた各国駐在大使への訓示では、「ロシアを欧州から遠ざけることは戦略的に大きな過ちである」と述べており、その後もウクライナ問題における対話を重視し続けている。だが、ロシア軍がウクライナに侵攻する状況下で、その解決の努力は実っていない。

オバマ政権の時期より、中国の台頭により米中対立が激化するなかで、アメリカがヨーロッパや中東への関与を弱めていき、ヨーロッパが置き去りにされるのではないかとの認識がマクロンにはあった。二〇一六年のイギリスのEU離脱の選択とトランプの大統領当選がさらにこの認識に拍車をかけることとなり、フランスはドイツとともに、「戦略的自律」をめざすこととなる。その焦点のひとつがNATO（北大西洋条約機構）で、トランプがNATOへの費用負担を減らそうとするなか、二〇一八年一一月にはマクロンは「ロシアや中国、そして米国からヨーロッパを守るため」ための「真の欧州軍」創設を呼びかけた（具体化はせず）。だが、バルト三国やポーランドのように、アメリカの関与を最重要視する地域とでは、「戦略的自律」への考えが異なっている。

二〇一八年一一月には第一次世界大戦休戦百周年を記念する式典がパリで開かれたが、マクロンは出席したトランプやプーチンの前

2019年11月にパリで会談したゼレンスキーとプーチン。
写真提供：TOP Photo/PPS通信社

で、「愛国主義（パトリオティスム）はナショナリズムと正反対のものであり、ナショナリズムは愛国主義への裏切りである。「われわれの利益が第一で、他人のそれよりも大事だ」と言うことで、人々はある国民が持つ最も貴重なもの、その国民を生き続けさせるもの、その国民を偉大なる存在とするもの、そして最も重要なもの、すなわちその国民の倫理的価値を消し去っているのだ」と述べ、トランプを念頭において、偏狭なナショナリズムを批判した。

二〇二一年一月に国際協調への回帰を掲げるバイデン政権が成立し、アメリカとヨーロッパとの関係は改善しつつあるが、ロシア軍のウクライナ侵攻により、その協力体制がどうなるのか注目されている。

8 新型コロナと二〇二二年大統領選挙

さまざまな改革に格闘し、就任三年目を迎えようとした二〇二〇年春に、新型コロナウイルスの感染が爆発した。フランスで最初に感染者が確認されたのは一月二四日であったが、これは入国直前に中国に滞在した人で、隔離により感染は広がらなかった。しかし、二月中旬より感染者が増え始め、二月二八日には警戒水準がレベル二に引き上げられた。この時のフランスの感染者数は一〇〇人程度だったが、隣国のイタリアではすでに一〇〇〇人を超えており、フランスでの感染拡大が予想された。三月に入っても、一日の感染者数は一〇〇〇人を下回っていたが、三月一六日に二〇〇〇人を超えた翌日、マクロンは衛生上の非常事態として、厳しいロックダウン措置に踏み切った。これにより、屋外での集会、友人や親族との会合は禁止、買い物、通院、通勤（テレワークが困難な場合）といった生活に必要な外出のみが許容され、外出時には許可証の携行が義務づけられた（違反者には罰金などの措置）。さらに、食料品店と薬局を除いて、すべての商店、レストラン、学校が閉鎖され、公共サービスもストップした。ロックダウンは当面一五日間とされたが、感染者は減らず、四月には一日あたりの感染者が一万人を超えた。しかし、その後は徐々に減少し、五月一一日から制限は段階的に緩和され、バカンスシーズンを前に、六月一五日からはレストランやカフェの営業も再開され、国内の移動制限も撤廃された。

しかし、この緩和によりバカンスでの人の移動や活動が活発となり、九月下旬より再び感染者が増加に転じ、一〇月三〇日から二回目のロックダウンが実施された。内容は春のものとほぼ同様だったが、高校までの学校は継続された。年末にはこの措置は回避に向かうが、二〇二一年三月には感染者が増加に転じ、四月三日より三回目の全国規模でのロックダウンが実施された。

ヨーロッパ諸国では、アメリカなどに比してワクチン接種が遅れ、フランスでは二〇二〇年の年末に接種が開始された後、接種率が伸びず、これが感染拡大とロックダウンの原因となっていた。一回接種の率が五〇％を越えるのが二〇二一年六月で、これに合わせて六月でロックダウンが終了した。その後、年末にはオミクロン株の流行が拡大し、二〇二二年一月二五日には新規感染者が五〇万人を超えたたが、それによるロックダウンの措置は取られていない。

新型コロナ対策で、フランスは強権を発動して市民の行動を大きく制限した。これに対しては批判も多く、市民の反発もみられた。厳しい措置の原因はいろいろとあり、そもそもヨーロッパ地域では、社会の安寧のためには人権をある程度犠牲にしてもやむをえないとの認識がある。そうしたなかで、フランスは「国民の保護」のために規制を行ったわけだが、そこにはフランスに特徴的な国家主導主義（ディリジスム）の影響もあるだろう。ただ、その代償として、「休業補償」と「連帯基金」など、国民への手厚いサポートもなされており、危機が収束に向かうにつれて失業率が回復していったことを忘れてはならない。

このような状況のなか、二〇二二年四月の大統領選が迫ってきた。選挙一年前頃には、前回と同様に最終的にマクロンとルペンの対決になると予想されていた。ルペンはすでに「脱悪魔化」と呼ばれる路線を推進し、人種差別的な姿勢を維持していた父と完全に決別し、政党名も二〇一八年六月に、父が名付けた「国民戦線（FN）」から「国民連合（RN）」へと変更した。また、二〇一九年五月の欧州議会選挙に向けて、「国家の集合体としての欧州」をめざすと表明し、従来の「EU離脱・ユーロ脱退」路線から政策を転換した。大統領選では、格差の是正や生活苦の解消を訴え、支持を伸ばしていた。だが、これは従来の「極右」支持者を幻滅させることとなり（二〇二一年六月の地方選挙では敗北した）、二〇二一年秋の世論調査で、極右の論客で「移民ゼロ」を主張するエリック・ゼムールが有力候補に浮上し、出馬を表明した。

中道右派は一二月に予備選挙を実施し、イル＝ド＝フランス地域圏議会議長のバレリー・ペクレスを選出した。左派陣営は今日、社会党系と緑の党系の二大潮流に分裂しており、社会党は現パリ市長のアンヌ・イダルゴを選出した。しかし、対立勢力はこれを拒否し、元司法大臣のクリスチャーヌ・トビラ（一八四ページコラム参照）を推薦した。彼女も一度は立候補を表明したが、推薦人が集まらず、三月になって出馬を断念、結局緑の党系からは、「ヨーロッパエコロジー・緑の党（EELV）」の事務局長（党首）で、二〇〇二年から八年までフランス・グリーンピースのトップを務めていたヤニック・ジャドが立候補した。これに前回の選挙で四位だったメランションも加わり、左派の分裂状態は深刻となった。

選挙戦が展開されマクロンの再選が危ぶまれる状況も生じるなか、二月二四日にはロシア軍がウクライナに侵攻した。一般に、危機が生じると現政権の支持率が高まる「旗下結集効果」が見られ（テロの時［二〇一五年］のオランド政権もそうだった）、さらに西ヨーロッパの極右はおしなべてプーチン支持だったことより、ロシアとの交渉を重ねるマクロンの支持率は相対的に上昇した。しかし、戦争が終結せず、危機バネの威力も薄れていくなかで、ルペンは高インフレ下での生活水準の低下への不満に訴え、エネルギー関連の消費税減税を公約に掲げる戦術を展開し支持率を伸ばしていった。状況が混沌とするなかで、四月一〇日の第一回投票を迎えた。

結果は、マクロンが第一位で得票率が二七・八五％、第二位はルペンで二三・一五％。第三位となったのはメランションで（二一・九五％）、共和党のペクレスは五位（四・七八％）、イダルゴにいたっては一・七四％と泡沫候補なみで、前回の選挙で始まった二大政党の凋落は決定的となった。メランションがルペンに投票し

ウクライナ情勢をめぐり、プーチンと会談するマクロン。マクロンはヨーロッパの平和はロシアとの対話なくしては成立しないという立場で、話し合いによる解決を目指しているが、2022年5月現在では状況は進展していない。写真提供：Alamy/PPS通信社

ないことを、ペクレスとイダルゴがマクロンへの投票を呼びかけるなか、二週間後の四月二四日に決選投票があり、マクロンが五八・五五%で首位となり、大統領に再選された（現職の大統領の再選は二〇年ぶり）。ルペンの得票率は四一・四五%で前回よりも二人の得票差は縮まった。

選挙結果の分析として、明らかとなったのは、「黄色いベスト」運動以降に明白となった「上下の対立」である。マクロンとルペン（ゼムール）を比べた場合、所得が低く生活の肯定感が低い者ほどルペンを指示する傾向がある。選挙の争点が生活水準の低下となったことも影響していようが、低所得者層のメランション支持が高いのもそのことを示していよう。だが、メランションの支持者には高学歴者や高所得者層も一定程度おり、彼は伝統的な左派の受け皿にもなっている。

2022年大統領選第1回投票の動向

所得による分類

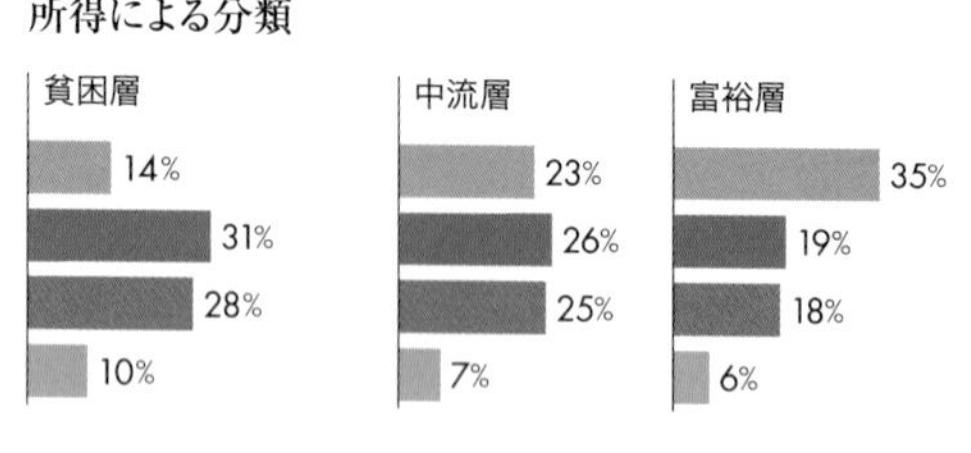

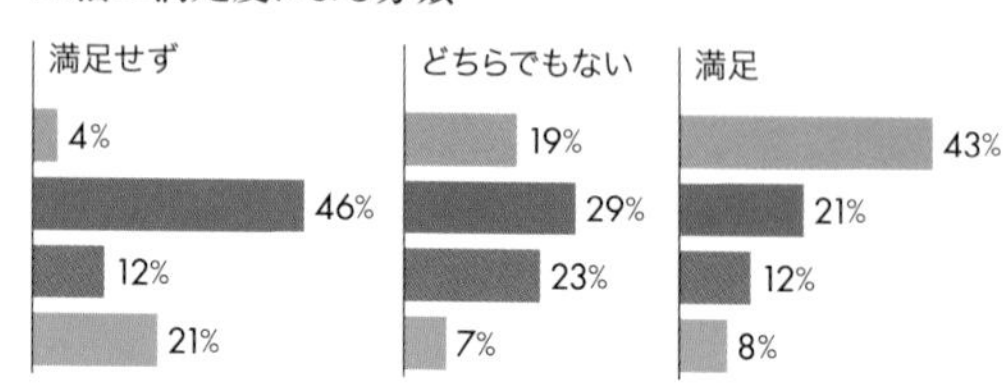

学歴による分類

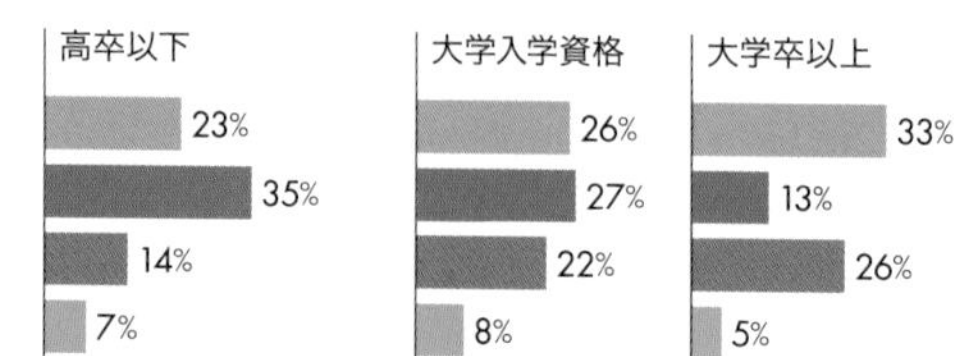

■マクロン ■ルペン ■メランション ■ゼムール

フランスの調査会社Ipsosのデータ。2022年4月6日から9日（投票前日）までの期間に4000人以上を対象に実施したアンケートの結果で、それぞれのカテゴリーで支持する候補の割合を示している。

9 フランスの課題と日本

選挙の季節が過ぎた後、フランスは以前と同じ課題に直面している。マクロン政権の一期目では実現できなかった年金改革に代表される構造改革は急務であり、これに加えて物価高による生活水準の低下への対応（購買力の向上）をして、「上下の対立」を解消しなければならない。

新自由主義的で親EUのマクロンが、この課題を達成することは可能なのだろうか。二〇二二年大統領選挙の第一回投票では、新自由主義への反対票（ルペン、メランション、ゼムールなど）が五割を超えた。マクロンは自由競争により経済を活性化し、富める者がより富めば、貧しい者にも自然に富がこぼれ落ち、経済全体がよくなると考えているわけだが（トリクルダウン理論）、国民にその実感はない。新自由主義のもと、フランスでは左右のポピュリズムが二極化の「負け組」を取り込もうとしている（メランションとルペン）。グローバリズムには反対でも、両者の対応は大きく異なり、それが政局を複雑にしている。これは世界的に共通しているが、社会主義に勝利して覇権を握った新自由主義がもたらす格差への有効な処方箋がないことが最大の問題であり、旧来の二大政党のように新自由主義にすり寄ると、マクロンの亜流となっては自壊するだけである。

EU、エコロジー、ナショナリズム、移民、多文化主義など、政治的争点は多様化・複雑化しており、それへの解答が難しいのは、ヨーロッパ各国に共通する現象である。個々の問題への対応も難しく、たとえば、反EUがそのまま反移民に代表される偏狭なナショナリズムに結びつくわけではないことは、大統領選でのゼムールの失速で明らかだが、かといってメランションの多文化主義で解決されるわけでもない。二〇二〇年末にEUから離脱したイギリスの状況で評価が変わるかもしれないが、フランスの現状ではEUが諸悪の根源という議論にもなっていない。さらに、ウクライナの問題を通じて、集団安全保障への要求が高まれば、EUの重要性は増すだろう。

国際関係では、ドゴールの時代を頂点として、かつてのフランスでは米英とは異なる独自の外交路線が展開されていた。二〇〇一年九月にニューヨークで同時多発テロが勃発した時、シラクは九月一八日に、国家元首としてテロ後最初にホワイトハウスを訪れた。その時、アメリカ大統領ブッシュは同時多発テロについて「新しい戦争」という言葉を唱えたが、シラクは記者会見で、「私は「戦争」という言葉を使うべきなのかどうかわかりません」と述べた。さらに、二〇〇三年にアメリカ主導のイラク戦争開戦にシラク政権が反対し、ド・ヴィルパン外相が国連安全保障理事会で反対演説をしたことは、フランスの独自性として人びとの記憶によく残っている。ちなみに、その時の「このような軍事介入は、すでに傷つけられ弱体化しているこの地域の安定に、計り知れない影響を及ぼす可能性がある」という言葉は、皮肉にも結果的にその後の状況を予言することとなった。

しかし、フランスはその後、独自色を後退させ、アメリカの世界戦略（テロとの戦い）に追従することとなった。二〇一三年一月にはイスラム過激派の反政府勢力の掃討を目的として旧植民地であるマリに軍事侵攻し、シリア情勢をめぐっては、二〇一四年九月にアメリカの提唱する有志連合に参加し、フランスも空爆を開始した。二〇一五年一一月の同時テロのあとオランドは、フランスは「戦争状態にある」と述べ、シリア空爆を強化した。アメリカの国際戦略とフランスのそれは一致しているわけではないが、今日ではフランス一国というよりは、EUでの対応を志向している。紛争への対応ができる防衛能力がEUに欠如していることが、EUの自主外交が機能しない原因であるため、先述の欧州統合軍創設という課題が浮かび上がっている。

地理的にも文化的にも距離があるフランスと日本だが、戦後のフランスと日本を比べてみると、経済面での類似性に気付く。両国とも戦後は国家主導のもとでの経済運営を実施し、戦後の繁栄を謳歌した。福祉政策の重視という点も似ている。ヨーロッパ統合やグローバル化の進展のなかで、「一国ケインズ主義」の続行が困難となり、規制の緩和や構造改革により企業の国際競争力を強化することで回復を図ろうとしてきたこと、さらには規制緩和がなかなか進まない点も同様である。

新自由主義による格差の拡大も共通する問題である。ただ、一九九七年から二〇二〇年にかけてのGDPの伸び率が、日本が一・六五倍に対してフランスは二・三七倍、平均賃金の伸び率が、日本がほぼ一倍なのに対して、フランスは一・二三倍と（いずれもOECDのデータ、ドルベース）、日本のほうが国全体が貧しくなっているという違いもある。そのため、フランスのほうが格差の拡大がより深刻にみえるのかもしれない。

移民や社会統合の問題については、両国の状況は大きく異なる。日本の国籍法は血統主義で（原則として両親のどちらかが日本人であることが必要）、国民的一体性もそれなりに保たれているようにみえる。原則として、単純労働には就労が可能な在留資格を与えていない。しかし、労働力の国際移動が活性化するなかで、さまざまな可能性が考えられる。たとえば、ドイツの国籍法は日本と同様に血統主義を採用していたが、一九九九年に移民の社会的統合を見据えて生地権も導入した。移民二世以降の社会統合を考えれば、国籍の付与はひとつの考え方であろう。しかし、国籍法の問題を別としても、現在の日本はさまざまな形で外国人労働者が存在しており、文化摩擦や教育現場での問題が発生している。その意味では、日本でも多文化共生社会の実現が必要なのである。

新自由主義によるグローバル化の波のなかで、かつての輝きが失われ、解決の難しい諸課題に直面しているフランスの姿は、われわれ日本人にとって決して他人事でない。

COLUMN

過去と向き合うフランス

ヨーロッパの人々は歴史と隣り合わせに生きている。そのため、過去の記憶と現在との関連が常に問題とされてきた。ブラック・ライヴズ・マター（BLM）で人種差別の元凶とされた奴隷貿易や奴隷制度については、フランスでも20世紀末より、その記憶の見直しや再記憶化が進められてきた。2001年5月10日に、仏領ギアナ生まれのクリスチャーヌ・トビラ法相の提案で、黒人奴隷貿易と黒人奴隷制度を「人道に対する罪」と認める法案が上下院で可決された。その結果、教育、研究，文化の場で奴隷制度の記憶を広め継承する取り組みがなされ、各地でモニュメントや記念館の設置が進んだ。上院に隣接するパリのリュクサンブール公園には、2007年に現代美術家ファブリス・イベールによる奴隷制とその廃止の記念碑が設置され、「奴隷貿易と奴隷制度、およびそれらの廃止を記憶する国民の日」となった5月10日には、毎年大統領列席のもとで記念式典が行われている。

パリのリュクサンブール公園にある奴隷制とその廃止の記念碑。そばの銘板には、「奴隷たちの戦いと尊厳と自由への彼らの深い望みにより、フランス植民地の奴隷たちは人権の普遍性と我々の共和国を作り上げた自由・平等・友愛の理念に貢献した」とある。

フランスは1830年よりアルジェリアを統治し、植民地での収奪や搾取を行ってきた。さらに、過酷な方法で独立戦争を弾圧し、アルジェリア独立後も加害の記憶を公的に認めてこなかった。この方針が1990年代より変化したものの、関係者への金銭的支援は国民統合を目的としており、加害責任に触れていないので、アルジェリアより反発を受け、両国の関係はいまだに良好とはいえない。

大統領就任前からアルジェリアでの植民地支配を「人道に反する罪」だと述べるマクロンは、記憶のレベルでの和解を目指している。2018年には、1957年の独立派アルジェリア共産党員モーリス・オーダンの死因がフランス軍による処刑あるいは拷問によるものだと認めた。2020年7月には、マクロンは歴史家のバンジャマン・ストラにアルジェリアの植民地支配と独立戦争に関わる記憶についての報告書をまとめるよう求めた。2021年1月に提出された「フランスとアルジェリアの記憶と和解に関する報告書」の内容は、「記憶・真実」委員会の設立など、多岐にわたるが、象徴的なのは「「悔悛」するよりもむしろ、フランスは、アルジェリア人が被害者となった差別と暴力を認めて、詳細な事実関係を前面に出すべきだろう」との記述である。「悔悛」とは日本の「謝罪政策」を暗示しており、その失敗を受けて、大切なのはまず事実を明らかにすることであると述べている。この報告書を受け、2021年3月に、マクロンはアルジェリア独立戦争の闘士で弁護士のアリ・ブーメンジェルがフランス軍の拷問・殺害により死亡したことを認めた。2021年10月には、1962年10月17日にパリでアルジェリア人が警官によって殺害された事件について、当時のパリ警視総監モーリス・パポンの名前を出し、責任の所在を明らかにした。

これらの行為によってフランスとアルジェリアの関係がただちに好転するわけではないが、過去と向き合い、状況をよりよいものにしていこうとする努力は評価すべきである。

1815	ナポレオン「百日天下」
1824	ルイ18世没、シャルル10世即位
1830	七月革命、ルイ・フィリップ即位（七月王政の開始）
1847	最初の「改革宴会」
1848	二月革命勃発（2-23）、第二共和政の成立、ルイ・ナポレオン大統領に（12-10）
1852	ルイ・ナポレオン、皇帝に即位。第二帝政（-70）
1855	第1回パリ万国博覧会開催（-56）
1870	普仏戦争勃発、第二帝政崩壊
1871	パリ・コミューン
1881-82	ジュール・フェリー法制定。初等教育の無償・義務化
1884	ヴァルデック・ルソー法制定。労働組合を合法化
1889	ブーランジェ事件
1898	ゾラ、「私は弾劾する」
1901	結社法制定
1905	政教分離法、反教権主義が確立
1914	第一次世界大戦勃発
1918	コンピエーニュの森で連合軍とドイツとの休戦協定
1919	ヴェルサイユ条約調印
1924	フランス、ソ連を承認
1928	ケロッグ・ブリアン条約（パリ不戦条約）締結
1933	スタヴィンスキー事件（金融スキャンダル）。右翼の攻撃強まる
1936	ブルム人民戦線内閣成立
1939	第二次世界大戦勃発
1940	パリ陥落（6-14）、ヴィシー政権成立（7-10）、ユダヤ人排斥法（10-3）
1943	ジャン・ムーラン、レジスタンス全国評議会（CNR）結成。国内のレジスタンスの統一
1944	パリ解放（8-25）。ドゴール臨時政府成立（9-9）
1945	婦人参政権採択
1947	マーシャル・プランに参加
1954	ディエン・ビエン・フー陥落（5-7）。ヴェトナムより撤退。アルジェリア戦争始まる（11-1）
1957	ヨーロッパ経済共同体（EEC）条約調印
1958	アルジェリアでコロンと軍の反乱（5-13）、ドゴール内閣成立（6-1）、第五共和政開始。 ドゴール、大統領に当選（12-21）
1962	エヴィアン協定。アルジェリア戦争終結
1966	フランス、NATOの軍事機構から脱退
1967	ヨーロッパ共同体（EC）成立
1968	5月革命
1969	ドゴール、大統領を辞任（4-28）。ポンピドゥーが大統領に
1974	ジスカールデスタン、大統領に当選
1981	ミッテラン、大統領に当選
1986	シラク、首相に就任。保革共存政権（コアビタシオン）成立
1992	ヨーロッパ連合条約（マーストリヒト条約）に調印
1994	EU成立
1995	シラク、大統領に当選
1999	EU単一通貨「ユーロ」導入
2003	イラク戦争に反対、派兵せず
2005	国民投票でEU憲法拒否、パリ郊外暴動事件
2007	サルコジ、大統領に当選
2012	オランド、大統領に当選
2017	マクロン、大統領に当選

1534	檄文事件。プロテスタントへの弾圧開始
1539	ヴィレル・コトレ王令。公文書におけるフランス語使用、小教区帳簿の作成を義務づける
1559	カトー・カンブレジ条約、イタリア戦争終了。アンリ 2 世没
1562	ヴァシーでプロテスタントを虐殺、宗教戦争始まる (-98)
1572	サン・バルテルミの虐殺
1576	ギーズ公アンリ、カトリック同盟(リーグ)を結成
1589	アンリ 3 世暗殺、ヴァロワ朝断絶。アンリ 4 世即位、ブルボン朝始まる (-1792)
1593	アンリ 4 世、サン・ドニでカトリックに改宗
1594	アンリ 4 世、シャルトルで成聖式。国王、パリに入城
1598	ナント王令
1604	ポーレット法、官職の世襲・売買を年税の支払いを条件に公認
1624	リシュリュー、宰相に就任
1629	アレス王令、プロテスタントの武装権を剥奪
1630	「欺かれた者たちの日」、マリ・ド・メディシス失脚
1635	フランス、三十年戦争に参戦
1639	ノルマンディで反税蜂起「ニュ・ピエ(裸足党)の乱」
1648	フロンドの乱勃発 (-53)
1659	ピレネー条約
1661	マザラン没。ルイ 14 世、親政を開始
1665	コルベール、財務総監に就任
1667	パリに警視総監職を設置。フランドル戦争始まる (-68)
1672	オランダ戦争始まる (-78)
1685	ナント王令の廃止
1688	アウクスブルク同盟戦争始まる (-97)。国王民兵制導入
1695	カピタシオン(人頭税)導入
1701	スペイン継承戦争始まる (-13)
1710	ディジエーム(十分の一税)導入
1715	ルイ 14 世没。ルイ 15 世即位、オルレアン公摂政
1720	「ローのシステム」破綻
1733	ポーランド継承戦争始まる (-35)
1740	オーストリア継承戦争始まる (-48)
1756	七年戦争始まる (-63)
1771	大法官モプーによる司法改革
1775	小麦粉戦争
1786	カロンヌ、全身分を対象とする新たな税を提唱
1789	国民議会成立 (6-17)、封建制の廃止 (8-4)、人権宣言 (8-26)、ヴェルサイユ行進 (10-5)
1790	聖職者民事基本法
1791	ヴァレンヌ事件 (6-20)、「1791 年憲法制定」(9-3)
1792	オーストリアに宣戦布告 (4-20)、8 月 10 日事件(王権の停止)、ヴァルミの戦い (9-20)、 共和政の開始 (9-21)
1793	ルイ 16 世処刑 (1-21)、山岳派独裁、恐怖政治、総最高価格法 (9-29)
1794	テルミドールの反動 (7-27)、山岳派失脚
1796	ナポレオン、イタリア遠征
1799	ブリュメール 18 日のクーデタ。ナポレオン、政権を掌握
1800	フランス銀行設立
1804	ナポレオン法典(民法典)。ナポレオン、皇帝に即位
1806	ベルリン勅令(大陸封鎖令)
1814	ナポレオン、皇帝を退位。エルバ島へ。ルイ 18 世パリに帰還

フランス史略年表

前9世紀頃	ケルト人、ガリアへ移住
BC121	ローマ軍、ガリア南部を征服
BC52	カエサル、ガリア全土を征服
372	トゥールのマルティヌス、マルムティエ修道院を設立
418	西ゴート族、アキテーヌ地方に定住
476	西ローマ帝国滅亡
486	ソワソンの戦い。クローヴィス、メロヴィング朝を開く
496	トルビアックの戦い。クローヴィス、カトリックに改宗
575頃	トゥール司教グレゴリウス『フランク人の歴史』
732	トゥール・ポワティエ間の戦い。カール・マルテル、イスラム勢力を撃破
751	ピピン3世（小ピピン）、カロリング朝を開く
800	教皇レオ3世、シャルルマーニュを西ローマ皇帝に戴冠
843	ヴェルダン条約、帝国の三分割
987	パリ伯ユーグ・カペー、フランス王に即位。カペー朝始まる（-1328）
1154	アンリ・プランタジネット、イングランド王に即位（ヘンリ2世）。アンジュー帝国成立
1190	フィリップ2世、第3回十字軍に出発
1202	フィリップ2世、英王ジョンの大陸所領没収を宣言
1209	教皇インノケンティウス3世、南仏のカタリ派を攻撃、アルビジョワ十字軍始まる
1214	ブーヴィーヌの戦い
1226	ルイ9世即位、母后ブランシュ・ド・カスティーユ摂政（-34）
1229	トゥルーズ伯降伏、アルビジョワ十字軍終わる
1248	ルイ9世、第6回十字軍に参加
1270	ルイ9世、第7回十字軍に出発。テュニスで病死
1302	フィリップ4世、最初の全国三部会をパリにて招集
1303	アナーニ事件、教皇ボニファティウス8世憤死
1305	フィリップ4世、ボルドー大司教を教皇に擁立（クレメンス5世）
1307	フィリップ4世、テンプル騎士団員を一斉逮捕
1309	教皇クレメンス5世、教皇庁をアヴィニョンに移す
1328	シャルル4世没、カペー朝断絶。フィリップ6世即位、ヴァロワ朝の開始（-1589）
1337	百年戦争始まる
1348	黒死病がフランス全土で流行
1358	エティエンヌ・マルセルのパリ革命
1415	英王ヘンリ5世、ノルマンディに上陸（8-12）。アザンクールの戦い（10-25）
1420	トロワの和約
1429	ジャンヌ・ダルク、オルレアンを解放。シャルル7世ランスで戴冠
1431	ジャンヌ・ダルク火刑
1453	カスティヨンの戦い、百年戦争終了
1477	ブルゴーニュ公シャルル突進公戦死、ブルゴーニュ公国解体へ
1494	シャルル8世、イタリアへ侵入。イタリア戦争始まる（-1559）
1516	ボローニャの政教協約
1525	パヴィアの戦い、フランソワ1世捕虜に
1530	フランソワ1世、王立教授団を創設

（181ページより続く）

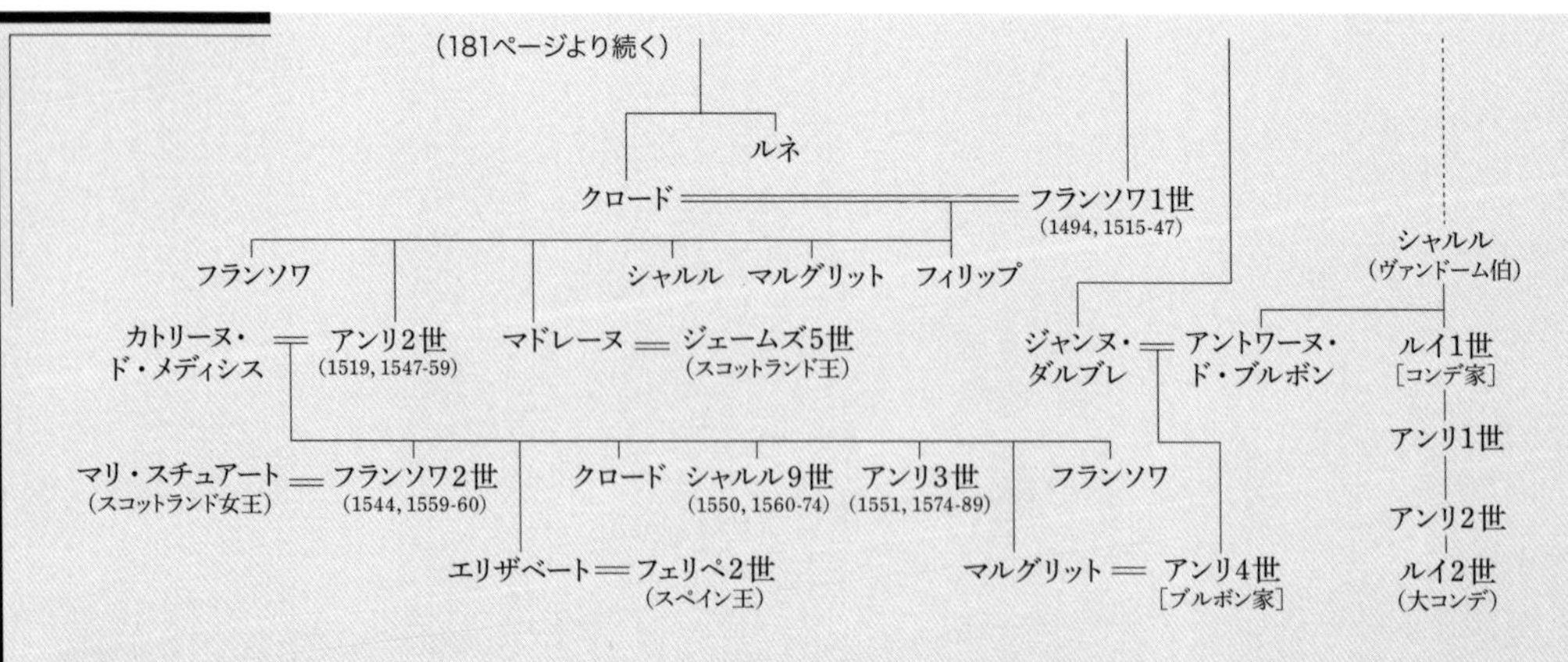

❹ ブルボン家，オルレアン家

（数字は生年，即位年-死亡年）

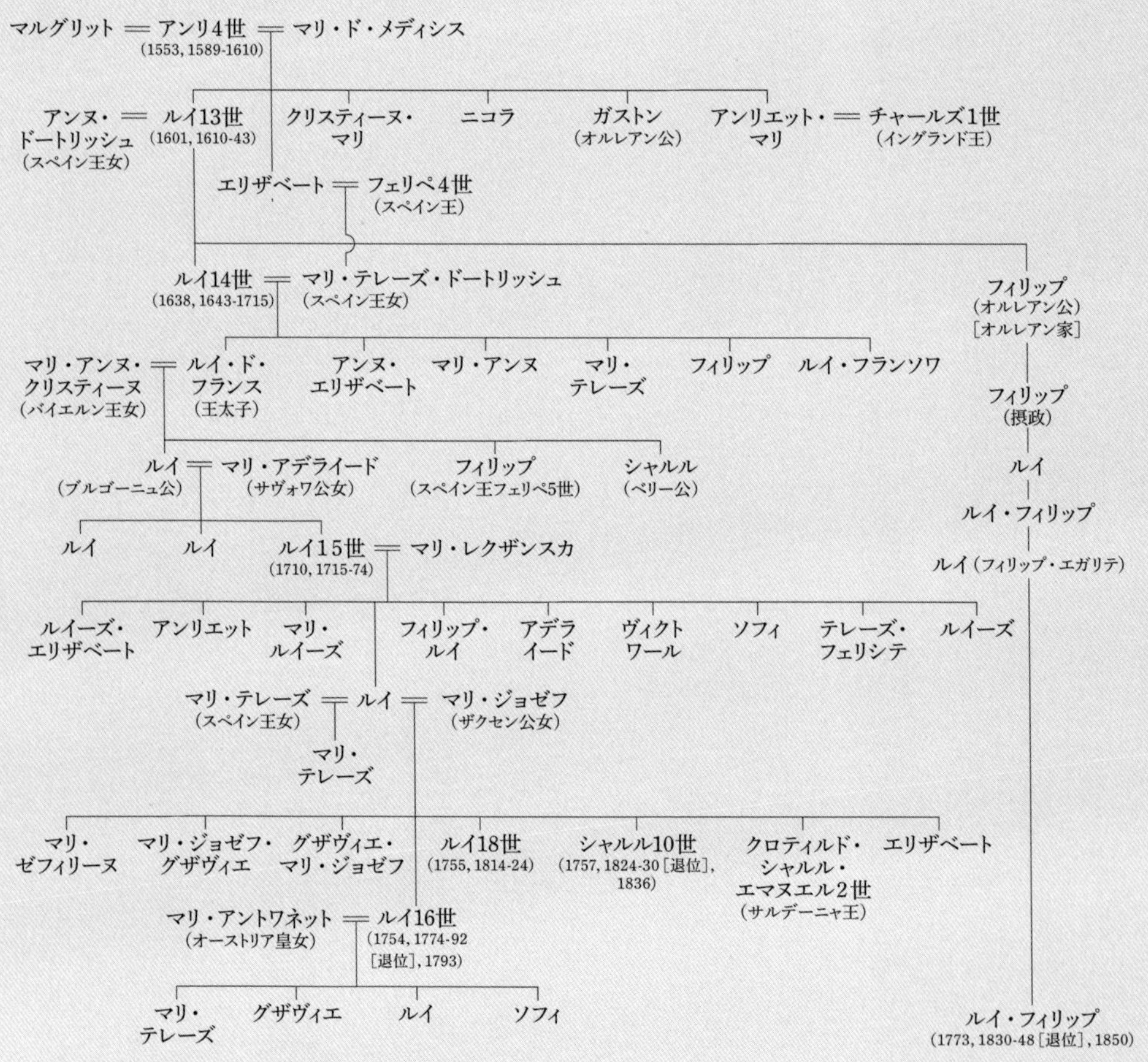

マルグリット ＝ アンリ4世 ＝ マリ・ド・メディシス
(1553, 1589-1610)

アンヌ・ドートリッシュ（スペイン王女） ＝ ルイ13世 (1601, 1610-43)
クリスティーヌ・マリ
ニコラ
ガストン（オルレアン公）
アンリエット・マリ ＝ チャールズ1世（イングランド王）
エリザベート ＝ フェリペ4世（スペイン王）

ルイ14世 (1638, 1643-1715) ＝ マリ・テレーズ・ドートリッシュ（スペイン王女）
フィリップ（オルレアン公）［オルレアン家］

マリ・アンヌ・クリスティーヌ（バイエルン王女） ＝ ルイ・ド・フランス（王太子）
アンヌ・エリザベート
マリ・アンヌ
マリ・テレーズ
フィリップ
ルイ・フランソワ

フィリップ（摂政）

ルイ（ブルゴーニュ公） ＝ マリ・アデライード（サヴォワ公女）
フィリップ（スペイン王フェリペ5世）
シャルル（ベリー公）

ルイ

ルイ
ルイ
ルイ15世 (1710, 1715-74) ＝ マリ・レクザンスカ

ルイ・フィリップ

ルイ（フィリップ・エガリテ）

ルイーズ・エリザベート
アンリエット
マリ・ルイーズ
フィリップ・ルイ
アデライード
ヴィクトワール
ソフィ
テレーズ・フェリシテ
ルイーズ

マリ・テレーズ（スペイン王女） ＝ ルイ ＝ マリ・ジョゼフ（ザクセン公女）

マリ・テレーズ

マリ・ゼフィリーヌ
マリ・ジョゼフ・グザヴィエ
グザヴィエ・マリ・ジョゼフ
ルイ18世 (1755, 1814-24)
シャルル10世 (1757, 1824-30［退位］, 1836)
クロティルド ・シャルル・エマヌエル2世（サルデーニャ王）
エリザベート

マリ・アントワネット（オーストリア皇女） ＝ ルイ16世 (1754, 1774-92［退位］, 1793)

マリ・テレーズ
グザヴィエ
ルイ
ソフィ

ルイ・フィリップ (1773, 1830-48［退位］, 1850)

（182ページより続く）

フィリップ
ルイ9世
(1214, 1226-70)
ロベール
ジャン
アルフォンス
シャルル
イザベル
ルイ
イザベル・ダラゴン
フィリップ3世
(1245, 1270-85)
ジャン
ピエール
イザベル
ブランシュ
マルグリット
アニェス
ロベール
(クレルモン伯)
［ブルボン朝へ］
ルイ
ジャンヌ・ド・ナヴァル
フィリップ4世
(1268, 1285-1314)
シャルル
(ヴァロワ伯)
［ヴァロワ朝へ］
ルイ
マルグリット
ブランシュ
ルイ10世
(1289, 1314-16)
イザベル
フィリップ5世
(1293, 1316-22)
シャルル4世
(1294, 1322-28)
ジャンヌ
(ナヴァル王妃)
ジャン1世
(1316)
フィリップ
ルイ
ジャンヌ
マルグリット
イザベル
ルイ
ブランシュ

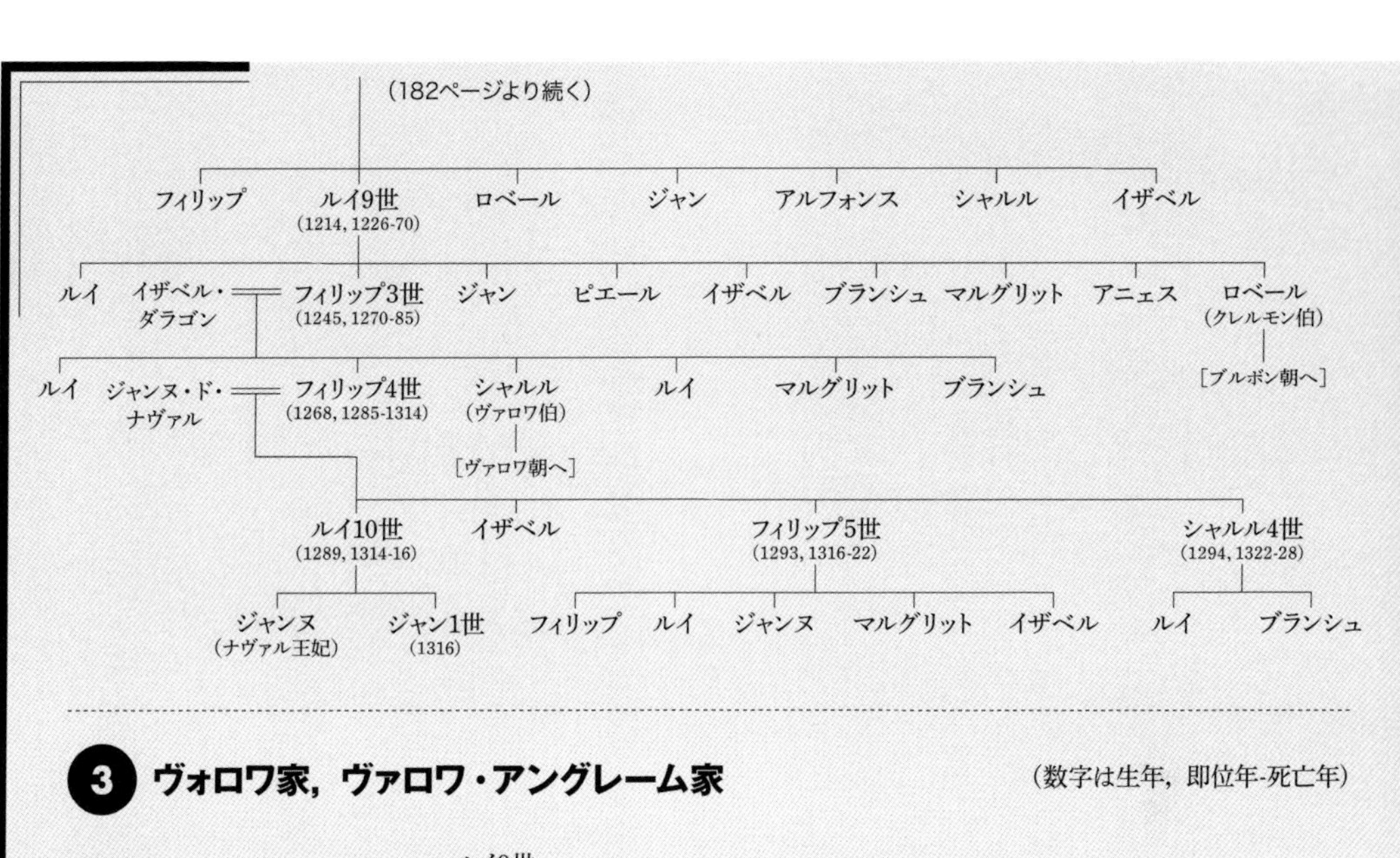

3 ヴォロワ家，ヴァロワ・アングレーム家

（数字は生年，即位年-死亡年）

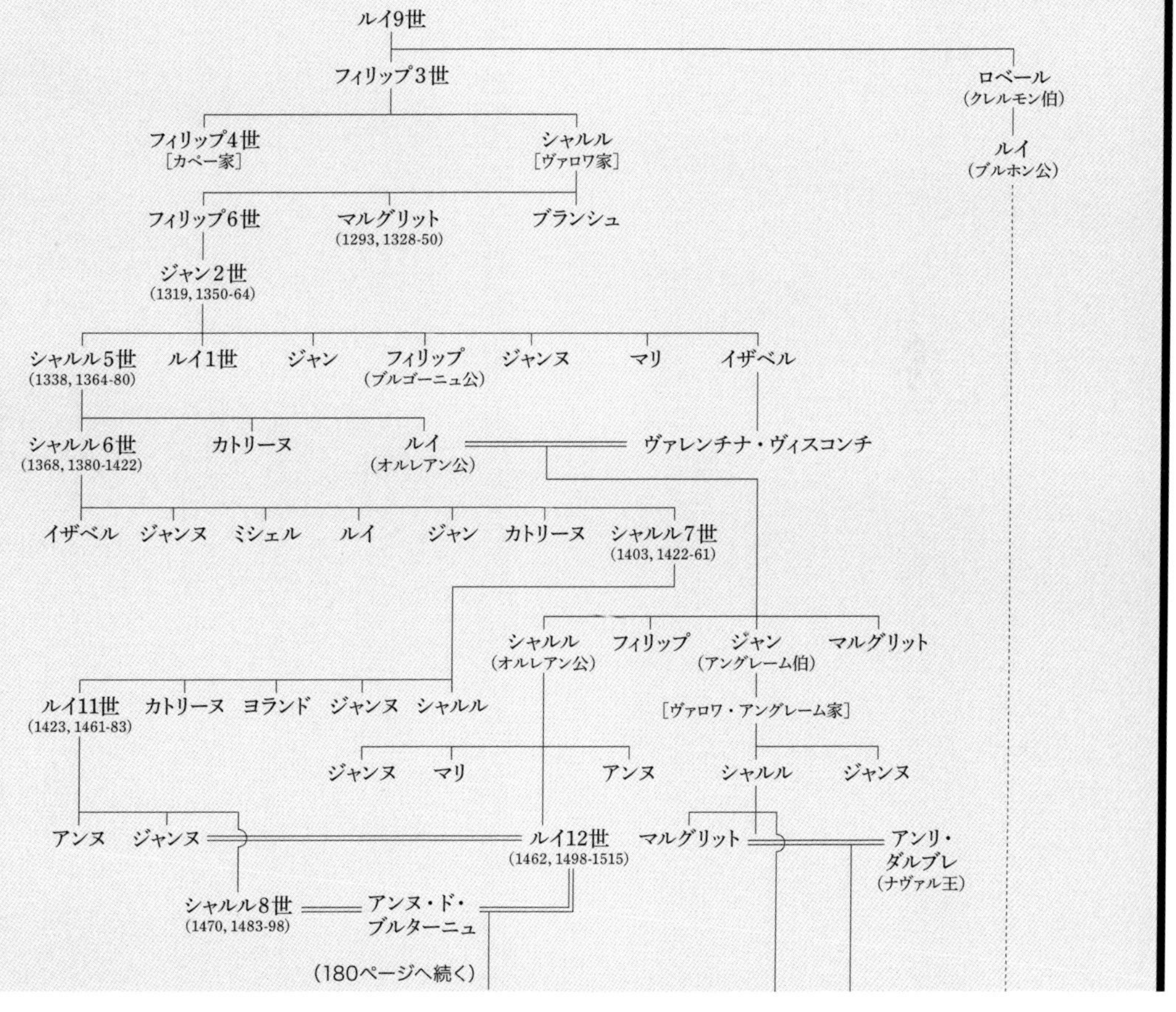

ルイ9世
フィリップ３世
ロベール
(クレルモン伯)
ルイ
(ブルホン公)
フィリップ4世
［カペー家］
シャルル
［ヴァロワ家］
フィリップ6世
マルグリット
(1293, 1328-50)
ブランシュ
ジャン２世
(1319, 1350-64)
シャルル５世
(1338, 1364-80)
ルイ1世
ジャン
フィリップ
(ブルゴーニュ公)
ジャンヌ
マリ
イザベル
シャルル６世
(1368, 1380-1422)
カトリーヌ
ルイ
(オルレアン公)
ヴァレンチナ・ヴィスコンチ
イザベル
ジャンヌ
ミシェル
ルイ
ジャン
カトリーヌ
シャルル７世
(1403, 1422-61)
シャルル
(オルレアン公)
フィリップ
ジャン
(アングレーム伯)
マルグリット
ルイ11世
(1423, 1461-83)
カトリーヌ
ヨランド
ジャンヌ
シャルル
［ヴァロワ・アングレーム家］
ジャンヌ
マリ
アンヌ
シャルル
ジャンヌ
アンヌ
ジャンヌ
ルイ12世
(1462, 1498-1515)
マルグリット
アンリ・ダルブレ
(ナヴァル王)
シャルル８世
(1470, 1483-98)
アンヌ・ド・ブルターニュ

（180ページへ続く）

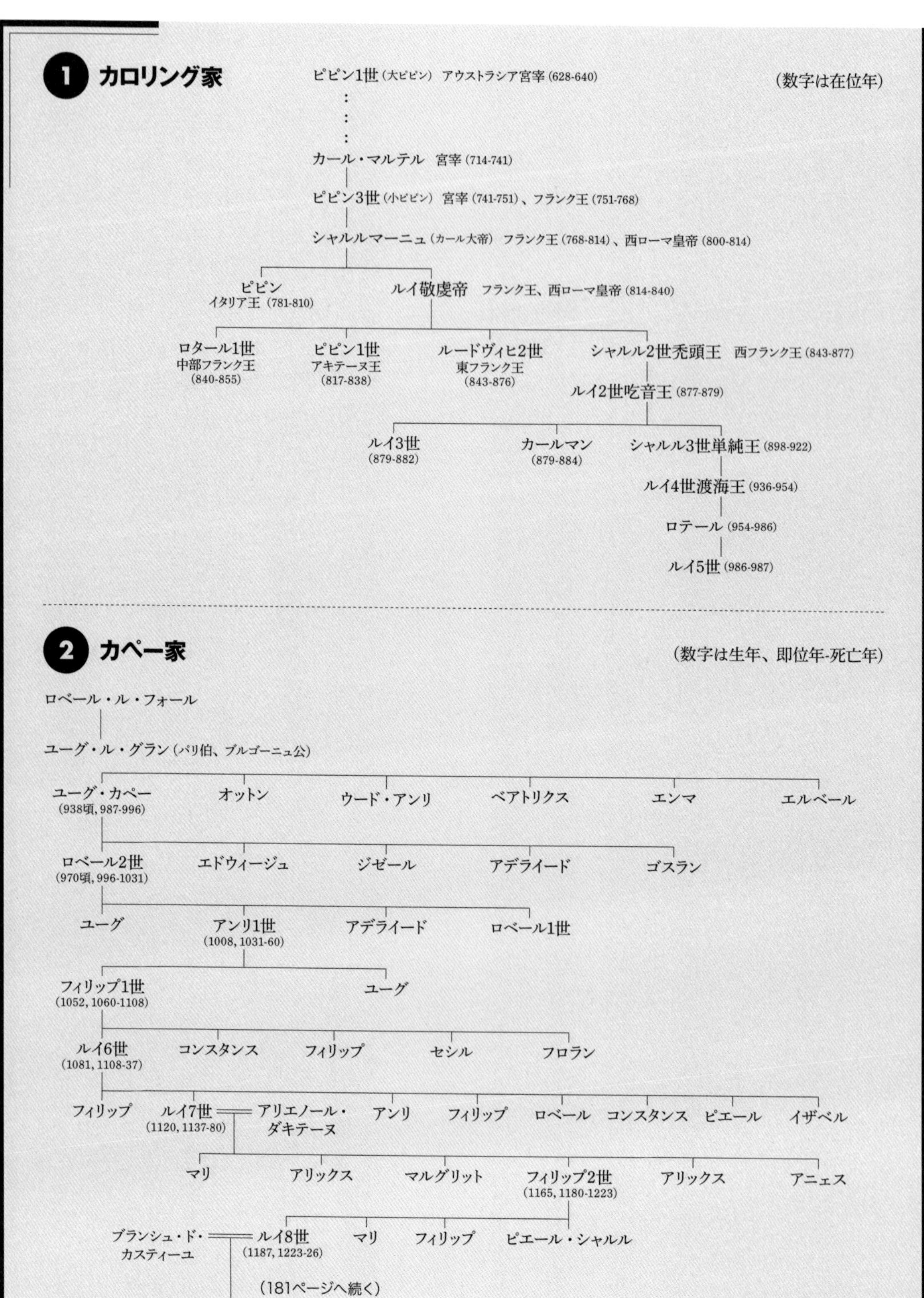
1 カロリング家
(数字は在位年)
ピピン1世(大ピピン) アウストラシア宮宰(628-640)
カール・マルテル 宮宰(714-741)
ピピン3世(小ピピン) 宮宰(741-751)、フランク王(751-768)
シャルルマーニュ(カール大帝) フランク王(768-814)、西ローマ皇帝(800-814)
ピピン
イタリア王 (781-810)
ルイ敬虔帝 フランク王、西ローマ皇帝(814-840)
ロタール1世
中部フランク王
(840-855)
ピピン1世
アキテーヌ王
(817-838)
ルードヴィヒ2世
東フランク王
(843-876)
シャルル2世禿頭王 西フランク王(843-877)
ルイ2世吃音王(877-879)
ルイ3世
(879-882)
カールマン
(879-884)
シャルル3世単純王(898-922)
ルイ4世渡海王(936-954)
ロテール(954-986)
ルイ5世(986-987)
2 カペー家
(数字は生年、即位年-死亡年)
ロベール・ル・フォール
ユーグ・ル・グラン(パリ伯、ブルゴーニュ公)
ユーグ・カペー
(938頃, 987-996)
オットン
ウード・アンリ
ベアトリクス
エンマ
エルベール
ロベール2世
(970頃, 996-1031)
エドウィージュ
ジゼール
アデライード
ゴスラン
ユーグ
アンリ1世
(1008, 1031-60)
アデライード
ロベール1世
フィリップ1世
(1052, 1060-1108)
ユーグ
ルイ6世
(1081, 1108-37)
コンスタンス
フィリップ
セシル
フロラン
フィリップ
ルイ7世
(1120, 1137-80)
アリエノール・
ダキテーヌ
アンリ
フィリップ
ロベール
コンスタンス
ピエール
イザベル
マリ
アリックス
マルグリット
フィリップ2世
(1165, 1180-1223)
アリックス
アニェス
ブランシュ・ド・
カスティーユ
ルイ8世
(1187, 1223-26)
マリ
フィリップ
ピエール・シャルル
(181ページへ続く)

読書案内

本書を読んでフランス史に興味を持たれた方のために、主要な文献を紹介する。平易なものを中心に選んだので、さらに知りたい方は紹介した本に記載されている文献案内を参照していただきたい。

◎通史

●柴田三千雄、樺山紘一、福井憲彦編『世界歴史大系 フランス史』(全3巻)山川出版社　1995-96年
●福井憲彦編『フランス史(新版世界各国史)』山川出版社　2001年
●谷川 稔、渡辺和行編『近代フランスの歴史—国民国家形成の彼方に』ミネルヴァ書房　2006年
●柴田三千雄『フランス史10講』岩波新書　2006年

◎フランスや近代社会の理念にかかわる文献

●ノルベルト・エリアス(赤井慧爾、中村元保訳)『文明化の過程』(上下)法政大学出版局　1977、1978年
●小田中直樹『フランス7つの謎』文春新書　2005年
●喜安朗『近代フランス民衆の「個と共同性」』平凡社　1994年
●桜井哲夫『「近代」の意味—制度としての学校・工場』NHKブックス　1984年
●柴田三千雄『近代世界と民衆運動』岩波モダンクラシックス　2001年
●二宮宏之『フランスアンシアン・レジーム論—社会的結合・権力秩序・叛乱』岩波書店　2007年
●樋口陽一『自由と国家—いま「憲法」のもつ意味』岩波新書　1989年
●福井憲彦『ヨーロッパ近代の社会史 工業化と国民形成』岩波書店　2005年
●ジャン・ボベロ(三浦信孝、伊達聖伸訳)『フランスにおける脱宗教性(ライシテ)の歴史』文庫クセジュ(白水社)　2009年
●ロベール・ミュシャンブレッド(石井洋二郎訳)『近代人の誕生—フランス民衆社会と習俗の文明化』筑摩書房　1992年

◎時代史やテーマ史

●池上俊一、河原温編『ヨーロッパの中世』(全8巻)、岩波書店　2008-10年
●池上俊一『動物裁判—西欧中世・正義のコスモス』講談社現代新書　1990年
●高山一彦『ジャンヌ・ダルク—歴史を生き続ける「聖女」』岩波新書　2005年
●堀越孝一『ブルゴーニュ家—中世の秋の歴史』講談社現代新書　1996年
●村上陽一郎『ペスト大流行—ヨーロッパ中世の崩壊』岩波新書　1983年
●渡辺昌美『異端審問』講談社現代新書　1996年
●フィリップ・アリエス(杉山光信、杉山恵美子訳)『子供の誕生』みすず書房　1981年
●G・P・グーチ(林健太郎訳)『ルイ十五世—ブルボン王朝の衰亡』中央公論社　1994年
●ピエール グベール(遅塚忠躬、藤田苑子訳)『歴史人口学序説—17・18世紀ボーヴェ地方の人口動態構造』岩波書店　1992年
●ロバート・ダーントン(関根素子、二宮宏之訳)『革命前夜の地下出版』岩波モダンクラシックス　2000年
●ピーター・バーク(石井三記訳)『ルイ14世—作られる太陽王』名古屋大学出版会　2004年
●長谷川輝夫『聖なる王権ブルボン家』講談社選書メチエ　2002年
●J-C・プティフィス(玉田敦子ほか訳)『ルイ十六世』(上下)中央公論新社　2008年
●ロベール・マンドルー(二宮宏之、長谷川輝夫訳)『民衆本の世界—17・18世紀フランスの民衆文化』人文書院　1988年
●柴田三千雄『フランス革命』岩波現代文庫　2007年
●ロジェ・シャルチエ(松浦義弘訳)『フランス革命の文化的起源』岩波モダンクラシックス　1999年
●多木浩二『絵で見るフランス革命—イメージの政治学』岩波新書　1989年
●遅塚忠躬『フランス革命—歴史における劇薬』岩波ジュニア新書　997年
●G・ルフェーヴル(高橋幸八郎、柴田三千雄、遅塚忠躬訳)『1789年—フランス革命序論』岩波文庫　1998年
●天野知恵子『子どもたちのフランス近現代史』山川出版社　2013年
●喜安朗『パリの聖月曜日—19世紀都市騒乱の舞台裏』岩波現代文庫　2008年
●工藤庸子『宗教vs.国家—フランス〈政教分離〉と市民の誕生』講談社現代新書　2007年
●杉本淑彦『ナポレオン伝説とパリ—記憶史への挑戦』山川出版社　2002年
●杉本淑彦、竹中幸史編著『教養のフランス近現代史』ミネルヴァ書房　2015年
●谷川稔『十字架と三色旗—もうひとつの近代フランス』山川出版社　1997年
●長井伸仁『歴史がつくった偉人たち—近代フランスとパンテオン』山川出版社　2007年
●剣持久木『記憶の中のファシズム—「火の十字団」とフランス現代史』講談社選書メチエ　2008年
●桜井哲夫『占領下パリの思想家たち—収容所と亡命の時代』平凡社新書　2007年
●渡辺和行『ホロコーストのフランス—歴史と記憶』人文書院　1998年

おわりに

二〇一六年の増補版刊行から六年が経過しようとしている。この間、二〇一八年四月から一九年三月までフランスに滞在する機会があった。国鉄のスト、大学の閉鎖、「黄色いベスト」、第一次世界大戦休戦百周年といろいろあったが、サッカーのワールドカップでフランス代表が優勝した年でもあった。住んでいた家のそばには飲食店が多くあり、ゲームのある日は人々が店内のテレビを注視し、大騒ぎをしていた。ほとんどが若者だったが、彼らはフランス代表が点を入れるたびに「ラ＝マルセイエーズ」を一緒に歌った。スポーツ・ナショナリズムと言ってしまえばそれまでだが、若者がある種の「連帯」を求めていたことも確かだ。

国民の一体感が失われつつあるなか、マクロンは一六歳以上の若者を対象とした「国民奉仕制度(二週間の共同生活により国民意識を高める)」の義務化を推進しようとしている。異なる環境下の人が触れ合うのはよいことだが、効果はどうだろうか。日本と同様に、二極化の阻止のためには中間層の復活が重要だが、重い課題である。

増補二版の出版にあたっても、編集部の村松恭子さんに大変にお世話になった。ここで改めて感謝を捧げたい。

二〇二二年五月

佐々木　真

●著者略歴

佐々木真（ささき・まこと）

一九六一年　東京都生まれ

東京都立大学大学院人文科学研究科博士課程満期退学

現在、駒澤大学文学部教授

近世フランス史専攻

主な著作

『ルイ14世期の戦争と芸術――生みだされる王権のイメージ』作品社、二〇一六年

『フランス革命とヨーロッパ近代』（共著）同文舘出版、一九九六年

『フランス革命とナポレオン』（共著）未來社、一九九八年

『国民国家と帝国』（共著）山川出版社、二〇〇五年

『近代ヨーロッパの探究12　軍隊』（共著）ミネルヴァ書房、二〇〇九年

『歴史と軍隊』（共著）創元社、二〇一〇年

『図説　ルイ14世』河出書房新社、二〇一八年

ふくろうの本

増補二版
図説　フランスの歴史

二〇一一年　七 月三〇日初版発行
二〇一六年　三 月三〇日増補新装版初版発行
二〇二三年　六 月二〇日増補二版初版印刷
二〇二三年　六 月三〇日増補二版初版発行

著者……佐々木真
装幀・デザイン……株式会社トライ
発行者……小野寺優
発行……株式会社河出書房新社
〒一五一-〇〇五一
東京都渋谷区千駄ヶ谷二-三二-二
電話　〇三-三四〇四-一二〇一（営業）
　　　〇三-三四〇四-八六一一（編集）
https://www.kawade.co.jp/
印刷……大日本印刷株式会社
製本……加藤製本株式会社

Printed in Japan
ISBN978-4-309-76317-0